EDITION RUDOLF STEINER

Kunst und Kunsterkenntnis

RUDOLF STEINER

KUNST
UND KUNSTERKENNTNIS

GRUNDLAGEN
EINER NEUEN ÄSTHETIK

Aufsätze und Vorträge

Mit einem Nachwort von
Günter Metken

RUDOLF STEINER VERLAG
Dornach / Schweiz

Herausgegeben von der Rudolf Steiner-Nachlaßverwaltung
Der Text dieser Ausgabe folgt dem
gleichnamigen Band innerhalb der Rudolf Steiner
Gesamtausgabe, GA Bibl.-Nr. 271

1.–3. Tsd. 1995

Umschlagbild:
Wandtafelzeichnung von Rudolf Steiner beim Vortrag
am 1. Januar 1924 in Dornach

ISBN 3-7274-5703-1

INHALT

I

SCHRIFTEN UND AUFSÄTZE

II

VORTRÄGE

I

SCHRIFTEN UND AUFSÄTZE

AUS EINEM NOTIZBUCH

Alles Denken sucht den *Geist in der Natur*; der Wissenschaft ist die Welt des Wirklichen ein Ding, bei dem sie nicht stehen bleiben kann, ein Durchgangspunkt, durch den sie fortgehen muß zu dem Wesen der Dinge, das nur als *Idee* zu erfassen ist. Nur indem der Menschengeist diese Wirklichkeit überschreitet, die Schale zerschlägt und bis zum Kern dringt, wird ihm offenbar, was diese Welt im Innersten zusammenhält. Nimmermehr kann uns am einzelnen *Naturgeschehen*, nur am *Gesetze*, nimmermehr am *Individuum*, nur an der *Allgemeinheit* Befriedigung werden. In seinem Innern baut sich der Mensch eine Welt auf, die seinen geistigen Bedürfnissen entspricht, der jene Harmonie eigen, nach der sein Geist verlangt, der jene strenge Logik innewohnt, die er erstrebt. Nie ist die äußere Natur so, wie sie sich uns unmittelbar darbietet, in der Lage, uns das zu erfüllen. Nur der in die Tiefe dringende Blick des sonnenhaften Auges sieht die geistige Sonne, die hinter den Erscheinungen lebt und waltet. Die unmittelbare Erscheinung erscheint uns entgöttlicht. Deshalb konnten die Zeiten mit vorherrschend theologisierender Richtung *nie* eine Ästhetik begründen.

Die Ästhetik kann nur jener Zeiten Kind sein, wo dem Menschen in der Kunstpflege eine *hohe Aufgabe* erscheint, wo ihm die Kunst zur hohen Tochter des Himmels wird, die eine göttliche Sendung zu erfüllen hat. Wenn uns in jeder *einzelnen Erscheinung der Natur* schon das göttliche Walten in seiner ganzen Intensität erscheint, was kann der Kunst für eine Aufgabe zufallen? Das Göttliche müßte in seiner hehrsten Form, als Idee erkannt werden, um auch der *Erscheinung des Einzelnen* ihren rechten Platz im Systeme unserer Weltanschauung anzuweisen. Der intuitive Geist sieht zwar im Besonderen das Allgemeine, im Individuum die Idee, aber nur weil er, während sein Blick ganz im Realen bleibt, mehr *in* diesem sieht, als die bloßen Sinne vermögen. Es geht ihm an der Einzelerscheinung *die Idee* auf, weil er nicht bei dem Individuum als solchem stehen bleibt.

Der Künstler *schafft* das Individuum um, er verleiht ihm den Charakter der Allgemeinheit; er macht es aus einem bloß Zufälligen zu einem Notwendigen, aus einem Irdischen zu einem Göttlichen. Nicht der *Idee* sinnliche Gestalt zu geben, ist die Aufgabe des Künstlers, nein, sondern das Wirkliche im idealen Lichte erscheinen zu lassen. Das *Was* ist der Wirklichkeit entnommen, darauf aber kommt es nicht an, das *Wie* ist Eigentum der gestaltenden Kraft des Genius, und *darauf kommt es an.*

Indem das Individuum herausgerissen erscheint aus dem Gefüge des Weltganzen und nun seine freie Idealität entfalten kann, erscheint es uns wesentlich anders denn in der Realität, und obwohl es uns in seiner Wahrheit erscheint, so ist diese Wahrheit der Naturgesetzlichkeit gegenüber doch Schein. Das Naturnotwendige wird zum Ethischen im Drama, da doch das Wirken der Menschheit nicht ethisch, sondern *historisch* genannt werden muß. Das Schöne ist kein *Mikrokosmos*, und ein solcher wäre auch nicht *schön.* Denn gerade in dem Übertreffen seiner selbst beim Individuum in bezug auf Eigenschaften und Größe liegt das Schöne. Wir empfinden das als eine *Vollkommenheit*, die uns an dem Weltall nicht erheben kann, weil sie da einfach selbstverständlich ist.

GOETHE ALS VATER EINER NEUEN ÄSTHETIK

Vorbemerkungen zur zweiten Auflage

Dieser Vortrag, der hiermit in zweiter Auflage erscheint, ist vor mehr als zwanzig Jahren im Wiener Goethe-Verein gehalten worden. Anläßlich dieser Neuausgabe einer meiner früheren Schriften darf vielleicht das Folgende gesagt werden. Es ist vorgekommen, daß man Änderungen meiner Anschauungen während meiner schriftstellerischen Laufbahn gefunden hat. Wo gibt es ein Recht hierzu, wenn eine mehr als zwanzig Jahre alte Schrift von mir heute so erscheinen kann, daß auch nicht ein einziger Satz geändert zu werden braucht? Und wenn man insbesondere in meinem geisteswissenschaftlichen – anthroposophischen – Wirken einen Umschwung in meinen Ideen hat finden wollen, so kann dem erwidert werden, daß mir jetzt beim Durchlesen dieses Vortrags die in ihm entwickelten Ideen als ein gesunder Unterbau der Anthroposophie erscheinen. Ja, sogar erscheint es mir, daß gerade anthroposophische Vorstellungsart zum Verständnisse dieser Ideen berufen ist. Bei anderer Ideenrichtung wird man das Wichtigste, was gesagt ist, kaum wirklich ins Bewußtsein aufnehmen. Was damals vor zwanzig Jahren hinter meiner Ideenwelt stand, ist seit jener Zeit von mir nach den verschiedensten Richtungen ausgearbeitet worden; das ist die vorliegende Tatsache, nicht eine Änderung der Weltanschauung.

Ein paar Anmerkungen, die zur Verdeutlichung am Schlusse angehängt werden, hätten ebensogut vor zwanzig Jahren geschrieben werden können. Nun könnte noch die Frage aufgeworfen werden, ob denn das im Vortrage Gesagte auch heute noch in bezug auf die Ästhetik gilt. Denn in den letzten zwei Jahrzehnten ist doch auch manches auf diesem Felde gearbeitet worden. Da scheint mir, daß es gegenwärtig sogar noch mehr gilt als vor zwanzig Jahren. Mit Bezug auf die Entwickelung der Ästhetik darf der groteske Satz gewagt werden: die Gedanken dieses Vortrags sind seit ihrem ersten Erscheinen noch wahrer geworden, obgleich sie sich gar nicht geändert haben.

Basel, 15. September 1909

*

Die Zahl der Schriften und Abhandlungen, die in unserer Zeit erscheinen mit der Aufgabe, das Verhältnis *Goethes* zu den verschiedensten Zweigen der modernen Wissenschaften und des modernen Geisteslebens überhaupt zu bestimmen, ist eine erdrückende. Die bloße Anführung der Titel würde wohl ein stattliches Bändchen füllen. Dieser Erscheinung liegt die Tatsache zugrunde, daß wir uns immer mehr bewußt werden, wir stehen in Goethe einem Kulturfaktor gegenüber, mit dem sich alles, was an dem geistigen Leben der Gegenwart teilnehmen will, notwendig auseinandersetzen muß. Ein Vorübergehen bedeutete in diesem Falle ein Verzichten auf die Grundlage unserer Kultur, ein Herumtummeln in der Tiefe ohne den Willen, sich zu erheben bis zur lichten Höhe, von der alles Licht unserer Bildung ausgeht. Nur wer es vermag, sich in irgendeinem Punkte an Goethe und seine Zeit anzuschließen, der kann zur Klarheit darüber kommen, welchen Weg unsere Kultur einschlägt, der kann sich der Ziele bewußt werden, welche die moderne Menschheit zu wandeln hat; wer diese Beziehung zu dem größten Geiste der neuen Zeit nicht findet, wird einfach mitgezogen von seinen Mitmenschen und geführt wie ein Blinder. Alle Dinge erscheinen uns in einem neuen Zusammenhange, wenn wir sie mit dem Blick betrachten, der sich an diesem Kulturquell geschärft hat.

So erfreulich aber das erwähnte Bestreben der Zeitgenossen ist, irgendwo an Goethe anzuknüpfen, so kann doch keineswegs zugestanden werden, daß die Art, in der es geschieht, eine durchwegs glückliche ist. Nur zu oft fehlt es an der gerade hier so notwendigen Unbefangenheit, die sich erst in die volle Tiefe des Goetheschen Genius versenkt, bevor sie sich auf den kritischen Stuhl setzt. Man hält Goethe in vielen Dingen nur deswegen für überholt, weil man seine ganze Bedeutung nicht erkennt. Man glaubt weit über Goethe hinaus zu sein, während das Richtige meist darinnen läge, daß wir seine umfassenden Prinzipien, seine großartige Art, die Dinge anzuschauen, auf unsere jetzt vollkommeneren wissenschaftlichen Hilfsmittel und Tatsachen anwenden sollten. Bei Goethe kommt es gar niemals darauf an, ob das Ergebnis seiner Forschungen mit dem der heutigen Wissenschaft mehr oder weniger übereinstimmt, sondern stets nur darauf, wie er die Sache angefaßt hat. Die Ergebnisse tragen den Stempel seiner Zeit, das ist, sie gehen so weit, als wissenschaftliche Behelfe und die Erfahrung seiner Zeit reichten; seine Art zu denken, seine Art, die Probleme zu stellen, aber ist eine bleibende Errungenschaft, der man das größte Unrecht antut, wenn man sie von oben herab behandelt. Aber unsere Zeit hat das Eigentümliche, daß ihr die produktive Geisteskraft des Genies fast bedeutungslos erscheint. Wie sollte es auch anders sein in einer Zeit, in der jedes Hinausgehen über die physische Erfahrung in der Wissenschaft wie in der Kunst verpönt ist. Zum bloßen sinnlichen Beobachten braucht man weiter nichts als gesunde Sinne, und Genie ist dazu ein recht entbehrliches Ding.

Aber der wahre Fortschritt in den Wissenschaften wie in der Kunst ist niemals durch solches Beobachten oder sklavisches Nachahmen der Natur bewirkt worden. Gehen doch Tausende und aber Tausende an einer Beobachtung vorüber, dann kommt einer und macht an derselben Beobachtung die Entdeckung eines großartigen wissenschaftlichen Gesetzes. Eine schwankende Kirchenlampe hat wohl mancher vor *Galilei* gesehen; doch dieser geniale Kopf mußte kommen, um an ihr die für die Physik so bedeutungsvollen Gesetze der Pendelbewegung zu finden. «Wär' nicht das Auge sonnenhaft, wie könnten wir das Licht erblicken», ruft Goethe aus; er will damit sagen, daß nur der in die Tiefen der Natur zu blicken vermag, der die notwendige Veranlagung dazu hat und die produktive Kraft, im Tatsächlichen mehr zu sehen als die bloßen äußeren Tatsachen. Das will man nicht einsehen. Man sollte die gewaltigen Errungenschaften, die wir dem Genie Goethes verdanken, nicht verwechseln mit den Mängeln, die seinen Forschungen infolge des damaligen beschränkten Standes der Erfahrungen anhaften. Goethe selbst hat das Verhältnis seiner wissenschaftlichen Resultate zum Fortschritte der Forschung in einem trefflichen Bilde charakterisiert; er bezeichnet die letzteren als Steine, mit denen er sich auf dem Brette vielleicht zu weit vorgewagt, aus denen man aber den Plan des Spielers erkennen solle. Beherzigt man diese Worte, dann erwächst uns auf dem Gebiete der Goethe-Forschung folgende hohe Aufgabe: Sie muß überall auf die Tendenzen, die Goethe hatte, zurückgehen. Was er selbst als Ergebnisse gibt, mag nur als Beispiel gelten, wie er seine großen Aufgaben mit beschränkten Mitteln zu lösen versuchte. Wir müssen sie in seinem Geiste, aber mit unseren größeren Mitteln und auf Grund unserer reicheren Erfahrungen zu lösen suchen. Auf diesem Wege werden alle Zweige der Forschung, denen Goethe seine Aufmerksamkeit zugewendet, befruchtet werden können und, was mehr ist: sie werden ein einheitliches Gepräge tragen, durchaus Glieder einer einheitlichen großen Weltanschauung sein. Die bloße philologische und kritische Forschung, der ihre Berechtigung abzusprechen ja eine Torheit wäre, muß von dieser Seite her ihre Ergänzung finden. Wir müssen uns der Gedanken- und Ideenfülle, die in Goethe liegt, bemächtigen und, von ihr ausgehend, wissenschaftlich weiterarbeiten.

Hier soll es meine Aufgabe sein, zu zeigen, inwiefern die entwickelten Grundsätze auf eine der jüngsten und zugleich am meisten umstrittenen Wissenschaften, auf die Ästhetik, Anwendung finden. Die Ästhetik, das ist die Wissenschaft, die sich mit der Kunst und ihren Schöpfungen beschäftigt, ist kaum hundert Jahre alt. Mit vollem Bewußtsein, damit ein neues wissenschaftliches Gebiet zu eröffnen, ist erst *Alexander Gottlieb Baumgarten* im Jahre 1750 hervorgetreten. In dieselbe Zeit fallen die Bemühungen *Winckelmanns* und *Lessings*, über prinzipielle Fragen der Kunst zu einem gründlichen Urteile zu kommen. Alles, was vorher auf diesem Felde versucht worden ist, kann nicht einmal als elementarster Ansatz zu dieser Wissenschaft bezeichnet werden. Selbst der große *Aristoteles*, dieser geistige Riese, der auf alle Zweige der Wissenschaft einen so maßgebenden Einfluß geübt hat, ist für die Ästhetik ganz unfruchtbar geblieben. Er hat die bildenden Künste ganz aus dem Kreise seiner Betrachtung ausgeschlossen, woraus hervorgeht, daß er den Begriff der Kunst überhaupt nicht gehabt hat, und außerdem kennt er kein anderes Prinzip als das der Nachahmung der Natur, was uns wieder zeigt, daß er die Aufgabe des Menschengeistes bei seinen Kunstschöpfungen nie begriffen hat.

Die Tatsache, daß die Wissenschaft des Schönen so spät erst entstanden ist, ist nun kein Zufall. Sie war früher gar nicht möglich, einfach weil die Vorbedingungen dazu fehlten. Welche sind nun diese? Das Bedürfnis nach der Kunst ist so alt wie die Menschheit, jenes nach dem Erfassen ihrer Aufgabe konnte erst sehr spät auftreten. Der griechische Geist, der vermöge seiner glücklichen Organisation aus der unmittelbar uns umgebenden Wirklichkeit seine Befriedigung schöpfte, brachte eine Kunstepoche hervor, die ein Höchstes bedeutet; aber er tat es in ursprünglicher Naivität, ohne das Bedürfnis, sich in der Kunst eine Welt zu erschaffen, die eine Befriedigung bieten soll, die uns von keiner anderen Seite werden kann. Der Grieche fand in der Wirklichkeit alles, was er suchte; allem, wonach sein Herz verlangte, wonach sein Geist dürstete, kam die Natur reichlich entgegen. Nie sollte es bei ihm dazu kommen, daß in seinem Herzen die Sehnsucht entstände nach einem Etwas, das wir vergebens in der uns umgebenden Welt suchen. Der Grieche ist nicht herausgewachsen aus der Natur, deshalb sind alle seine Bedürfnisse durch sie zu befriedigen. In ungetrennter Einheit mit seinem ganzen Sein mit der Natur verwachsen, schafft sie in ihm und weiß dann ganz gut, was sie ihm anerschaffen darf, um es auch wieder befriedigen zu können. So bildete denn bei diesem naiven Volke die Kunst nur eine Fortsetzung des Lebens und Treibens innerhalb der Natur, war unmittelbar aus ihr herausgewachsen. Sie befriedigte dieselben Bedürfnisse wie ihre Mutter, nur im höheren Maße. Daher kommt es, daß Aristoteles kein höheres Kunstprinzip kannte als die Naturnachahmung. Man brauchte nicht mehr als die Natur zu erreichen, weil man in der Natur schon den Quell aller Befriedigung hatte. Was uns nur leer und bedeutungslos erscheinen müßte, die bloße Naturnachahmung, war hier völlig ausreichend. Wir haben verlernt, in der bloßen Natur das Höchste zu sehen, wonach unser Geist verlangt; deswegen könnte uns der bloße Realismus, der uns die jenes Höheren bare Wirklichkeit bietet, nimmer befriedigen. Diese Zeit mußte kommen. Sie war eine Notwendigkeit für die sich zu immer höheren Stufen der Vollkommenheit fortentwickelnde Menschheit. Der Mensch konnte sich nur so lange ganz innerhalb der Natur halten, solange er sich dessen nicht bewußt war. Mit dem Augenblicke, da er sein eigenes Selbst in voller Klarheit erkannte, mit dem Augenblicke, als er einsah, daß in seinem Innern ein jener Außenwelt mindestens ebenbürtiges Reich lebt, da mußte er sich losmachen von den Fesseln der Natur.

Jetzt konnte er sich ihr nicht mehr ganz ergeben, auf daß sie mit ihm schalte und walte, daß sie seine Bedürfnisse erzeuge und wieder befriedige. Jetzt mußte er ihr gegenübertreten, und damit hatte er sich faktisch von ihr losgelöst, hatte sich in seinem Innern eine neue Welt erschaffen, und aus dieser fließt jetzt seine Sehnsucht, aus dieser kommen seine Wünsche. Ob diese Wünsche, jetzt abseits von der Mutter Natur erzeugt, von dieser auch befriedigt werden können, bleibt natürlich dem Zufall überlassen. Jedenfalls trennt den Menschen jetzt eine scharfe Kluft von der Wirklichkeit, und er muß die Harmonie erst herstellen, die früher in ursprünglicher Vollkommenheit da war. Damit sind die Konflikte des Ideals mit der Wirklichkeit, des Gewollten mit dem Erreichten, kurz alles dessen gegeben, was eine Menschenseele in ein wahres geistiges Labyrinth führt. Die Natur steht uns da gegenüber seelenlos, bar alles dessen, was uns unser Inneres als ein Göttliches ankündigt. Die nächste Folge ist das Abwenden von allem, was Natur ist, die Flucht vor dem unmittelbar Wirklichen. Dies ist das gerade Gegenteil des Griechentums. So wie das letztere alles in der Natur gefunden hat, so findet diese Weltanschauung gar nichts in ihr. Und in diesem Lichte muß uns das christliche Mittelalter erscheinen. Sowenig das Griechentum das Wesen der Kunst zu erkennen vermochte, weil sie deren Hinausgehen über die Natur, das Erzeugen einer höheren Natur gegenüber der unmittelbaren, nicht begreifen konnte, ebensowenig konnte es die christliche Wissenschaft des Mittelalters zu einer Kunsterkenntnis bringen, weil ja die Kunst doch nur mit den Mitteln der Natur arbeiten konnte und die Gelehrsamkeit es nicht fassen konnte, wie man innerhalb der gottlosen Wirklichkeit Werke schaffen kann, die den nach Göttlichem strebenden Geist befriedigen können. Auch hier tat die Hilflosigkeit der Wissenschaft der Kunstentwickelung keinen Abbruch. Während die erstere nicht wußte, was sie darüber denken solle, entstanden die herrlichsten Werke christlicher Kunst. Die Philosophie, die in jener Zeit der Theologie die Schleppe nachtrug, wußte der Kunst ebensowenig einen Platz in dem Kulturfortschritte einzuräumen, wie es der große Idealist der Griechen, der «göttliche Plato», vermochte. *Plato* erklärte ja die bildende Kunst und die Dramatik einfach für schädlich, von einer selbständigen Aufgabe der Kunst hat er so wenig einen Begriff, daß er der Musik gegenüber nur deshalb Gnade für Recht walten läßt, weil sie die Tapferkeit im Kriege befördert.

In der Zeit, in der Geist und Natur so innig verbunden waren, konnte die Kunstwissenschaft nicht entstehen, sie konnte es aber auch nicht in jener, in der sie sich als unversöhnte Gegensätze gegenüberstanden. Zur Entstehung der Ästhetik war jene Zeit notwendig, in der der Mensch frei und unabhängig von den Fesseln der Natur den Geist in seiner ungetrübten Klarheit erblickte, in der aber auch schon wieder ein Zusammenfließen mit der Natur möglich ist. Daß der Mensch sich über den Standpunkt des Griechentums erhebt, hat seinen guten Grund. Denn in der Summe von Zufälligkeiten, aus denen die Welt zusammengesetzt ist, in die wir uns versetzt fühlen, können wir nimmer das Göttliche, das Notwendige finden. Wir sehen ja nichts um uns als Tatsachen, die ebensogut auch anders sein könnten; wir sehen nichts als Individuen, und unser Geist strebt nach dem Gattungsmäßigen, Urbildlichen; wir sehen nichts als Endliches, Vergängliches, und unser Geist strebt nach dem Unendlichen, Unvergänglichen, Ewigen. Wenn also der der Natur entfremdete Menschengeist zur Natur zurückkehren sollte, so mußte dies zu etwas anderem sein als zu jener Summe von Zufälligkeiten. Und diese Rückkehr bedeutet Goethe: Rückkehr zur Natur, aber Rückkehr mit dem vollen Reichtum des entwickelten Geistes, mit der Bildungshöhe der neuen Zeit.

Goethes Anschauungen entspricht die grundsätzliche Trennung von Natur und Geist nicht; er will in der Welt nur ein großes Ganzes erblicken, eine einheitliche Entwickelungskette von Wesen, innerhalb welcher der Mensch ein Glied, wenn auch das höchste, bildet. «Natur! Wir sind von ihr umgeben und umschlungen – unvermögend, aus ihr herauszutreten, und unvermögend, tiefer in sie hineinzukommen. Ungebeten und ungewarnt nimmt sie uns in den Kreislauf ihres Tanzes auf und treibt sich mit uns fort, bis wir ermüdet sind und ihrem Arme entfallen.» Und im Buche über Winckelmann: «Wenn die gesunde Natur des Menschen als ein Ganzes wirkt, wenn er sich in der Welt als in einem großen, schönen, würdigen und werten Ganzen fühlt, wenn das harmonische Behagen ihm ein reines, freies Entzükken gewährt: dann würde das Weltall, wenn es sich selbst empfinden könnte, als an sein Ziel gelangt, aufjauchzen und den Gipfel des eigenen Werdens und Wesens bewundern.» Hierinnen liegt das echt Goethesche weite Hinausgehen über die unmittelbare Natur, ohne sich auch nur im geringsten von dem zu entfernen, was das Wesen der Natur ausmacht. Fremd ist ihm, was er selbst bei vielen besonders begabten Menschen findet: «Die Eigenheit, eine Art von Scheu vor dem wirklichen Leben zu empfinden, sich in sich selbst zurückzuziehen, in sich selbst eine eigene Welt zu erschaffen und auf diese Weise das Vortrefflichste nach innen bezüglich zu leisten.» Goethe flieht die Wirklichkeit nicht, um sich eine abstrakte Gedankenwelt zu schaffen, die nichts mit jener gemein hat; nein, er vertieft sich in dieselbe, um in ihrem ewigen Wandel, in ihrem Werden und Bewegen, ihre unwandelbaren Gesetze zu finden, er stellt sich dem Individuum gegenüber, um in ihm das Urbild zu erschauen. So erstand in seinem Geiste die Urpflanze, so das Urtier, die ja nichts anderes sind als die Ideen des Tieres und der Pflanze. Das sind keine leeren Allgemeinbegriffe, die einer grauen Theorie angehören, das sind die wesentlichen Grundlagen der Organismen mit einem reichen, konkreten Inhalt, lebensvoll und anschaulich. Anschaulich freilich nicht für die äußeren Sinne, sondern nur für jenes höhere Anschauungsvermögen, das Goethe in dem Aufsatze über «Anschauende Urteilskraft» bespricht. Die Ideen im Goetheschen Sinne sind ebenso objektiv wie die Farben und Gestalten der Dinge, aber sie sind nur für den wahrnehmbar, dessen Fassungsvermögen dazu eingerichtet ist, so wie Farben und Formen nur für den Sehenden und nicht für den Blinden da sind. Wenn wir dem Objektiven eben nicht mit einem empfänglichen Geiste entgegenkommen, enthüllt es sich nicht vor uns. Ohne das instinktive Vermögen, Ideen wahrzunehmen, bleiben uns diese immer ein verschlossenes Feld. Tiefer als jeder andere hat hier

Schiller in das Gefüge des Goetheschen Genius geschaut.

Am 23. August 1794 klärte er Goethe über das Wesen, das seinem Geist zugrunde liegt, mit folgenden Worten auf: «Sie nehmen die ganze Natur zusammen, um über das Einzelne Licht zu bekommen; in der Allheit ihrer Erscheinungsarten suchen Sie den Erklärungsgrund für das Individuum auf. Von der einfachen Organisation steigen Sie, Schritt vor Schritt, zu der mehr verwickelten auf, um endlich die verwickeltste von allen, den Menschen, genetisch aus den Materialien des ganzen Naturgebäudes zu erbauen. Dadurch, daß Sie ihn der Natur gleichsam nacherschaffen, suchen Sie in seine verborgene Technik einzudringen.» In diesem Nacherschaffen liegt ein Schlüssel zum Verständnis der Weltanschauung Goethes. Wollen wir wirklich zu den Urbildern der Dinge, zu dem Unwandelbaren im ewigen Wechsel aufsteigen, dann dürfen wir nicht das Fertiggewordene betrachten, denn dieses entspricht nicht mehr ganz der Idee, die sich in ihm ausspricht, wir müssen auf das Werden zurückgehen, wir müssen die Natur im Schaffen belauschen. Das ist der Sinn der Goetheschen Worte in dem Aufsatze «Anschauende Urteilskraft»: «Wenn wir ja im Sittlichen durch Glauben an Gott, Tugend und Unsterblichkeit uns in eine obere Region erheben und an das erste Wesen annähern sollen, so dürfte es wohl im Intellektuellen derselbe Fall sein, daß wir uns durch das Anschauen einer immer schaffenden Natur zur geistigen Teilnahme an ihren Produktionen würdig machten. Hatte ich doch erst unbewußt und aus innerem Trieb auf jenes Urbildliche, Typische rastlos gedrungen.» Die Goetheschen Urbilder sind also nicht leere Schemen, sondern sie sind die treibenden Kräfte hinter den Erscheinungen.

Das ist die «höhere Natur» in der Natur, der sich Goethe bemächtigen will. Wir sehen daraus, daß in keinem Falle die Wirklichkeit, wie sie vor unseren Sinnen ausgebreitet daliegt, etwas ist, bei dem der auf höherer Kulturstufe angelangte Mensch stehenbleiben kann. Nur indem der Menschengeist diese Wirklichkeit überschreitet, die Schale zerbricht und zum Kerne vordringt, wird ihm offenbar, was diese Welt im Innersten zusammenhält. Nimmermehr können wir am einzelnen Naturgeschehen, nur am Naturgesetze, nimmermehr am einzelnen Individuum, nur an der Allgemeinheit Befriedigung finden. Bei Goethe kommt diese Tatsache in der denkbar vollkommensten Form vor. Was auch bei ihm stehenbleibt, ist die Tatsache, daß für den modernen Geist die Wirklichkeit, das einzelne Individuum keine Befriedigung bietet, weil wir nicht schon in ihm, sondern erst, wenn wir über dasselbe hinausgehen, das finden, in dem wir das Höchste erkennen, das wir als Göttliches verehren, das wir in der Wissenschaft als Idee ansprechen. Während die bloße Erfahrung zur Versöhnung der Gegensätze nicht kommen kann, weil sie wohl die Wirklichkeit, aber noch nicht die Idee hat, kann die Wissenschaft zu dieser Aussöhnung nicht kommen, weil sie wohl die Idee, aber die Wirklichkeit nicht mehr hat. Zwischen beiden bedarf der Mensch eines neuen Reiches; eines Reiches, in dem das Einzelne schon und nicht erst das Ganze die Idee darstellt, eines Reiches, in dem das Individuum schon so auftritt, daß ihm der Charakter der Allgemeinheit und Notwendigkeit innewohnt. Eine solche Welt ist aber in der Wirklichkeit nicht vorhanden, eine solche Welt muß sich der Mensch erst selbst erschaffen, und diese Welt ist die Welt der Kunst: ein notwendiges drittes Reich neben dem der Sinne und dem der Vernunft.

Und die Kunst als dieses dritte Reich zu begreifen, hat die Ästhetik als ihre Aufgabe anzusehen. Das Göttliche, dessen die Naturdinge entbehren, muß ihnen der Mensch selbst einpflanzen, und hierinnen liegt eine hohe Aufgabe, die den Künstlern erwächst. Sie haben sozusagen das Reich Gottes auf diese Erde zu bringen. Diese, man darf es wohl so nennen, religiöse Sendung der Kunst spricht Goethe – im Buch über Winckelmann – in folgenden herrlichen Worten aus:

«Indem der Mensch auf den Gipfel der Natur gestellt ist, so sieht er sich wieder als eine ganze Natur an, die in sich abermals einen Gipfel hervorzubringen hat. Dazu steigert er sich, indem er sich mit allen Vollkommenheiten und Tugenden durchdringt, Wahl, Ordnung, Harmonie und Bedeutung aufruft und sich endlich bis zur Produktion des Kunstwerkes erhebt, das neben seinen übrigen Taten und Werken einen glänzenden Platz einnimmt. Ist es einmal hervorgebracht, steht es in seiner idealen Wirklichkeit vor der Welt, so bringt es eine dauernde Wirkung, es bringt die höchste hervor; denn indem es aus den gesamten Kräften sich geistig entwickelt, so nimmt es alles Herrliche, Verehrungs- und Liebenswürdige in sich auf und erhebt, indem es die menschliche Gestalt beseelt, den Menschen über sich selbst, schließt seinen Lebens- und Tatenkreis ab und vergöttert ihn für die Gegenwart, in der das Vergangene und Künftige begriffen ist. Von solchen Gefühlen wurden die ergriffen, die den olympischen Jupiter erblickten, wie wir aus den Beschreibungen, Nachrichten und Zeugnissen der Alten uns entwickeln können. Der Gott war zum Menschen geworden, um den Menschen zum Gott zu erheben. Man erblickte die höchste Würde und ward für die höchste Schönheit begeistert.»

Damit war der Kunst ihre hohe Bedeutung für den Kulturfortschritt der Menschheit zuerkannt. Und es ist bezeichnend für das gewaltige Ethos des deutschen Volkes, daß ihm zuerst diese Erkenntnis aufging, bezeichnend, daß seit einem Jahrhundert alle deutschen Philosophen danach ringen, die würdigste wissenschaftliche Form für die eigentümliche Art zu finden, wie im Kunstwerke Geistiges und Natürliches, Ideales und Reales miteinander verschmelzen. Nichts anderes ist ja die Aufgabe der Ästhetik, als diese Durchdringung in ihrem Wesen zu begreifen und in den einzelnen Formen, in denen sie sich in den verschiedenen Kunstgebieten darlebt, durchzuarbeiten. Das Problem, zuerst in der von uns angedeuteten Weise angeregt und damit alle ästhetischen Hauptfragen eigentlich in Fluß gebracht zu haben, ist das Verdienst der im Jahre 1790 erschienenen «Kritik der Urteilskraft» *Kants*, deren Auseinandersetzungen Goethe sogleich sympathisch berührten. Bei allem Ernst der Arbeit aber, der auf die Sache verwandt wurde, müssen wir doch heute gestehen, daß wir eine allseitig befriedigende Lösung der ästhetischen Aufgaben nicht haben.

Der Altmeister unserer Ästhetik, der scharfe Denker und Kritiker *Friedrich Theodor Vischer*, hat bis zu seinem Lebensende an der von ihm ausgesprochenen Überzeugung festgehalten: «Ästhetik liegt noch in den Anfängen.» Damit hat er eingestanden, daß alle Bestrebungen auf diesem Gebiete, seine eigene fünfbändige Ästhetik mit inbegriffen, mehr oder weniger Irrwege bezeichnen. Und so ist es auch. Dies ist – wenn ich hier meine Überzeugung aussprechen darf – nur auf den Umstand zurückzuführen, weil man Goethes fruchtbare Keime auf diesem Gebiete unberücksichtigt gelassen hat, weil man ihn nicht für wissenschaftlich voll nahm. Hätte man das getan, dann hätte man einfach die Ideen Schillers ausgebaut, die ihm in der Anschauung des Goetheschen Genius aufgegangen sind und die er in den «Briefen über ästhetische Erziehung» niedergelegt hat. Auch diese Briefe werden vielfach von den systematisierenden Ästhetikern nicht für genug wissenschaftlich genommen, und doch gehören sie zu dem Bedeutendsten, was die Ästhetik überhaupt hervorgebracht hat. Schiller geht von Kant aus. Dieser Philosoph hat die Natur des Schönen in mehrfacher Hinsicht bestimmt. Zuerst untersucht er den Grund des Vergnügens, das wir an den schönen Werken der Kunst empfinden. Diese Lustempfindung findet er ganz verschieden von jeder anderen. Vergleichen wir sie mit der Lust, die wir empfinden, wenn wir es mit einem Gegenstande zu tun haben, dem wir etwas uns Nutzenbringendes verdanken. Diese Lust ist eine ganz andere. Diese Lust hängt innig mit dem Begehren nach dem Dasein dieses Gegenstandes zusammen. Die Lust am Nützlichen verschwindet, wenn das Nützliche selbst nicht mehr ist. Das ist bei der Lust, die wir dem Schönen gegenüber empfinden, anders. Diese Lust hat mit dem Besitze, mit der Existenz des Gegenstandes nichts zu tun. Sie haftet demnach gar nicht am Objekte, sondern nur an der Vorstellung von demselben. Während beim Zweckmäßigen, Nützlichen sogleich das Bedürfnis entsteht, die Vorstellung in Realität umzusetzen, sind wir beim Schönen mit dem bloßen Bilde zufrieden. Deshalb nennt Kant das Wohlgefallen am Schönen ein von jedem realen Interesse unbeeinflußtes, ein «interesseloses Wohlgefallen». Es wäre aber die Ansicht ganz falsch, daß damit von dem Schönen die Zweckmäßigkeit ausgeschlossen wird; das geschieht nur mit dem äußeren Zwecke. Und daraus fließt die zweite Erklärung des Schönen: «Es ist ein in sich zweckmäßig Geformtes, aber ohne einem äußeren Zwecke zu dienen.» Nehmen wir ein anderes Ding der Natur oder ein Produkt der menschlichen Technik wahr, dann kommt unser Verstand und fragt nach Nutzen und Zweck. Und er ist nicht früher befriedigt, bis seine Frage nach dem «Wozu» beantwortet ist. Beim Schönen liegt das Wozu in dem Dinge selbst, und der Verstand braucht nicht über dasselbe hinauszugehen. Hier setzt nun Schiller an. Und er tut dies, indem er die Idee der Freiheit in die Gedankenreihe hineinverwebt in einer Weise, die der Menschennatur die höchste Ehre macht. Zunächst stellt Schiller zwei unablässig sich geltend machende Triebe des Menschen einander gegenüber. Der erste ist der sogenannte Stofftrieb oder das Bedürfnis, unsere Sinne der einströmenden Außenwelt offenzuhalten. Da dringt ein reicher Inhalt auf uns ein, aber ohne daß wir selbst auf seine Natur einen bestimmenden Einfluß nehmen könnten. Mit unbedingter Notwendigkeit geschieht hier alles. Was wir wahrnehmen, wird von außen bestimmt; wir sind hier unfrei, unterworfen, wir müssen einfach dem Gebote der Naturnotwendigkeit gehorchen. Der zweite ist der Formtrieb. Das ist nichts anderes als die Vernunft, die in das wirre Chaos des Wahrnehmungsinhaltes Ordnung und Gesetz bringt. Durch ihre Arbeit kommt System in die Erfahrung. Aber auch hier sind wir nicht frei, findet Schiller. Denn bei dieser ihrer Arbeit ist die Vernunft den unabänderlichen Gesetzen der Logik unterworfen. Wie dort unter der Macht der Naturnotwendigkeit, so stehen wir hier unter jener der Vernunftnotwendigkeit. Gegenüber beiden sucht die Freiheit eine Zufluchtstätte. Schiller weist ihr das Gebiet der Kunst an, indem er die Analogie der Kunst mit dem Spiel des Kindes hervorhebt. Worinnen liegt das Wesen des Spieles? Es werden Dinge der Wirklichkeit genommen und in ihren Verhältnissen in beliebiger Weise verändert. Dabei ist bei dieser Umformung der Realität nicht ein Gesetz der logischen Notwendigkeit maßgebend, wie wenn wir zum Beispiel eine Maschine bauen, wo wir uns strenge den Gesetzen der Vernunft unterwerfen müssen, sondern es wird einzig und allein einem subjektiven Bedürfnis gedient. Der Spielende bringt die Dinge in einen Zusammenhang, der ihm Freude macht; er legt sich keinerlei Zwang auf. Die Naturnotwendigkeit achtet er nicht, denn er überwindet ihren Zwang, indem er die ihm überlieferten Dinge ganz nach Willkür verwendet; aber auch von der Vernunftnotwendigkeit fühlt er sich nicht abhängig, denn die Ordnung, die er in die Dinge bringt, ist seine Erfindung. So prägt der Spielende der Wirklichkeit seine Subjektivität ein, und dieser letzteren hinwiederum verleiht er objektive Geltung. Das gesonderte Wirken der beiden Triebe hat aufgehört; sie sind in eins zusammengeflossen und damit frei geworden: Das Natürliche ist ein Geistiges, das Geistige ein Natürliches. Schiller nun, der Dichter der Freiheit, sieht so in der Kunst nur ein freies Spiel des Menschen auf höherer Stufe und ruft begeistert aus: «Der Mensch ist nur da ganz Mensch, wo er spielt, ... und er spielt nur, wo er in voller Bedeutung des Wortes Mensch ist.» Den der Kunst zugrunde liegenden Trieb nennt Schiller den Spieltrieb. Dieser erzeugt im Künstler Werke, die schon in ihrem sinnlichen Dasein unsere Vernunft befriedigen und deren Vernunftinhalt zugleich als sinnliches Dasein gegenwärtig ist. Und das Wesen des Menschen wirkt auf dieser Stufe so, daß seine Natur zugleich geistig und sein Geist zugleich natürlich wirkt. Die Natur wird zum Geiste erhoben, der Geist versenkt sich in die Natur. Jene wird dadurch geadelt, dieser aus seiner unanschaulichen Höhe in die sichtbare Welt gerückt. Die Werke, die dadurch entstehen, sind nun freilich deshalb nicht völlig naturwahr, weil in der Wirklichkeit sich nirgends Geist und Natur decken; wenn wir daher die Werke der Kunst mit jenen der Natur zusammenstellen, so erscheinen sie uns als bloßer Schein. Aber sie müssen Schein sein, weil sie sonst nicht wahrhafte Kunstwerke wären. Mit dem Begriffe des Scheines in diesem Zusammenhange steht Schiller als Ästhetiker einzig da, unübertroffen, unerreicht. Hier hätte man weiter bauen sollen und die zunächst nur einseitige Lösung des Schönheitsproblemes durch die Anlehnung an Goethes Kunstbetrachtung weiterführen sollen. Statt dessen tritt *Schelling* mit einer vollständig verfehlten Grundansicht auf den Plan und inauguriert einen Irrtum, aus dem die deutsche Ästhetik nicht wieder herausgekommen ist. Wie die ganze moderne Philosophie findet auch Schelling die Aufgabe des höchsten menschlichen Strebens in dem Erfassen der ewigen Urbilder der Dinge. Der Geist schreitet hinweg über die wirkliche Welt und erhebt sich zu den Höhen, wo das Göttliche thront. Dort geht ihm alle Wahrheit und Schönheit auf. Nur was ewig ist, ist wahr und ist auch schön. Die eigentliche Schönheit kann also nach Schelling nur der schauen, der sich zur höchsten Wahrheit erhebt, denn sie sind ja nur eines und dasselbe. Alle sinnliche Schönheit ist ja nur ein schwacher Abglanz jener unendlichen Schönheit, die wir nie mit den Sinnen wahrnehmen können. Wir sehen, worauf das hinauskommt: Das Kunstwerk ist nicht um seiner selbst willen und durch das, was es ist, schön, sondern weil es die Idee der Schönheit abbildet. Es ist dann nur eine Konsequenz dieser Ansicht, daß der Inhalt der Kunst derselbe ist wie jener der Wissenschaft, weil sie ja beide die ewige Wahrheit, die zugleich Schönheit ist, zugrunde legen. Für Schelling ist Kunst nur die objektiv gewordene Wissenschaft. Worauf es nun hier ankommt, das ist, woran sich unser Wohlgefallen am Kunstwerke knüpft. Das ist hier nur die ausgedrückte Idee. Das sinnliche Bild ist nur Ausdrucksmittel, die Form, in der sich ein übersinnlicher Inhalt ausspricht. Und hierin folgen alle Ästhetiker der idealistischen Richtung Schellings. Ich kann nämlich nicht übereinstimmen mit dem, was der neueste Geschichtsschreiber und Systematiker der Ästhetik, *Eduard von Hartmann*, findet, daß *Hegel* wesentlich über Schelling in diesem Punkte hinausgekommen ist. Ich sage in diesem Punkte, denn es gibt vieles andere, wo er ihn turmhoch überragt. Hegel sagt ja auch: «Das Schöne ist das sinnliche Scheinen der Idee.» Damit gibt auch er zu, daß er in der ausgedrückten Idee das sieht, worauf es in der Kunst ankommt. Noch deutlicher wird dies aus folgenden

Worten: «Die harte Rinde der Natur und der gewöhnlichen Welt machen es dem Geiste saurer, zur Idee durchzudringen, als die Werke der Kunst.» Nun, darinnen ist doch ganz klar gesagt, daß das Ziel der Kunst dasselbe ist wie das der Wissenschaft, nämlich zur Idee vorzudringen.

Die Kunst suche nur zu veranschaulichen, was die Wissenschaft unmittelbar in der Gedankenform zum Ausdrucke bringt. Friedrich Theodor Vischer nennt die Schönheit «die Erscheinung der Idee» und setzt damit gleichfalls den Inhalt der Kunst mit der Wahrheit identisch. Man mag dagegen einwenden, was man will; wer in der ausgedrückten Idee das Wesen des Schönen sieht, kann es nimmermehr von der Wahrheit trennen. Was dann die Kunst neben der Wissenschaft noch für eine selbständige Aufgabe haben soll, ist nicht einzusehen. Was sie uns bietet, erfahren wir auf dem Wege des Denkens ja in reinerer, ungetrübterer Gestalt, nicht erst verhüllt durch einen sinnlichen Schleier. Nur durch Sophisterei kommt man vom Standpunkte dieser Ästhetik über die eigentliche kompromittierende Konsequenz hinweg, daß in den bildenden Künsten die Allegorie und in der Dichtkunst die didaktische Poesie die höchsten Kunstformen seien. Die selbständige Bedeutung der Kunst kann diese Ästhetik nicht begreifen. Sie hat sich daher auch als unfruchtbar erwiesen. Man darf aber nicht zu weit gehen und deswegen alles Streben nach einer widerspruchslosen Ästhetik aufgeben. Und es gehen in dieser Richtung zu weit jene, die alle Ästhetik in Kunstgeschichte auflösen wollen. Diese Wissenschaft kann denn, ohne sich auf authentische Prinzipien zu stützen, nichts anderes sein als ein Sammelplatz für Notizensammlungen über die Künstler und ihre Werke, an die sich mehr oder weniger geistreiche Bemerkungen schließen, die aber, ganz der Willkür des subjektiven Raisonnements entstammend, ohne Wert sind. Von der anderen Seite ist man der Ästhetik zu Leibe gegangen, indem man ihr eine Art Physiologie des Geschmacks gegenüberstellt. Man will die einfachsten, elementarsten Fälle, in denen wir eine Lustempfindung haben, untersuchen und dann zu immer komplizierteren Fällen aufsteigen, um so der «Ästhetik von oben» eine «Ästhetik von unten» entgegenzusetzen. Diesen Weg hat *Fechner* in seiner «Vorschule der Ästhetik» eingeschlagen. Es ist eigentlich unbegreiflich, daß ein solches Werk bei einem Volke, das einen Kant gehabt hat, Anhänger finden kann. Die Ästhetik soll von der Untersuchung der Lustempfindung ausgehen; als ob jede Lustempfindung schon eine ästhetische wäre und als ob wir die ästhetische Natur einer Lustempfindung von der einer anderen durch irgend etwas anderes unterscheiden könnten als durch den Gegenstand, durch den sie hervorgebracht wird. Wir wissen nur, daß eine Lust eine ästhetische Empfindung ist, wenn wir den Gegenstand als einen schönen erkennen, denn psychologisch als Lust unterscheidet sich die ästhetische in nichts von einer andern. Es handelt sich immer um die Erkenntnis des Objektes. Wodurch wird ein Gegenstand schön? Das ist die Grundfrage aller Ästhetik.

Viel besser als die «Ästhetiker von unten» kommen wir der Sache bei, wenn wir uns an Goethe anlehnen. *Merck* bezeichnet einmal Goethes Schaffen mit den Worten: «Dein Bestreben, Deine unablenkbare Richtung ist, dem Wirklichen eine poetische Gestalt zu geben; die andern suchen das sogenannte Poetische, das Imaginative zu verwirklichen, und das gibt nichts wie dummes Zeug.» Damit ist ungefähr dasselbe gesagt wie mit Goethes Worten im zweiten Teil des «Faust»: «Das Was bedenke, mehr bedenke Wie.» Es ist deutlich gesagt, worauf es in der Kunst ankommt. Nicht auf ein Verkörpern eines Übersinnlichen, sondern um ein Umgestalten des Sinnlich-Tatsächlichen. Das Wirkliche soll nicht zum Ausdrucksmittel herabsinken: nein, es soll in seiner vollen Selbständigkeit bestehen bleiben; nur soll es eine neue Gestalt bekommen, eine Gestalt, in der es uns befriedigt. Indem wir irgendein Einzelwesen aus dem Kreise seiner Umgebung herausheben und es in dieser gesonderten Stellung vor unser Auge stellen, wird uns daran sogleich vieles unbegreiflich erscheinen. Wir können es mit dem Begriffe, mit der Idee, die wir ihm notwendig zugrunde legen müssen, nicht in Einklang bringen. Seine Bildung in der Wirklichkeit ist eben nicht nur die Folge seiner eigenen Gesetzlichkeit, sondern es ist die angrenzende Wirklichkeit unmittelbar mitbestimmend. Hätte das Ding sich unabhängig und frei, unbeeinflußt von anderen Dingen entwickeln können, dann nur lebte es seine eigene Idee dar. Diese dem Dinge zugrunde liegende, aber in der Wirklichkeit in freier Entfaltung gestörte Idee muß der Künstler ergreifen und sie zur Entwickelung bringen. Er muß in dem Objekte den Punkt finden, aus dem sich ein Gegenstand in seiner vollkommensten Gestalt entwickeln läßt, in der er sich aber in der Natur selbst nicht entwickeln kann. Die Natur bleibt eben in jedem Einzelding hinter ihrer Absicht zurück; neben dieser Pflanze schafft sie eine zweite, dritte und so fort; keine bringt die volle Idee zu konkretem Leben; die eine diese, die andere jene Seite, soweit es die Umstände gestatten. Der Künstler muß aber auf das zurückgehen, was ihm als die Tendenz der Natur erscheint. Und das meint Goethe, wenn er sein Schaffen mit den Worten ausspricht: «Ich raste nicht, bis ich einen prägnanten Punkt finde, von dem sich vieles ableiten läßt.» Beim Künstler muß das ganze Äußere seines Werkes das ganze Innere zum Ausdruck bringen; beim Naturprodukt bleibt jenes hinter diesem zurück, und der forschende Menschengeist muß es erst erkennen. So sind die Gesetze, nach denen der Künstler verfährt, nichts anderes als die ewigen Gesetze der Natur, aber rein, unbeeinflußt von jeder Hemmung. Nicht was ist, liegt also den Schöpfungen der Kunst zugrunde, sondern was sein könnte, nicht das Wirkliche, sondern das Mögliche. Der Künstler schafft nach denselben Prinzipien, nach denen die Natur schafft; aber er behandelt nach diesen Prinzipien die Individuen, während, um mit einem Goetheschen Worte zu reden, die Natur sich nichts aus den Individuen macht. «Sie baut immer und zerstört immer», weil sie nicht mit dem Einzelnen, sondern mit dem Ganzen das Vollkommene erreichen will. Der Inhalt eines Kunstwerkes ist irgendein sinnenfällig wirklicher – dies ist das Was; in der Gestalt, die ihm der Künstler gibt, geht sein Bestreben dahin, die Natur in ihren eigenen Tendenzen zu übertreffen, das, was mit ihren Mitteln und Gesetzen möglich ist, in höherem Maße zu erreichen, als sie es selbst imstande ist.

Der Gegenstand, den der Künstler vor uns stellt, ist vollkommener, als er in seinem Naturdasein ist; aber er trägt doch keine andere Vollkommenheit als seine eigene an sich. In diesem Hinausgehen des Gegenstandes über sich selbst, aber doch nur auf Grundlage dessen, was in ihm schon verborgen ist, liegt das Schöne. Das Schöne ist also kein Unnatürliches; und Goethe kann mit Recht sagen: «Das Schöne ist eine Manifestation geheimer Naturgesetze, die ohne dessen Erscheinung ewig wären verborgen geblieben», oder an einem anderen Orte: «Wem die Natur ihr offenbares Geheimnis zu enthüllen anfängt, der empfindet eine unwiderstehliche Sehnsucht nach ihrer würdigsten Auslegerin, der Kunst.» In demselben Sinne, in dem man sagen kann, das Schöne sei ein Unreales, Unwahres, es sei bloßer Schein, denn was es darstellt, finde sich in dieser Vollkommenheit nirgends in der Natur, kann man auch sagen: das Schöne sei wahrer als die Natur, indem es das darstellt, was die Natur sein will und nur nicht sein kann. Über diese Frage der Realität in der Kunst sagt Goethe: «Der Dichter» – und wir können seine Worte ganz gut auf die gesamte Kunst ausdehnen –, «der Dichter ist angewiesen auf Darstellung. Das Höchste derselben ist, wenn sie mit der Wirklichkeit wetteifert, das heißt, wenn ihre Schilderungen durch den Geist dergestalt lebendig sind, daß sie als gegenwärtig für jedermann gelten können.» Goethe findet: «Es ist in der Natur nichts schön, was nicht naturgesetzlich als wahr motiviert wäre.» Und die andere Seite des Scheines, das Übertreffen des Wesens durch sich selbst, finden wir als Goethes Ansicht ausgesprochen in «Sprüchen in Prosa»: «In den Blüten tritt das vegetabilische Gesetz in seine höchste Erscheinung, und die Rose wäre nur wieder der Gipfel dieser Erscheinung ... Die Frucht kann nie schön sein, denn da tritt das vegetabilische Gesetz in sich (ins bloße Gesetz) zurück.» Nun, da haben wir es doch ganz deutlich, wo sich die Idee ausbildet und auslebt, da tritt das Schöne ein, wo wir in der äußeren Erscheinung unmittelbar das Gesetz wahrnehmen; wo hingegen, wie in der Frucht, die äußere Erscheinung formlos und plump erscheint, weil sie von dem der Pflanzenbildung zugrunde liegenden Gesetz nichts verrät, da hört das Naturding auf, schön zu sein. Deshalb heißt es in demselben Spruch weiter: «Das Gesetz, das in die Erscheinung tritt, in der größten Freiheit, nach seinen eigensten Bedingungen, bringt das Objektiv-Schöne hervor, welches freilich würdige Subjekte finden muß, von denen es aufgefaßt wird.» Und in entschiedenster Weise kommt diese Ansicht Goethes in folgendem Ausspruch zum Vorschein, den wir in den Gesprächen mit Eckermann finden (III. 108): «Der Künstler muß freilich die Natur im einzelnen treu und fromm nachbilden ... allein in den höhern Regionen des künstlerischen Verfahrens, wodurch ein Bild zum eigentlichen Bilde wird, hat er ein freieres Spiel, und er darf hier sogar zu Fiktionen schreiten.» Als die höchste Aufgabe der Kunst bezeichnet Goethe: «durch den Schein die Täuschung einer höheren Wirklichkeit zu geben. Ein falsches Bestreben sei es aber, den Schein so lange zu verwirklichen, bis endlich nur ein gemeines Wirkliche übrigbleibt.»

Fragen wir uns jetzt einmal nach dem Grund des Vergnügens an Gegenständen der Kunst. Vor allem müssen wir uns klar sein darüber, daß die Lust, welche an den Objekten des Schönen befriedigt wird, in nichts nachsteht der rein intellektuellen Lust, die wir am rein Geistigen haben. Es bedeutet immer einen entschiedenen Verfall der Kunst, wenn ihre Aufgabe in dem bloßen Amüsement, in der Befriedigung einer niederen Lust gesucht wird. Es wird also der Grund des Vergnügens an Gegenständen der Kunst kein anderer sein als jener, der uns gegenüber der Ideenwelt überhaupt jene freudige Erhebung empfinden läßt, die den ganzen Menschen über sich selbst hinaushebt. Was gibt uns nun eine solche Befriedigung an der Ideenwelt? Nichts anderes als die innere himmlische Ruhe und Vollkommenheit, die sie in sich birgt. Kein Widerspruch, kein Mißton regt sich in der in unserem eigenen Innern aufsteigenden Gedankenwelt, weil sie ein Unendliches in sich ist. Alles, was dieses Bild zu einem vollkommenen macht, liegt in ihm selbst. Diese der Ideenwelt eingeborene Vollkommenheit, das ist der Grund unserer Erhebung, wenn wir ihr gegenüberstehen. Soll uns das Schöne eine ähnliche Erhebung bieten, dann muß es nach dem Muster der Idee aufgebaut sein. Und dies ist etwas ganz anderes, als was die deutschen idealisierenden Ästhetiker wollen. Das ist nicht die «Idee in Form der sinnlichen Erscheinung», das ist das gerade Umgekehrte, das ist eine «sinnliche Erscheinung in der Form der Idee». Der Inhalt des Schönen, der demselben zugrunde liegende Stoff ist also immer ein Reales, ein unmittelbar Wirkliches, und die Form seines Auftretens ist die ideelle. Wir sehen, es ist gerade das Umgekehrte von dem richtig, was die deutsche Ästhetik sagt; diese hat die Dinge einfach auf den Kopf gestellt. Das Schöne ist nicht das Göttliche in einem sinnlich-wirklichen Gewande; nein, es ist das Sinnlich-Wirkliche in einem göttlichen Gewande. Der Künstler bringt das Göttliche nicht dadurch auf die Erde, daß er es in die Welt einfließen läßt, sondern dadurch, daß er die Welt in die Sphäre der Göttlichkeit erhebt. Das Schöne ist Schein, weil es eine Wirklichkeit vor unsere Sinne zaubert, die sich als solche wie eine Idealwelt darstellt. Das Was bedenke, mehr bedenke Wie, denn in dem Wie liegt es, worauf es ankommt. Das Was bleibt ein Sinnliches, aber das Wie des Auftretens wird ein Ideelles. Wo diese ideelle Erscheinungsform am Sinnlichen am besten erscheint, da erscheint auch die Würde der Kunst am höchsten. Goethe sagt darüber: «Die Würde der Kunst erscheint bei der Musik vielleicht am eminentesten, weil sie keinen Stoff hat, der abgerechnet werden müßte. Sie ist ganz Form und Gehalt und erhöht und veredelt alles, was sie ausdrückt.» Die Ästhetik nun, die von der Definition ausgeht: «das Schöne ist ein sinnliches Wirkliche, das so erscheint, als wäre es Idee», diese besteht noch nicht. Sie muß geschaffen werden. Sie kann schlechterdings bezeichnet werden als die «Ästhetik der Goetheschen Weltanschauung». Und das ist die Ästhetik der Zukunft. Auch einer der neuesten Bearbeiter der Ästhetik, Eduard von Hartmann, der in seiner «Philosophie des Schönen» ein ganz ausgezeichnetes Werk geschaffen hat, huldigt dem alten Irrtum, daß der Inhalt des Schönen die Idee sei. Er sagt ganz richtig, der Grundbegriff, wovon alle Schönheitswissenschaft auszugehen hat, sei der Begriff des ästhetischen Scheines. Ja, aber ist denn das Erscheinen der Idealwelt als solcher je als Schein zu betrachten! Die Idee ist doch die höchste Wahrheit; wenn sie erscheint, so erscheint sie eben als Wahrheit und nicht als Schein. Ein wirklicher Schein aber ist es, wenn das Natürliche, Individuelle in einem ewigen, unvergänglichen Gewande, ausgestattet mit dem Charakter der Idee, erscheint; denn dieses kommt ihr eben in Wirklichkeit nicht zu.

In diesem Sinne genommen, erscheint uns der Künstler als der Fortsetzer des Weltgeistes; jener setzt die Schöpfung da fort, wo dieser sie aus den Händen gibt. Er erscheint uns in inniger Verbrüderung mit dem Weltengeiste und die Kunst als die freie Fortsetzung des Naturprozesses. Damit erhebt sich der Künstler über das gemeine wirkliche Leben, und er erhebt uns, die wir uns in seine Werke vertiefen, mit ihm. Er schafft nicht für die endliche Welt, er wächst über sie hinaus. Goethe läßt diese seine Ansicht in seiner Dichtung «Künstlers Apotheose» von der Muse dem Künstler mit den Worten zurufen:

So wirkt mit Macht der edle Mann
Jahrhunderte auf seinesgleichen:
Denn was ein guter Mensch erreichen kann,
Ist nicht im engen Raum des Lebens zu erreichen.
Drum lebt er auch nach seinem Tode fort
Und ist so wirksam, als er lebte;
Die gute Tat, das schöne Wort,
Es strebt unsterblich, wie er sterblich strebte.
So lebst auch du (der Künstler) durch ungemeßne Zeit;
Genieße der Unsterblichkeit.

Dieses Gedicht bringt überhaupt Goethes Gedanken über diese, ich möchte sagen, kosmische Sendung des Künstlers vortrefflich zum Ausdruck.

Wer hat wie Goethe die Kunst in solcher Tiefe erfaßt, wer wußte ihr eine solche Würde zu geben! Wenn er sagt: «Die hohen Kunstwerke sind zugleich als die höchsten Naturwerke von Menschen nach wahren und natürlichen Gesetzen hervorgebracht worden. Alles Willkürliche, Eingebildete fällt zusammen: da ist die Notwendigkeit, da ist Gott», so spricht dies wohl genugsam für die volle Tiefe seiner Ansichten. Eine Ästhetik in seinem Geiste kann gewiß nicht schlecht sein. Und das wird wohl auch noch für manch anderes Kapitel unserer modernen Wissenschaften gelten.

Als *Walter von Goethe*, des Dichters letzter Nachkomme, am 15. April 1885 starb und die Schätze des Goethehauses der Nation zugänglich wurden, da mochte wohl mancher achselzuckend auf den Eifer der Gelehrten blicken, der sich auch der kleinsten Überbleibsel aus dem Nachlasse Goethes annahm und ihn wie eine teure Reliquie behandelte, die man im Hinblicke auf die Forschung keineswegs geringschätzend ansehen dürfe. Aber das Genie Goethes ist ein unerschöpfliches, das nicht mit einem Blick zu überschauen ist, dem wir uns nur von verschiedenen Seiten immer mehr annähern können. Und dazu muß uns alles willkommen sein. Auch was im einzelnen wertlos erscheint, gewinnt Bedeutung, wenn wir es im Zusammenhange mit der umfassenden Weltanschauung des Dichters betrachten. Nur wenn wir den vollen Reichtum der Lebensäußerungen durchlaufen, in denen sich dieser universelle Geist ausgelebt hat, tritt uns sein Wesen, tritt uns seine Tendenz, aus der bei ihm alles entspringt und die einen Höhepunkt der Menschheit bezeichnet, vor die Seele. Erst wenn diese Tendenz Gemeingut aller geistig Strebenden wird, wenn der Glaube ein allgemeiner sein wird, daß wir die Weltansicht Goethes nicht nur verstehen sollen, sondern daß wir in ihr, sie in uns leben muß, erst dann hat Goethe seine Sendung erfüllt. Diese Weltansicht muß für alle Glieder des deutschen Volkes und weit über dieses hinaus das Zeichen sein, in dem sie sich als in einem gemeinsamen Streben begegnen und erkennen.

Einige Bemerkungen

Zu Seite 20f. Es ist hier von der Ästhetik als einer selbständigen Wissenschaft die Rede. Man kann natürlich Ausführungen über die Künste bei leitenden Geistern früherer Zeiten durchaus finden. Ein Geschichtsschreiber der Ästhetik könnte aber alles dieses nur so behandeln, wie man sachgemäß alles philosophische Streben der Menschheit vor dem wirklichen Beginn der Philosophie in Griechenland mit Thales behandelt.

Zu Seiten 23f. Es könnte auffallen, daß in diesen Ausführungen gesagt wird: das mittelalterliche Denken finde «gar nichts» in der Natur. Man könnte dagegenhalten die großen Denker und Mystiker des Mittelalters. Nun beruht aber ein solcher Einwand auf einem völligen Mißverständnis. Es ist hier nicht gesagt, daß mittelalterliches Denken nicht imstande gewesen wäre, sich Begriffe zu bilden von der Bedeutung der Wahrnehmung und so weiter, sondern lediglich, daß der Menschengeist in jener Zeit dem Geistigen als solchem, in seiner ureigenen Gestalt, zugewendet war und keine Neigung verspürte, mit den Einzeltatsachen der Natur sich auseinanderzusetzen.

Zu Seite 34. Mit der «verfehlten Grundansicht» Schellings ist keineswegs gemeint das Erheben des Geistes «zu den Höhen, wo das Göttliche thront», sondern die Anwendung, die Schelling davon auf die Betrachtung der Kunst macht. Es soll das besonders hervorgehoben werden, damit das hier gegen Schelling Gesagte nicht mit den Kritiken verwechselt werde, die vielfach gegenwärtig im Umlauf sind gegen diesen Philosophen und gegen den philosophischen Idealismus überhaupt. Man kann Schelling sehr hoch stellen, wie es der Verfasser dieser Abhandlung tut, und dennoch gegen Einzelheiten in seinen Leistungen viel einzuwenden haben.

Zu Seiten 38 und 39. Es wird die sinnliche Wirklichkeit in der Kunst verklärt dadurch, daß sie so erscheint, als wenn sie Geist wäre. Insofern ist das Kunstschaffen nicht eine Nachahmung von irgend etwas schon Vorhandenem, sondern eine aus der menschlichen Seele entsprungene Fortsetzung des Weltprozesses. Die bloße Nachahmung des Natürlichen schafft ebensowenig ein Neues wie die Verbildlichung des schon vorhandenen Geistes. Als einen wirklich starken Künstler kann man nicht den empfinden, welcher auf den Beobachter den Eindruck von treuer Wiedergabe eines Wirklichen macht, sondern denjenigen, welcher zum Mitgehen mit ihm zwingt, wenn er schöpferisch den Weltprozeß in seinen Werken fortführt.

ÜBER DAS KOMISCHE UND SEINEN ZUSAMMENHANG MIT KUNST UND LEBEN

Wenige der ästhetischen Grund-Ideen haben unter den irrtümlichen Voraussetzungen der deutschen Schönheitswissenschaft mehr gelitten als die des *«Komischen»*. Wenn man, wie die deutschen Ästhetiker tun, die Schönheit dadurch erklärt, daß die Idee (das Göttliche) in einem sinnenfälligen Bilde erscheint, so bieten sich der Begriffsbestimmung des Komischen unübersteigliche Schwierigkeiten. Denn unter dieser Voraussetzung haben wir im Kunstprodukte (in dem *schönen* Gegenstande) zweierlei zu unterscheiden: erstens das *sinnenfällige Bild*, das stoffliche Produkt aus Marmor, Farbe, Ton, Wort und so weiter, und zweitens die *Idee*, die durch dieses Bild zur Anschauung gebracht wird. Da können nun *drei* Fälle eintreten. I. Es können sich die Idee und das anschauliche Bild vollkommen decken, so daß die Idee nicht zu hoch, zu geistig, zu überragend ist, um durch dieses Bild dargestellt zu werden, und das Bild kann in gleicher Hinsicht würdig, bedeutend, der Idee angemessen sein. In diesem Falle ist eine vollkommene Harmonie zwischen *Idee* und *Anschauung* vorhanden, keine überragt die andere, eine jede ist der andern gewachsen. Wir verspüren nirgends ein Hinausgehen, nirgends ein Zurückbleiben. Die deutschen Ästhetiker glauben nun, wenn dieses eintritt, so haben wir es mit dem *«einfach Schönen»*, mit dem *«Schönen an sich»* zu tun. II. Kann es eintreten, daß die *Idee* bedeutender, größer erscheint als die Anschauung, daß sie dieselbe überragt, über sie hinausgeht, so daß die Anschauung zu unbedeutend, klein, mangelhaft erscheint, um das *Göttliche* (die Idee) in ihrem vollen Umfange zu fassen. Das Gefäß ist dann nicht groß genug, um den Inhalt (die Idee) in sich aufzunehmen. Während wir dem «einfach Schönen» gegenüber die *Befriedigung* über die Harmonie zwischen Göttlichem (Ideellem) und Irdischem (Reellem) empfinden, müssen wir hier *bewundernd* der Größe der Idee gegenüberstehen, die so ungeheuer erscheint, daß wir kein ihr angemessenes Bild finden können. Wir haben es in diesem Falle mit dem *Erhabenen* zu tun. III. Nun ist nur noch der entgegengesetzte Fall möglich; nämlich, daß das Bild (die Anschauung) größer, bedeutender, gewaltiger erscheint als die Idee. Während im zweiten Falle die Idee durch ihre Größe die Harmonie stört, fällt hier die Disharmonie auf Rechnung des Überwiegens des sinnenfälligen Bildes. Das letztere drängt sich vor, bäumt sich wider die Idee auf, empört sich gegen das Göttliche. Hierinnen kann man konsequenterweise nur das *Häßliche* finden. Wenn man nun noch bedenkt, daß das *Tragische* nur ein spezieller Fall des Erhabenen ist, so hat man mit den vier Begriffen: schön, erhaben, tragisch, häßlich das Inventar der Ästhetik erschöpft, und für das *Komische* ist kein Platz. Denn es ist leicht einzusehen, daß außer den angeführten drei Fällen ein vierter nicht mehr möglich ist.

Ganz anders stellt sich die Sache mit Zugrundelegung der von mir («Goethe als Vater einer neuen Ästhetik») aufgestellten Idee des *Schönen*. Die Kunst kann nie und nimmer die Aufgabe haben, die Idee selbst darzustellen. Denn dieses ist die Aufgabe der *Wissenschaft*. Wären die Grundgedanken der deutschen Ästhetik richtig, dann gäbe es dem Inhalte nach eigentlich gar keinen Unterschied zwischen Wissenschaft und Kunst. Die letztere hätte nur das in anschaulicher Form darzustellen, was die erstere durch das Wort (den Gedanken) ausspricht. Diese einfache Überlegung beweist, daß die Kunst eine ganz andere Aufgabe haben muß. Und diese ist die gerade entgegengesetzte wie jene der Wissenschaft. Hat diese das Göttliche in Form des *unmittelbaren Denkens* darzustellen, so wie es über dem Sinnlichen schwebt, in reiner ideeller Form, so hat die Kunst das Sinnliche, Anschauliche, Bildliche *hinaufzuheben* in die Sphäre des Göttlichen. Wenn wir der Natur, dem Wirklichen unmittelbar gegenüberstehen, finden wir dieselben weder göttlich noch ungöttlich, weder ideenerfüllt noch ideenleer, sondern einfach gegen die Göttlichkeit, gegen die Idee gleichgültig. Der Denker blickt durch diese gleichgültige Hülle hindurch und schaut die Idee in der Form des Gedankens. Aber er muß zu diesem Zwecke die unmittelbare Wirklichkeit überspringen, muß durch sie hindurch und über sie hinausblicken. Wer bei der bloßen Wirklichkeit stehenbleibt, kann nicht zur Idee kommen. In anderer Weise tritt der Künstler an die Wirklichkeit heran. Er überschreitet die Wirklichkeit *nicht*, er nimmt sie liebevoll auf, ja, er lebt und webt im Sinnlichen, Stofflichen, Wirklichen. *Was* er darstellt, sind Gegenstände der unmittelbaren Natur, des realen Daseins. Wir treffen in den Schöpfungen der Kunst dem Inhalte (dem «Was») nach nichts, was wir nicht auch in der Natur antreffen können. Der Künstler ändert nur die Form (das «Wie»). Er stellt Gegenstände der Wirklichkeit dar, aber anders, als wie wir sie in der wirklichen Welt finden. Er stellt sie dar, als wenn sie so notwendig, so gesetzerfüllt, so göttlich wären *wie* die Idee. Dem *Inhalte* nach hat es die Kunst mit dem Sinnlichen, der Form nach mit dem Ideellen zu tun. Stellt die Wissenschaft die Idee nach Inhalt und Form dar, die Natur ebenso das Sinnliche nach Form und Inhalt, so tritt mit der Kunst ein neues Reich auf, das Reich des *Sinnlichen im Gewande des Göttlichen.* Wollte nun jemand behaupten, es sei auch möglich, daß jemand das Göttliche im Gewande des Sinnlichen darstelle, so widerlegt sich das damit, daß niemand an einer solchen Aufgabe ein Interesse haben kann. Denn man kann mal das Bedürfnis haben, das Tieferstehende, weniger Wertvolle in das Gebiet des Höherstehenden, Wertvolleren hinaufzuheben, nicht aber jenes an dem Gegenteil. Gerade aus der Unbefriedigung an dem Wirklichen in seiner ureigenen Gestalt geht die Sehnsucht hervor, es zu vergöttlichen. Warum sollte man aber das Göttliche, das an sich schon die höchste Befriedigung gewährt, in eine andere Form bringen wollen?

Das Reich des unideellen Sinnlichen ist die Wirklichkeit, das Reich des unsinnlichen Ideellen ist die Wissenschaft, jenes des Sinnlich-Ideellen ist die Kunst. Das *erste* Reich treffen wir, wenn wir mit gesunden Sinnen unsere Umgebung betrachten, das *zweite,* wenn wir uns in das Gebiet unseres Denkens versenken, das *dritte* finden wir nirgends als fertig vor; wir müssen es selbst schaffen. Hat das Reich der Natur sinnenfällige Wirklichkeit, jenes der Wissenschaft eine rein geistige, so hat das Reich der Kunst überhaupt *keine* Wirklichkeit. Man nennt daher die Sphäre der Kunstprodukte jene des *ästhetischen Scheines. Der ästhetische Schein ist das durch den schaffenden Menschengeist durchgöttlichte Sinnliche.*

Nun müssen wir ins subjektive Gebiet abschweifen und untersuchen, aus welcher Grundstimmung der Persönlichkeit die Sehnsucht nach der Kunst und nach dem Kunstgenusse hervorgeht. Alles höhere Streben des Menschen ist ein Streben nach *Freiheit.* Frei über den Trieben der Natur, frei über den Gesetzen der Sinnlichkeit, frei über Leidenschaften und Menschensatzungen zu walten, das ist des bessern Menschen Weg und Ziel. Immer weniger dem zu unterliegen, was die Natur fordert, und immer mehr dem zu folgen, was der Geist als Idee erkannt hat, das befreit den Geist. Freiheit ist Herrschaft des Geistes über die Natur, der Idee über die Wirklichkeit. Was ich den Gesetzen der Natur gemäß vollbringe, das muß ich tun, ebenso wie der Regentropfen nach einem unabänderlichen Gesetze zur Erde fallen muß. Handle ich nur aus solchen natürlichen Antrieben, so bin ich kein wahres Selbst, keine *freie* Persönlichkeit, denn ich treibe mich nicht selbst, ich werde getrieben, ich *will* nicht, ich *muß.* Je mehr ich aber das Licht des Geistes in mir entzünde, desto freier werde ich. Jetzt erst kann ich sagen: *ich* bin es, der da handelt, der etwas vollbringt. Zugleich tritt der Umstand hinzu, daß ich *weiß,* welchem Lichte ich folge, daß ich das Objekt, auf das mein Handeln abzielt, in reiner, durchsichtiger Form im Geiste vor mir habe. Ich folge nicht um meiner Individualität willen, sondern wegen des erkannten Objektes. Ein solches Handeln ist, obgleich es wahrhaftig erst aus dem Selbst entspringt, vollkommen *selbstlos.* Denn es wird von dem *Selbst* nicht um des *Selbstes* willen vollbracht. Eine solche Handlung ist eine Handlung aus *Liebe*, das ist eine aus voller Hingabe des Selbstes an das Objekt hervorgegangene. Im tiefsten Grunde erfaßt sind also *wirklich freie* Taten nur die Taten aus *Liebe*.

Die Schöpfungen des Künstlers sind nun (neben anderen) solche Taten aus Liebe. Denn er sucht die sinnliche Wirklichkeit zu überwinden, indem er sie vergeistigt. Er will ein solches Werk vor unsere Sinne zaubern, welches bei aller Sinnenfälligkeit nicht von Naturgesetzen, sondern von Geistesgesetzen durchzogen ist. Was an dem Objekte *nur* natürlich ist, soll abgestreift, überwunden und so hingestellt werden, *als wenn es ein Göttliches wäre*. Die Kunst ist ein fortdauernder Befreiungsprozeß des menschlichen Geistes und zugleich die Erzieherin der Menschheit zu dem Handeln aus Liebe. Wer es vermag, in die volle Tiefe eines wahrhaft großen Kunstwerkes hineinzuschauen, der wird ihn verspüren, jenen hehren Zug *nach oben*, der nur für die Dauer der Betrachtung wirklich Raum und Zeit und die eigene Persönlichkeit vergessen und uns vollständig in das angeschaute Objekt verlieren läßt. Nur wer die volle, reine und ungetrübte Liebe kennt, wird auch dieses selbstvergessende Schauen völlig verstehen. Wer die wahre Liebe nicht kennt, wird wohl auch der wahren Kunst stets fremd gegenüberstehen.

Wenn wir nun annehmen müssen, daß im Kunstwerke der menschliche Geist den Stoff durchgöttlicht, so wird es von dem geistigen Vermögen, das er dabei betätigt, abhängen, zu welcher Gattung das Kunstwerk gehört.

Wir müssen uns dabei gegenwärtig halten, daß dasjenige, wozu unser Geist zu allerletzt kommt, in der Welt das *erste* und oberste ist. Die ideelle Einheit, das Urprinzip der Dinge geht gewiß allen Dingen der Welt voran. Wir in unserem geistigen Streben kommen aber zuletzt zu diesem Urprinzipe. Das erste, was uns in der Welt entgegentritt, ist die unendliche Mannigfaltigkeit der sinnlichen Dinge, die doch in Wahrheit der *letzte* Ausfluß des Urprinzipes sind. Die *Sinne* erfassen diese Mannigfaltigkeit, der *Verstand* ordnet, vergleicht sie und bildet dadurch *Begriffe*, die *Vernunft* erschaut dann die innere Einheit in dieser Vielheit. Sinnlichkeit, Verstand und Vernunft sind aber die drei Vermögen, durch die wir das Weltall erfassen. Die Sinnlichkeit bringt uns die geistentblößte Natur, der Verstand die Vielheit der Begriffe, die Vernunft die über allem thronende *göttliche Idee*.

Gehen wir nun auf Grund unserer Erklärung des Schönen einen Schritt weiter, so müssen wir uns fragen, inwieferne kann unter Voraussetzung der obigen drei Vermögen der sinnenfällige Stoff von dem Künstler umgearbeitet werden?

Vor allem steht fest, daß die Sinne überhaupt keine Umarbeitung vornehmen können, denn es ist ihre Aufgabe, die Wirklichkeit so treu, so unverwandelt wie möglich zu erfassen. Der Verstand, der von den einzelnen Dingen Begriffe bildet, hat es schon mit Geistigem zu tun, er hat zwar noch eine Vielheit, aber schon eine aus der Sinnlichkeit herausgehobene. Dem Verstande ist es somit schon möglich, die Natur zu vergeistigen. Von der Vernunft braucht das kaum gesagt zu werden, denn sie erfaßt ja den Inbegriff alles Geistigen.

Daraus folgt unmittelbar: Der Künstler kann den Stoff der unmittelbaren Wirklichkeit so umwandeln, daß er in der Form erscheint, als wenn er entweder vom *Verstande* oder von der *Vernunft* selbst durchzogen wäre. Die Kunst hat es also mit Werken zu tun: 1. die dem Inhalte nach dem Leben der Wirklichkeit, der Form nach der *verständigen* Ordnung der Dinge entsprechen; 2. solche, die dem Inhalte nach diesem wirklichen Leben, der Form nach aber der *vernünftigen* Ordnung und Einheit der Welt entsprechen.

Wenn der Künstler dem Zuge der Vernunft folgend die Wirklichkeit umgestaltet, so erfüllen uns seine Werke deshalb mit solch hoher Befriedigung, weil er dadurch die Dinge, die aus seiner Hand stammen, so hinstellt, als wenn sie unmittelbar aus dem Urprinzipe selbst ausflössen. Der Künstler bringt uns durch das von der göttlichen Einheit durchglühte Werk dem Geiste der Welt näher. Deshalb brach Goethe beim Anblick der griechischen Kunstwerke in den bewundernden Satz aus: «Da ist Notwendigkeit, da ist Gott; es ist, als ob diese ewigen Dinge von der schaffenden Natur selbst hervorgezaubert wären.»

Wir erblicken also in dem ästhetischen Schein, den uns das Kunstwerk liefert, keinen Widerspruch mit den *Tiefen* der Wirklichkeit, sondern nur mit deren Oberfläche. Es ist eben eine *höhere* Wirklichkeit, die die Kunst vor uns darstellt.

Wie verhält sich aber das, wenn der Künstler nicht die Vernunft, sondern den Verstand beim Umformen der Wirklichkeit in sich walten läßt?

Der Verstand ist ein Mittelding zwischen Sinnlichkeit und Vernunft. Er entfernt sich von der ersteren und kommt nicht bis zu der letzteren. Er hat nicht mehr die oberflächliche Wahrheit, die in der einfachen Kopie der sinnlichen Wirklichkeit liegt, aber auch noch nicht jene, die in der Tiefe der Vernunftanschauung liegt. Der Begriff, den der Verstand von den einzelnen Dingen entwirft, ist überhaupt das Unwirklichste, was es in der Welt gibt. Denn in der Weltenordnung gibt es kein Einzelnes für sich; alles ist im Zusammenhange und Flusse der Dinge notwendig begründet. Wer nicht das große Ganze im Auge hat und nur das Einzelne daran mißt, der kann nie die Wahrheit erkennen. Ich kann mir in verständiger Weise einen Begriff von einem einzelnen Dinge machen: Wahrheit ist nicht in diesem Begriffe, solange das Licht der Vernunft ihn nicht beleuchtet. Wenn ich mir zwei Begriffe bilde, so können diese in den Tiefen der Weltordnung in einer innern Einheit sein, der Verstand hat aber nur die einzelnen Begriffe, die in dieser Getrenntheit gar nicht zusammenstimmen müssen, sondern nebeneinander hergehen.

Die sinnenfälligen Dinge nun, die der menschliche Geist so umbildet, als wenn sie vom Verstande durchzogen wären, werden somit in krassem Widerspruche mit jeglicher Wirklichkeit stehen. Im Verstande selbst fällt das Unzusammengehörige seiner Begriffe natürlich nicht auf, weil er sie als getrennte stehen läßt. Wenn sie aber in diesem ihrem inneren Widerspruche nebeneinander *an einem Gegenstande* erscheinen, dann tritt derselbe unmittelbar vor das Auge. Ich kann mir verstandesmäßig einen Begriff bilden von dem Geiste eines Menschen. Ich stelle mir denselben zum Beispiel *erhaben, groß* vor. Daneben bilde ich mir auch einen Begriff von seiner äußeren Erscheinung. Diese sei klein, unauffällig, linkisch, vielleicht täppisch. Nebeneinander denken kann ich diese beiden Begriffe ganz gut. Wenn sie mir aber leibhaftig auf der Bühne in einer

Person vereinigt entgegentreten, dann gewahre ich den Widerspruch mit dem, was naturgesetzlich möglich ist.

Wie groß ich mir den Kopf eines Menschen vorstelle, ist vollständig gleichgültig, solange ich über den Kopf nicht hinausgehe. Wenn ich aber einen großen Kopf mit einem kleinen Körper *zusammenstelle* und dieses Beisammensein in einem wirklichen Bilde darstelle, so gewahre ich den Widerspruch gegen das Seinsmögliche.

Das Gewahrwerden eines solchen Widerspruches zwischen einem geschaffenen Gegenstande und seiner inneren Möglichkeit bewirkt in uns die Empfindung des *Komischen.*

Das Komische ist also ein *sinnenfällig Wirkliches* in der Form des *verstandesmäßigen Widerspruches.* Das «*Was*» ist die Sinnlichkeit, das «*Wie*» der Verstand mit seinem nicht in der Natur des Ganzen begründeten Inhalte.

Wo immer man ein Komisches untersucht: man wird finden, daß das, was der schaffende Mensch aus seinem Stoffe gemacht hat, der tieferen, innern Natur, der Grundgesetzlichkeit des Seins widerspricht. Und wer immer diesen Widerspruch zu durchschauen vermag, der empfindet ihn als Komisches.

Die befreiende Wirkung, die in dem Lachen über einen komischen Gegenstand liegt, ist darinnen begründet, daß der Mensch, der den Widerspruch einsieht, sich *über* seinem Gegenstande fühlt; er glaubt die Sache besser zu verstehen, als sie hier in der Darstellung vor ihm auftritt. Wer den Widerspruch nicht durchschaut, der kommt auch um die Wirkung des Komischen. Daher kann ein und derselbe Gegenstand auf den einen komisch wirken, auf den andern nicht.

Wer kein Verständnis für den Widerspruch hat, der hat es auch nicht für die Komik. Dabei kann freilich der Fall eintreten, daß uns die Wahrnehmung eines solchen Widerspruches sogar in eine trübe Stimmung versetzt. Dann aber betrachten wir die Sache auch anders. Wir blicken nicht mehr auf das *verstandesmäßig Widerspruchsvolle*, sondern auf die Disharmonie, in der ein *Einzelnes* mit dem Ganzen steht. Das aber hat schon seinen Grund in einer Vernunftanschauung. Und hier hört die Komik auf. Das ist namentlich der Fall, wenn wir ein Unzusammenhängendes in der Natur selbst wahrnehmen, zum Beispiel ein Mißgestaltetes, Verkrüppeltes. Hier fassen wir die einzelnen Teile nicht mehr verstandesmäßig auf, sondern wir erblicken den Gegensatz zwischen dem, was *geworden* ist, und dem, was hätte werden sollen und können, und dies führt uns tiefer als bis zu einem bloßen Anschauen des Verstandesmäßigen.

Daher rührt es, daß es eigentlich wenig unmittelbar Komisches in der Natur selbst gibt. Das Komische ist zumeist Menschenschöpfung.

Der Mensch kann bei der Darstellung des *Komischen* sogar ganz unmittelbar die Absicht haben, durch das *Bildliche, das Anschauliche*, das zu erreichen, was durch die Vorführung der bloßen, sich widersprechenden Begriffe eben nicht erzielt werden kann: *zur Erkenntnis des Widerspruches zu führen.* Was in Gedanken nicht den notwendigen Eindruck macht, das tut die *anschaubare* Darstellung. Diese Absicht hat die Ironie, die komische Satire. Auch die Parodie und Travestie wollen nichts anderes, als das Paradoxe des einen durch Danebenstellen des Gegensatzes lächerlich machen.

Es liegt in der Natur des Komischen, daß es einen weit größeren Kreis von Genießern findet als die übrigen Kunstformen. Denn der Mensch braucht nur die widerspruchsvollen Einzelheiten mit dem Verstande zu erfassen; die *Anschauung* des Widerspruches selbst liefert ihm das Bild, die Darstellung. Zur Vernunftanschauung sich zu erheben, ist hier gar nicht notwendig.

Es liegt ferner ebenso im Wesen des Komischen, daß es vorzüglich dazu dient, um die menschliche Torheit vorzuführen. Die Torheit besteht ja doch darinnen, daß man Verkehrtes, Sich-Widersprechendes für ein Wirkliches hält. Würde man die Wahngebilde des Toren ihm *äußerlich* vorführen in sinnenfälliger Darstellung, er würde vielleicht von seiner Torheit leichter überzeugt werden als auf andere Weise.

Der *ernste* Künstler, der nicht aus dem *Ganzen, Vollen* schafft, sondern sein Werk aus Einzelheiten zusammenstoppelt, kann leicht dadurch unwillkürlich ein *Komisches* schaffen. Ebenso führen wir mit unserer eigenen Person unseren Nebenmenschen ein komisches Objekt vor, wenn wir Handlungen begehen, in denen für die Zuschauer nichts anderes als der *dargelebte Widerspruch* grell zutage tritt.

Die *Wirkung* des Komischen hängt dabei natürlich immer davon ab, wie hoch der Beurteiler über dem komischen Objekte steht, das heißt mit andern Worten, inwieferne er fähig ist, den Widerspruch in seiner vollen Tiefe zu erfassen. Dem Weisen wird es zum Beispiel einen komischen Eindruck machen, wenn er so viele Menschen sich im Leben um eine Sache bemühen, sie schätzen und anbeten sieht, die ihm so gar nicht schätzens- oder anbetungswert erscheint. Aus dem Früheren geht hervor, daß er beim Eindrucke des Komischen nur so lange bleiben kann, solange er bei der Erfassung des Widerspruches mit dem Verstande stehen bleibt. Dringt er tiefer und bedenkt die Mühe, die die Menschheit an die leere Nichtigkeit wendet, dann muß er die Sache freilich ernster ansehen.

Dem Toren hinwiederum wird manches einen komischen Eindruck machen, worüber der Weise durchaus nicht lachen kann. Wenn jener ein Ding nur seiner Außenseite nach betrachtet und dessen Tiefe nicht einsieht, so mag er über das Widerspruchsvolle dieser Oberfläche wohl lachen. Gerade, was besser angelegte Naturen tun, wird so oft belacht, weil es nicht verstanden, wohl aber der Widerspruch gesehen wird, in dem diese Handlungen mit dem stehen, was im Leben das Gewöhnliche ist.

Wer einen Sinn hat für das Auffinden des Widersprechenden im Leben und für das Verknüpfen des sich Widersprechenden, nur vom Verstande künstlich Zusammenzubringenden, der wird sich zur Darstellung des Komischen besonders eignen. Der Witz ist nichts anderes als das Spiel des Verstandes, der in ganz ferne Liegendem Ähnliches aufsucht und durch die folgende Zusammenstellung einen offenbaren Widerspruch darbietet.

Die Wirkung des Komischen hängt ferner davon ab, in welchem Grade der Widerspruch den immer ja doch vorhandenen, wenn auch geringen Einklang überwiegt. Ganz und gar Fremdes ist ja auch aus dem Reiche des Komischen ausgeschlossen. Wir können sagen: *Das Komische entspricht dem Verstande, aber es widerspricht der Sinnlichkeit sowohl wie der Vernunft.*

Wer den Widerspruch wahrnimmt, aber den Verstand für die Vernunft nimmt, und statt zu lachen, über die Disharmonie betrübt ist, der hat keinen Sinn für das Komische. Er wird überall nur Widersprüche sehen und diese für das *«Eins und alles»* der Welt halten. Dies führt zur Gemütsstimmung des *Melancholikers*. Wer hingegen davon überzeugt ist, daß hinter dem Verstande die Vernunft, hinter dem Widerspruch die innere, höhere Einheit waltet, der kann über die Disharmonie ruhig lachen. Ja, er kann sogar bis zu der Ansicht fortschreiten: wo Widerspruch ist, da ist nur der Verstand im Spiele; vernünftig, tiefer betrachtet kommt man immer zur Harmonie. Ein solcher Mensch lebt in dem Glauben, daß der Widerspruch immer oberflächlich, nie tief ist; er nimmt ihn daher immer leicht; als etwas, was das Leben von der Einförmigkeit und Einerleiheit befreit, welches aber sofort verschwindet, wenn man tiefer dringt. Dieser Mensch lacht über das sich Widersprechende und wird ernst gegenüber dem göttlichen Einklange der Dinge. In ihm finden wir die Grundstimmung des *Humors*.

Es ist noch ein dritter Fall möglich. Man kann wohl ein Organ für die Wahrnehmung des Widerspruches haben, dabei aber keines für die Einheit und Idealität. Ein solcher Mensch kann wohl das Verkehrte, Kleinliche, Unvernünftige verstehen, aber dieses Verständnis ist nicht getragen von dem Sinne für die Tiefe. Dieser Mensch kann wohl lachen, nicht aber wahrhaft ernst und fromm sein. Das ist die Grundstimmung der *Frivolität*. Der *Melancholiker* hat wohl das Bedürfnis für den tiefen Einklang, aber er hat nicht die geistige Kraft, ihn zu erfassen. Daher fehlt ihm auch der Sinn, um über die Verkehrtheiten zu lachen. Was er ernst nehmen sollte, das fehlt ihm; daher nimmt er dasjenige ernst, was *nicht* als solches gelten kann. Der *Humorist* kann ohne Sorge über die Verkehrtheit lachen, denn er weiß, daß diese nicht auf dem Grunde, sondern an der Oberfläche liegt, und er hat einen Sinn für die Dinge auf dem Grunde des Weltendaseins. Der *Frivole* hat nur Sinn für das Oberflächliche, aber auch nur das Bedürfnis darnach. Er kennt die Tiefe nicht und *will* sie nicht kennen. Er lebt an der Oberfläche.

Damit hätten wir den Kreis beschlossen, den wir durchwandern wollten. Wir haben die Idee des Komischen als einer Form des ästhetischen Scheines aufgezeigt und auch die Stellung, welche diese Idee dem Leben gegenüber hat, charakterisiert. Das Komische ist eben nicht bloß eine willkürliche Schöpfung des Menschen, es ist die Art, wie man allein die in vieler Beziehung widerspruchsvolle Außenseite des Lebens anschauen und darstellen soll.

Ein Buch, das schöne Erinnerungen wachruft, liegt vor mir. Robert Vischer, der Sohn des berühmten Ästhetikers Friedrich Theodor Vischer, hat mit der Veröffentlichung der Werke seines Vaters begonnen. «Das Schöne und die Kunst» nennt er das Buch, das er mit großer Mühe und Sorgfalt aus hinterlassenen Papieren des Verstorbenen und aus den Nachschriften der Schüler zusammengestellt hat.

Während ich das Buch lese, tauchen in mir wieder alle die Vorstellungen auf, die ich mir einst über das Wesen der Künste gemacht habe. Das «einst» bedeutet die Zeit vor achtzehn bis zwanzig Jahren. Leute meines Alters haben sich damals aus den Werken über Ästhetik von Vischer, Weiße, Carrière, Schasler, Lotze und Zimmermann Aufklärung über die Natur der Künste geholt.

Diese Männer kamen von der Philosophie her, welche die Bildung der ersten Hälfte unseres Jahrhunderts beherrscht hat. Auf Hegel stützten sich die einen, auf Herbart die anderen.

Und die Kunst war diesen Männern eine philosophische Angelegenheit.

Goethe, Schiller, Jean Paul haben sich in ihrer Art auch über das Wesen der Kunst Vorstellungen gebildet. Sie gingen dabei von der Kunst selbst aus. Was der Mensch gezwungen ist zu denken, wenn er die Kunst auf sich wirken läßt, sprachen sie aus. Aus der Kunst heraus waren ihre Begriffe über Kunst geboren.

Vischer, Carrière, Weiße, Zimmermann, Schasler gingen ursprünglich nicht von der unmittelbar lebendigen Natur aus. Sie dachten über die Gesamtheit der Welterscheinungen nach. Und zu diesen Welterscheinungen gehören auch die Erzeugnisse des künstlerischen Schaffens. Wie sie nach dem Wesen des Lichtes, der Wärme, der tierischen Entwickelung fragten, so fragten sie auch nach dem Wesen der Kunst. Ihre Ausgangspunkte waren die von *Erkenntnismenschen*, nicht die *künstlerisch empfindender Naturen.*

Ich meine natürlich nicht, daß einem Manne wie Fr. Th. Vischer das künstlerische Empfinden im höchsten und reinsten Sinne des Wortes abzusprechen ist. Im Gegenteil: sein Verhältnis zur Kunst ist das denkbar lebendigste und persönlichste. *Aber wenn er über die Kunst spricht, so spricht er als Philosoph.*

Eine Verwirklichung des göttlichen Geistes war für Vischer die Welt. Eine Darstellung des göttlichen Geistes in dem Marmor, in Linien und Farben, in Worten ist ihm deswegen die Kunst. Wie verwirklicht der Künstler den göttlichen Geist im sinnlichen Stoffe? Das war für Vischer die Grundfrage. Eine hohe, eine reife philosophische Schulung liegt allen seinen Ausführungen zugrunde. Die Sprache, die er spricht, wird heute nurmehr von wenigen verstanden. Sie konnte nur von denjenigen verstanden werden, welche die philosophischen Gedanken Schellings und Hegels als Bestandteil ihrer Bildung in sich hatten. Nur diese konnten Interesse haben für die Fragen, welche Vischer stellte, für die Gedanken, die er mitteilte.

Heute können nur wenige ein Buch von Vischer so lesen, wie es seine Zeitgenossen lasen. Für die Menschen der Gegenwart werden darinnen Dinge besprochen, die sie nichts angehen.

Für Vischer war die Kunst letzten Endes doch eine unpersönliche Angelegenheit. Sie gehörte zu den Aufgaben, welche dem Menschen von höheren Mächten gestellt werden. Zwar glaubt Vischer nicht an einen persönlichen Gott. Aber er glaubt doch an einen Gott. An ein geistiges Grundwesen, das sich in der Natur, in der Geschichte, in der Kunst auslebt. Dieses Grundwesen steht *über* dem Menschen. Unsere Besten haben diesen Glauben aufgegeben. Ihnen ist der Geist nichts Selbständiges. Ihnen ist der Geist nur da, insofern die *Natur* die Fähigkeit hat, Geistiges aus sich hervorzubringen. Der höchste Geist wird für sie durch den Menschen hervorgebracht, der ihn aus seiner Natur gebiert. Nur wenn der Mensch das Geistige schafft, ist es da. Vischer glaubt, das Geistige sei an sich da, und der Mensch müsse es ergreifen. Die Heutigen glauben: nur das Natürliche ist ohne den Menschen da, und das Geistige wird durch den Menschen erst erzeugt. Deshalb ist für Vischer der Künstler ein Mensch, der von dem göttlichen Geiste erfüllt ist und ihn in seinen Werken verkörpert. Für die Heutigen ist der Künstler ein Mensch, der das Bedürfnis hat, den Dingen Gewalt anzutun und ihnen das Gepräge seiner Persönlichkeit zu geben. Sie glauben nicht, daß sie einen Geist verkörpern sollen, sie wollen Dinge schaffen, wie sie ihren Vorstellungen, ihrer Phantasie entsprechen.

Vischer sagt: der Bildhauer prägt dem Marmor eine menschliche Gestalt ein, die keinem wirklich vorhandenen Menschen gleicht, weil er unbewußt in sich das Bild, die Idee der ganzen Menschheit, das Urbild des Menschen trägt und dieses verkörpern will. Dieses Urbild ist das Göttliche im Menschen. Die

Modernen wissen nichts von einem solchen Urbilde. Sie wissen nur, daß ihnen eine Gestalt vor die Seele tritt, wenn sie den Menschen betrachten, und daß sie diese Gestalt verwirklichen wollen. Sie wollen neben der natürlichen Welt eine künstliche gebären, die ihnen ihr Temperament, ihre Phantasie eingibt. Eine menschlich gewollte Welt ist das, keine aus dem göttlichen Geist entsprungene.

Die Heutigen verstehen es nicht mehr, wenn man von der Kunst wie von einer Verwirklichung des Göttlichen spricht, sie können nur begreifen, daß der Mensch das Bedürfnis hat, Dinge nach seinem Temperament, nach seiner Eingebung zu gestalten.

Menschlich wollen die Modernen über die Kunst sprechen; auf den religiösen Zug, der Vischers Ausführungen zugrunde liegt, wollen sie nicht mehr eingehen.

GRAF LEO TOLSTOI: WAS IST KUNST?

Graf Leo Tolstoi hat eine Schrift «Was ist Kunst?» veröffentlicht. Der russische Romancier hat sich, seit er unter die Moralprediger gegangen ist, die Sympathien eines großen Teiles seiner ehemaligen Verehrer zerstört. Der Inhalt seiner Morallehre steht durchaus nicht auf der Höhe seines Künstlertums. Eine Gefühlsmoral, die sich auf allgemeine Menschenliebe und Mitleid stützt und die auf Bekämpfung des Egoismus abzielt, ist dieser Inhalt. Verwässertes Christentum ist der beste Ausdruck, den man dafür finden kann. Vom Standpunkte dieser Morallehre beantwortet Tolstoi auch die Frage, die er sich jetzt stellt: «Was ist Kunst?» Zunächst weist er darauf hin, welch ungeheure menschliche Arbeitskraft dazu aufgewendet werden muß, um ein Werk der Kunst zustande zu bringen. Er geht von einer Opernprobe aus, bei der er einmal anwesend war. Er schildert, welche Zeit und Mühe eine solche Probe kostet und wie lieblos die Leiter derselben das Personal behandeln, mit dem sie es zu tun haben. Und dann sagt er sich: was kommt bei all der Mühe und Arbeit heraus? «Für wen geschieht denn das alles? Wem kann es gefallen? Wenn auch dann und wann in dieser Oper schöne Motive vorkommen, die angenehm zu hören sind, so könnte man sie doch einfach absingen, ohne diese dummen Verkleidungen, Aufzüge, Rezitative und Armschwingungen. Ein Ballett aber, in dem halbnackte Frauen sinnlich aufregende Bewegungen vorführen und sich in Girlanden verwickeln, ist nichts weiter als eine moralverderbende Vorstellung, so daß man nicht einmal begreifen kann, für wen sie berechnet ist. Ein gebildeter Mensch hat die Sachen satt bekommen, und ein gewöhnlicher Arbeiter versteht sie einfach nicht. Sie kann nur – was ich auch noch bezweifeln möchte – denen gefallen, die von sogenannten herrschaftlichen Vergnügungen noch nicht übersättigt sind, aber sich herrschaftliche Bedürfnisse angeeignet haben und ihre Bildung zeigen wollen wie etwa junge Lakaien ... Und diese ganze häßliche Dummheit wird nicht gutmütig, nicht einfach heiter, sondern mit Bosheit, mit tierischer Grausamkeit einstudiert.»

Man muß, weil die Kunst solche Opfer fordert, sich fragen: Was ist der Zweck der Kunst? Was trägt die Kunst zum Ganzen der menschlichen Kulturentwickelung bei? Um sich diese Frage zu beantworten, hält Tolstoi Umschau bei den deutschen, französischen und englischen Ästhetikern, die über die Aufgaben der Kunst ihre Anschauungen veröffentlicht haben. Er kommt zu einem ungünstigen Urteil über diese Ästhetiker. Er findet, daß keine Übereinstimmung herrscht über den Begriff der Kunst. «Sieht man» – sagt er – «von den ganz ungenauen und den Begriff der Kunst nicht deckenden Definitionen der Schönheit ab, welche deren Wesen bald im Nutzen, bald in der Zweckmäßigkeit, bald in der Symmetrie, bald in der Ordnung, bald in der Proportionalität, bald in der Glätte, bald in der Harmonie der Teile, bald in der Einheit, bald in der Mannigfaltigkeit, bald in den verschiedenen Verbindungen dieser Prinzipien finden, sieht man von diesen ungenügenden Versuchen objektiver Definitionen ab, – so können alle ästhetischen Bestimmungen der Schönheit auf zwei Grundansichten zurückgeführt werden: die erste, daß die Schönheit etwas für sich Bestehendes ist, eine der Erscheinungen des absolut Vollkommenen, der Idee, des Geistes, des Willens, von Gott, – und die zweite, daß die Schönheit ein gewisses von uns empfundenes Vergnügen ist, welches persönliche Vorteile nicht zum Zwecke hat.»

Tolstoi findet beide Ansichten unvollkommen, und er sieht den Grund der Unvollkommenheit darin, daß sie auf einer primitiven Ansicht von der menschlichen Kultur beruhen. Auf einer primitiven Stufe der Anschauungen sehen die Menschen auch den Zweck des Essens in dem Genusse, den ihnen das Essen bereitet. Eine höhere Stufe der Einsicht ist die, wenn sie erkennen, daß die Ernährung und damit die Förderung des Lebens der Zweck des Essens ist, und wenn sie den Genuß nur als eine untergeordnete Beigabe betrachten. In gleicher Weise steht der Mensch auf einer niedrigen Stufe, welcher glaubt, daß der Zweck der Kunst in dem Genusse der Schönheit bestehe. «Um die Kunst genau zu definieren, muß man vor allen Dingen aufhören, sie als Mittel zum Genuß zu betrachten, dagegen muß man in der Kunst eine der Bedingungen des menschlichen Lebens sehen. Von diesem Gesichtspunkte ausgehend, müssen wir zugeben, daß die Kunst eines der Mittel zum Verkehr der Menschen untereinander ist.» Nicht als Selbstzweck läßt Tolstoi die Kunst gelten. Die Menschen sollen einander verstehen, lieben und fördern; das ist ihm der Zweck jeder Kultur. Die Kunst soll nur ein Mittel sein, diesen höheren Zweck zu verwirklichen. Durch die *Worte* teilen sich die Menschen ihre Gedanken und ihre Erfahrungen mit. Der Einzelne lebt durch die Sprache in und mit dem Ganzen des Menschengeschlechtes. Was Worte allein nicht vermögen, um dieses Zusammenleben hervorzubringen, das soll die Kunst bewirken. Sie soll die Empfindungen und Gefühle von Mensch zu Mensch vermitteln, wie es die Worte mit den Erfahrungen und Gedanken machen. «Die Tätigkeit der Kunst beruht darauf, daß der Mensch, indem er durch das Ohr oder das Auge den Ausdruck der Gefühle eines anderen wahrnimmt, diese Gefühle nachzuempfinden vermag.»

Ich glaube, daß von Tolstoi übersehen wird, welchen Ursprung die Kunst hat. Nicht auf die Mitteilung kommt es dem Künstler zunächst an. Wenn ich eine Erscheinung der Natur oder des Menschenlebens sehe, so treibt mich ein ursprünglicher Trieb dazu, mir im Geiste ein Bild von dieser Erscheinung zu machen. Und meine Phantasie drängt mich dazu, dieses Bild in einer Weise um- und auszugestalten, die gewissen Neigungen in mir entspricht. Zur Ausgestaltung dieses Bildes bediene ich mich der Mittel, die meinen Fähigkeiten entsprechen. Wenn diese Mittel die Farben sind, so male ich, und wenn es die Vorstellungen sind, so dichte ich. Ich tue das nicht, um mich mitzuteilen, sondern weil ich das Bedürfnis habe, mir von der Welt Bilder zu machen, die meine Phantasie mir eingibt. Ich bin nicht zufrieden mit der Gestalt, welche die Natur und das Menschenleben für mich haben, wenn ich sie bloß als passiver Zuschauer betrachte. Ich will Bilder machen, die ich selbst erfinde oder die ich doch – wenn ich sie auch von außen aufnehme – in meiner Weise wiedergebe. Der Mensch will nicht bloßer Betrachter, er will nicht reiner Zuschauer den Weltereignissen gegenüber sein. Er will auch aus Eigenem etwas zu dem hinzu erschaffen, das von außen auf ihn eindringt. Deshalb wird er Künstler. Wie dies Geschaffene dann weiter wirkt, ist eine Folgeerscheinung. Und wenn von der Wirkung der Kunst auf die menschliche Kultur gesprochen werden soll, so mag Tolstoi Recht haben. Aber die *Berechtigung* der Kunst als solche muß, unabhängig von ihrer Wirkung, in einem ursprünglichen Bedürfnisse der menschlichen Natur gesucht werden.

ÜBER WAHRHEIT UND WAHRSCHEINLICHKEIT DER KUNSTWERKE

Über dieses Thema gibt es einen interessanten Aufsatz Goethes in Gesprächform. In demselben wird die Frage: «Was für eine Art von Wahrheit soll man vom Kunstwerke verlangen?» in erschöpfender Weise behandelt. Was da gesagt wird, wiegt Bände auf, die in neuerer Zeit über diesen Gegenstand geschrieben worden sind. Da gegenwärtig ein ebenso lebhaftes Interesse wie eine große Verwirrung über die Frage herrschen, dürfte es wohl hier am Platze sein, an die Hauptgedanken des Goetheschen Gespräches zu erinnern.

Es nimmt seinen Ausgang von der Darstellung des «Theaters im Theater». «Auf einem deutschen Theater ward ein ovales, gewissermaßen amphitheatralisches Gebäude vorgestellt, in dessen Logen viele Zuschauer gemalt sind, als wenn sie an dem, was unten vorgeht, teilnähmen. Manche wirkliche Zuschauer im Parterre und in den Logen waren damit unzufrieden und wollten übelnehmen, daß man ihnen so etwas Unwahres und Unwahrscheinliches aufzubinden gedächte. Bei dieser Gelegenheit fiel ein Gespräch vor, dessen ungefährer Inhalt hier aufgezeichnet wird.»

Das Gespräch findet statt zwischen einem Anwalt des Künstlers, der mit den gemalten Zuschauern seine Aufgabe gelöst zu haben glaubt, und einem Zuschauer, dem solche gemalte Zuschauer nicht genügen, weil er Naturwahrheit verlangt. Dieser Zuschauer will, daß ihm «wenigstens alles wahr und wirklich scheinen solle». «Warum gäbe sich denn der Dekorateur-die Mühe, alle Linien aufs genaueste nach den Regeln der Perspektive zu ziehen, alle Gegenstände nach der vollkommensten Haltung zu malen? Warum studierte man aufs Kostüm? Warum ließe man es sich so viel kosten, ihm treu zu bleiben, um dadurch mich in jene Zeiten zu versetzen? Warum rühmt man den Schauspieler am meisten, der die Empfindungen am wahrsten ausdrückt, der in Rede, Stellung und Gebärden der Wahrheit am nächsten kommt, der mich täuscht, daß ich nicht eine Nachahmung, sondern die Sache selbst zu sehen glaube?»

Der Anwalt des Künstlers macht nunmehr den Zuschauer darauf aufmerksam, inwiefern ihn das alles nicht berechtige zu sagen, er müsse im Theater die Menschen und Vorgänge so vor sich haben, daß sie ihm wahr scheinen; er müsse vielmehr behaupten, daß er in keinem Augenblicke die Empfindung habe, Wahrheit zu sehen, sondern einen *Schein*, allerdings einen *Schein* des *Wahren*.

Zunächst glaubt nun der Zuschauer, daß der Anwalt ihm ein Wortspiel vorführe. Fein läßt hierauf Goethe den Anwalt antworten: «Und ich darf ihnen darauf versetzen, daß, wenn wir von Wirkungen unseres Geistes reden, keine Worte zart und subtil genug sind, und daß Wortspiele dieser Art selbst ein Bedürfnis des Geistes anzeigen, der, da wir das, was in uns vorgeht, nicht geradezu ausdrücken können, durch Gegensätze zu operieren, die Frage von zwei Seiten zu beantworten und so gleichsam die Sache in die Mitte zu fassen sucht.»

Menschen, die nur gewohnt sind, in den grobklotzigen Vorstellungen zu leben, die das Alltagsleben erzeugt, sehen oft unnötige Wortklauberei in den zarten, begrifflichen Unterscheidungen, die derjenige machen muß, der die feinen, unendlich komplizierten Verhältnisse der Wirklichkeit begreifen will. Zwar ist es richtig, daß sich mit Worten trefflich streiten, mit Worten ein System bereiten lasse, aber nicht immer ist derjenige schuld, der das System bereitet, daß kein Begriff bei dem Worte ist. Oft kann auch derjenige, der die Worte hört, den Begriff nur nicht mit dem gehörten Worte verbinden. Es wirkt oft komisch, wenn die Leute sich darüber beklagen, daß sie bei den Worten dieses oder jenes Philosophen sich nichts denken können. Sie glauben *immer*, es läge an dem Philosophen – *oft* liegt es aber an den Lesern, die nur nichts denken können, während der Philosoph sehr viel gedacht hat.

Es ist ein großer Unterschied zwischen «wahr scheinen» und «den Schein des Wahren» haben. Die theatralische Darstellung ist selbstverständlich Schein. Man kann nun der Ansicht sein, daß der Schein eine solche Gestalt haben müsse, daß er die Wirklichkeit vortäusche. Oder man kann der Überzeugung sein, daß der Schein aufrichtig zeigen solle: ich bin keine Wirklichkeit; ich bin Schein. Wenn der Schein diese Aufrichtigkeit hat, dann kann er seine Gesetze nicht aus der Wirklichkeit nehmen, dann muß er eigene Gesetze für sich haben, die nicht die gleichen mit denen der Wirklichkeit sind. Wer einen künstlerischen Schein will, der die Wirklichkeit nachäfft, der wird sagen: in einer theatralischen Darstellung muß alles so verlaufen, wie es in der Wirklichkeit verlaufen wäre, wenn derselbe Vorgang sich zugetragen hätte. Wer einen künstlerischen Schein will, der sich aufrichtig als Schein gibt, der wird hingegen sagen: in einer theatralischen Darstellung muß manches anders verlaufen, als es in der Wirklichkeit zu verlaufen pflegt; die Gesetze, nach denen die dramatischen Vorgänge zusammenhängen, sind andere als diejenigen, nach denen die wirklichen zusammen-hängen.

Wer einer solchen Überzeugung ist, muß also zugeben, daß es in der Kunst Gesetze für den Zusammenhang von Tatsachen gibt, für die ein entsprechendes Vorbild in der Natur nicht vorhanden ist. Solche Gesetze vermittelt die Phantasie. Sie schafft nicht der Natur nach, sie schafft neben der Naturwahrheit eine höhere Kunstwahrheit.

Diese Überzeugung läßt Goethe den «Anwalt des Künstlers» aussprechen. Dieser behauptet, «daß das Kunstwahre und das Naturwahre völlig verschieden sei, und daß der Künstler keineswegs streben sollte noch dürfte, daß sein Werk eigentlich als ein Naturwerk erscheine».

Naturwahrheit werden nur diejenigen Künstler in ihren Werken liefern wollen, denen die Phantasie fehlt, die deshalb kein Kunstwahres erschaffen können, sondern die bei der Natur eine Anleihe machen müssen, wenn sie überhaupt etwas zustande bringen wollen. Und nur diejenigen Zuschauer werden Naturwahrheit in den Kunstwerken verlangen, die nicht ästhetische Kultur genug haben, um sich zu der Forderung eines besonderen Kunstwahren neben dem Naturwahren zu erheben. Sie kennen nur *das* Wahre, das sie täglich erleben. Und wenn sie der Kunst gegenüberstehen, dann fragen sie: stimmt dieses Künstliche mit dem überein, was wir als Wirklichkeit kennen? Der Mensch mit ästhetischer Kultur kennt ein anderes Wahres als dasjenige der gemeinen Wirklichkeit. Er sucht dieses andere Wahre in der Kunst.

Goethe läßt seinen «Anwalt des Künstlers» den Unterschied zwischen einem Menschen mit ästhetischer Kultur und einem solchen ohne diese durch ein sehr derbes, aber vortreffliches Beispiel erläutern. «Ein großer Naturforscher besaß unter seinen Haustieren einen Affen, den er einst vermißte und nach langem Suchen in der Bibliothek fand. Dort saß das Tier an der Erde und hatte die Kupfer eines ungebundenen, naturgeschichtlichen Werkes um sich her zerstreut. Erstaunt über dieses eifrige Studium des Hausfreundes, nahte sich der Herr und sah zu seiner Verwunderung und zu seinem Verdruß, daß der genäschige Affe die sämtlichen Käfer, die er hie und da abgebildet gefunden, herausgespeist habe.»

Der Affe kennt nur naturwirkliche Käfer, und die Art, wie er sich im gemeinen Leben zu solchen naturwirklichen Käfern verhält, ist die, daß er sie verspeist. Auf den Abbildungen tritt ihm nicht Wirklichkeit, sondern nur Schein entgegen. Er nimmt den Schein nicht als Schein. Denn zu einem Scheine könnte er kein Verhältnis gewinnen. Er nimmt den Schein als Wirklichkeit und verhält sich zu ihm wie zu einer Wirklichkeit.

In dem Falle dieses Affen sind diejenigen Menschen, die einen künstlerischen Schein so wie eine Wirklichkeit nehmen. Wenn sie eine Raubszene oder eine Liebesszene auf der Bühne sehen, dann wollen sie von dieser Raub- oder Liebesszene genau dasselbe haben wie von entsprechenden Szenen in der Wirklichkeit.

Der «Zuschauer» in Goethes Gespräch wird durch das Beispiel vom Affen zu einer reineren Anschauung vom künstlerischen Genusse gebracht und sagt: «Sollte der ungebildete Liebhaber nicht eben deswegen verlangen, daß ein Kunstwerk natürlich sei, um es nur auch auf eine natürliche, oft rohe und gemeine Weise genießen zu können?» – Das Kunstwerk will auf eine höhere Art genossen sein als das Naturwerk. Und wer diese höhere Art des Genusses nicht durch ästhetische Kultur in sich gepflanzt hat, der gleicht dem Affen, der die gemalten Käfer frißt, statt sie zu betrachten und sich durch ihre Betrachtung naturwissenschaftliche Kenntnisse zu erwerben. Der «Anwalt» bringt das in die Worte: «Ein vollkommenes Kunstwerk ist ein Werk des menschlichen Geistes, und in diesem Sinne auch ein Werk der Natur. Aber indem die zerstreuten Gegenstände in eins gefaßt und selbst die gemeinsten in ihrer Bedeutung und Würde aufgenommen werden, so ist es über die Natur. Es will durch einen Geist, der harmonisch entsprungen und gebildet ist, aufgefaßt sein, und dieser findet das Vortreffliche, das in sich Vollendete auch seiner Natur gemäß. Davon hat der gemeine Liebhaber keinen Begriff; er behandelt ein Kunstwerk wie einen Gegenstand, den er auf dem Markte antrifft: aber der wahre Liebhaber sieht nicht nur die Wahrheit des Nachgeahmten, sondern auch die Vorzüge des Ausgewählten, das Geistreiche der Zusammenstellung, das Überirdische der kleinen Kunstwelt; er fühlt, daß er sich zum Künstler erheben müsse, um das Werk zu genießen, er fühlt, daß er sich aus seinem zerstreuten Leben sammeln, mit dem Kunstwerke wohnen, es wiederholt anschauen und sich selbst dadurch eine höhere Existenz geben müsse.»

Die Kunst, welche bloße Naturwahrheit anstrebt, äffische Nachahmung der gemeinen alltäglichen Wirklichkeit, ist in dem Augenblicke widerlegt, in dem man in sich die Möglichkeit fühlt, sich die oben geforderte «höhere Existenz» zu geben. Diese Möglichkeit kann im Grunde nur jeder bei sich selbst fühlen. Deshalb wird es eine allgemeine, überzeugende Widerlegung des Naturalismus nicht geben können. Wer nur die gemeine, alltägliche Wirklichkeit kennt, wird immer Naturalist bleiben. Wer in sich die Fähigkeit entdeckt, über das Naturwesen hinaus ein besonderes Kunstwesen zu schauen, wird den Naturalismus als die ästhetische Weltanschauung künstlerisch bornierter Menschen empfinden.

Wenn man dieses eingesehen hat, wird man nicht mit logischen oder anderen Waffen gegen den Naturalismus kämpfen. Denn ein solcher Kampf käme dem gleich, wenn man dem Affen nachweisen wollte, daß gemalte Käfer nicht zum Fressen, sondern zum Betrachten gehören. Wenn man schon soweit kommen würde, dem Affen begreiflich zu machen, daß er gemalte Käfer nicht fressen soll: eines würde er doch nie einsehen, nämlich wozu gemalte Käfer sind, da man sie doch nicht fressen darf. Ebenso geht es mit dem ästhetisch Ungebildeten. Er wird vielleicht bis zu der Einsicht zu bringen sein, daß ein Kunstwerk nicht so zu behandeln ist wie ein Gegenstand, den man auf dem Markte antrifft. Aber da er doch nur ein solches Verhältnis versteht, wie er zu den Gegenständen des Marktes gewinnen kann, so wird er nicht einsehen, wozu denn Kunstwerke dann eigentlich da sind.

Dies ist ungefähr der Inhalt des erwähnten Goetheschen Gespräches. Man sieht, daß in demselben in einer vornehmen Weise Fragen behandelt werden, die heute von vielen einer erneuten Prüfung unterzogen werden. Die Prüfung dieser sowie vieler anderer Dinge wäre nicht notwendig, wenn man sich die Mühe nehmen wollte, sich in die Gedanken derer zu vertiefen, die im Zusammenhange mit einer einzig hohen Kultur an diese Sachen herangetreten sind.

II

VORTRÄGE

Zu den Veröffentlichungen aus dem Vortragswerk von Rudolf Steiner

Die Grundlage der anthroposophisch orientierten Geisteswissenschaft bilden die von Rudolf Steiner (1861–1925) geschriebenen und veröffentlichten Werke. Daneben hielt er in den Jahren 1900 bis 1924 zahlreiche Vorträge und Kurse, sowohl öffentlich wie auch für die Mitglieder der Theosophischen, später Anthroposophischen Gesellschaft. Er selbst wollte ursprünglich, daß seine durchwegs frei gehaltenen Vorträge nicht schriftlich festgehalten würden, da sie als «mündliche, nicht zum Druck bestimmte Mitteilungen» gedacht waren. Nachdem aber zunehmend unvollständige und fehlerhafte Hörernachschriften angefertigt und verbreitet wurden, sah er sich veranlaßt, das Nachschreiben zu regeln. Mit dieser Aufgabe betraute er Marie Steiner-von Sivers. Ihr oblag die Bestimmung der Stenographierenden, die Verwaltung der Nachschriften und die für die Herausgabe notwendige Durchsicht der Texte. Da Rudolf Steiner aus Zeitmangel nur in ganz wenigen Fällen die Nachschriften selbst korrigieren konnte, muß gegenüber allen Vortragsveröffentlichungen sein Vorbehalt berücksichtigt werden: «Es wird eben nur hingenommen werden müssen, daß in den von mir nicht nachgesehenen Vorlagen sich Fehlerhaftes findet.»

DAS WESEN DER KÜNSTE

Berlin, 28. Oktober 1909

Vor uns sei ausgebreitet eine weite schneebedeckte Fläche; einzelne Flüsse und Seen seien darin, vereist. Zum großen Teil vereist auch ein angrenzender Meeresstrand mit mächtigen schwimmenden Eisblöcken, da und dort niedrige Bäume und Gehölz, ganz bedeckt mit Schneemassen und Eiszapfen. Es ist Abend. Die Sonne ist bereits untergegangen und hat noch zurückgelassen ihren goldenen Glanz der Abendröte.

Innerhalb unserer Gegend stehen zwei weibliche Gestalten. Und aus der Abendröte heraus wird geboren ein Sendbote, sozusagen herausgeschickt wird ein Sendbote der höheren Welten, der sich hinstellt vor die beiden Frauen, und der gespannt hinhorcht auf dasjenige, was ausdrückt ihr Mund über ihre eigensten Gefühle, über ihre eigensten Erlebnisse.

Die eine der Frauen, die da steht, preßt ihre Glieder an den Leib; sie hält sich in sich selbst zusammen, und sie spricht die Worte: «Mich friert!» – Die andere der Frauen sendet hin den Blick über die schneebedeckte Fläche, auf die vereisten Wasser, auf die mit Eiszapfen überdeckten Bäume, und von ihren Lippen pressen sich die Worte, in völliger Selbstvergessenheit ihres eigenen Gefühls, in völliger Selbstvergessenheit dessen, was sie selbst durch das äußere Physische der Landschaft an Frost spüren kann: «Wie wunderschön ist die Landschaft rings herum!» – Wärme fühlt man in ihr Herz einströmen, denn sie vergißt alles, was sie fühlen könnte durch physischen Frost und physischen Einfluß. Sie ist überwältigt in ihrem Innern ganz von der ungeheueren Schönheit dieser so frostigen Landschaft.

Und die Sonne sinkt tiefer hinunter, und die Abendröte entfärbt sich, und die beiden Frauengestalten entschlummern in einen tiefen Schlaf. In einen Schlaf, der ihr schier zum Tode werden könnte, versinkt die eine, die den Frost vorher so sehr im eigenen leiblichen Selbst gespürt hat; und in einen Schlaf versinkt die andere, dem man ansieht, daß die Nachwirkung der Empfindung, die in die Worte gefaßt war: «Ach wie schön!» nachklingt und die Glieder durchwärmt und sie innerlich lebensfrisch erhält im Schlafe noch. Und gehört hat diese letztere Frauengestalt von dem Jüngling, der aus dem Glanz der Abendröte herausgeboren worden ist, gehört hat sie die Worte: «Du bist die Kunst!» – Und sie entschlief. Und sie brachte mit in den Schlaf hinein alle die Ergebnisse der Eindrücke, die sie gehabt hat durch die geschilderte Landschaft. Und es mischte sich hinein in den Schlaf eine Art von Traum, der doch wieder kein Traum war, der in gewisser Beziehung Wirklichkeit war, eine Wirklichkeit ganz eigener Art, nur der Form nach mit dem Traum verwandt, aber eine Offenbarung einer Wirklichkeit, die diese Seele der Frau früher nicht leicht hat ahnen können. Denn das, was sie erlebte, war nicht ein Traum, es sah nur einem Traum ähnlich. Was sie erlebte, war das, was zu bezeichnen ist als astralische Imagination. Und wenn man aussprechen will, was sie erlebte, so kann man es nicht anders in Worte kleiden, als daß man es gibt in den Bildern, in denen das imaginative Erkennen spricht. Denn die Seele dieser Frau wußte in diesem Augenblick, daß man über dasjenige, was ihr bezeichnet worden war von dem

Jüngling als «Du bist die Kunst!» nur intim sprechen kann, wenn man in Worte kleidet die Erlebnisse der imaginativen Erkenntnis. Und so seien denn in Worte gekleidet in diesem Falle die Eindrücke der imaginativen Erkenntnis der Seele jener Frau.

Als ihr innerer Sinn erwacht war, und sie zuerst etwas unterscheiden konnte, da nahm sie wahr eine merkwürdige Gestalt, eine Gestalt, ganz anders anzusehen, als man sich mit dem bloß physischen Erkennen sonst eine geistige Gestalt wohl vorstellt. Arm war diese Gestalt an dem, was noch erinnern konnte an die physisch-sinnliche Welt. Diese geistige Gestalt erinnerte nur dadurch noch an die physisch-sinnliche Welt, daß sie zeigte etwas wie drei ineinander verwobene Kreise; drei Kreise, die aufeinander senkrecht standen, wie wenn ein Kreis horizontal, der andere vertikal und der dritte von rechts nach links stünde. Und was durch diese Kreise floß, was wahrzunehmen war, das war nicht etwas, was an einen physisch-sinnlichen Eindruck erinnerte, das erinnerte eher an etwas rein Seelisches, an etwas, was man nur vergleichen kann mit den Empfindungen und Gefühlen der Seele. Aber es strömte etwas aus von dieser Gestalt, das man nicht anders bezeichnen könnte als: das Ausströmende war etwas wie eine tief zurückgehaltene, intime Trauer, Trauer um etwas. Und als die Seele dieser Frau das sah, da entschloß sie sich zu fragen: «Was ist denn der Grund deiner Trauer?»

Da teilte sich von dieser geisterhaften Gestalt der Frau mit: «Oh, ich habe einen gewissen Grund, diese Stimmung zu zeigen; denn ich stamme aus hohem geistigem Stamme. So wie ich dir erscheine, so erscheine ich dir wie die Menschenseele auch. Aber du mußt in den Reichen der Hierarchien hoch hinaufgehen, wenn du meinen Ursprung entdecken willst. Ich bin bis hierher heruntergestiegen aus höheren Hierarchien des Daseins. Dafür aber haben die Menschen, die auf der andern Seite des Lebens sind, in der physischen Welt, wo wir jetzt nicht sind, diese Menschen haben mir den letzten meiner Sprossen entrissen; den Letzten, der abstammte von mir, haben sie mir entrissen und haben ihn an sich genommen und haben ihn angekettet an ein felsenförmiges Gebilde, nachdem sie ihn zuerst so klein wie möglich gemacht haben!»

Und da schwang sich diese Seele der Frau dazu auf, zu fragen: «Wer bist du eigentlich? Ich kann jetzt die Dinge nur noch bezeichnen mit den Worten, die mir in Erinnerung sind aus dem Leben auf dem physischen Plan. Wie kannst du mir begreiflich machen dein Wesen und das Wesen deines Sprößlings, den die Menschen angekettet haben?»

«Drüben, in der physischen Welt, bezeichnen mich die Menschen als einen Sinn, als einen ganz kleinen Sinn. Sie bezeichnen mich durch einen Sinn, den sie den Gleichgewichtssinn nennen, und der klein geworden ist, drei nicht ganz vollendete Kreise umfaßt, die angeschmiedet sind im Ohr. Das ist mein letzter Sprößling. Ihn haben sie entrissen in die andere Welt hinüber und haben ihm das genommen, was er hier hatte, um nach allen Seiten frei sein zu können. Jeglichen der Kreise haben sie zerrissen und ihn auf jeder Seite fest angeheftet an einen Grund. Hier – wie du mich hier siehst – bin ich nicht angeheftet; hier zeige ich nach allen Seiten in mir vollendete Kreise. Hier bin ich nach allen Seiten abgeschlossen. Da siehst du meine wirkliche Gestalt erst!»

Da schwang sich die Seele dieser Frau dazu auf, zu fragen: «Wodurch kann ich dir helfen?»

Da sagte die geisterhafte Gestalt: «Nur dadurch kannst du mir helfen, daß du deine Seele mit der meinigen vereinst, daß du alles, was die Menschen drüben im Leben erfahren durch den Gleichgewichtssinn, hier in mich überträgst. Dann wächst du in mich selber hinein; dann wirst du so groß wie ich selber. Dann befreist du deinen Gleichgewichtssinn, und du erhebst dich – geistig befreit – über die Fesselung an die Erde!»

Und die Seele der Frau tat dieses. Sie wurde eins mit der geisterhaften Gestalt da drüben. Und indem sie eins wurde mit ihr, spürte sie, daß sie etwas ausführen müsse. Und sie setzte den einen Fuß vor den andern, verwandelte die Ruhe in die Bewegung, und verwandelte die Bewegung in den Reigen, und schloß den Reigen in der Form ab.

«Jetzt hast du mich verwandelt!» – so sagte die geisterhafte Gestalt. «Jetzt bin ich zu dem geworden, was ich nur durch dich werden kann, wenn du dich so verhältst, wie du dich eben verhalten hast. Jetzt bin ich ein Teil von dir geworden; so geworden bin ich, daß mich in dieser Art die Menschen nur ahnen können. Jetzt bin ich zur Tanzkunst geworden. Weil du hast Seele bleiben wollen und dich nicht vereinigt hast mit der physischen Materie, hast du mich befreien können. Und du hast mich zu gleicher Zeit durch das Vorsetzen der Schritte hinaufgeführt zu den geistigen Hierarchien, denen ich angehöre, zu den Geistern der Bewegung; und du hast mich geführt zu den Geistern der Form, indem du den Reigen abgeschlossen hast. Mich selbst hast du geführt zu den Geistern der Form.

Jetzt aber darfst du nicht weiter gehen; denn würdest du nur einen Schritt weiter machen, als du für mich getan hast, so würde alles vergeblich sein, was du getan hast. Denn die Geister der Form sind die, welche alles im Laufe der Erdenzeit zu bewirken hatten. Würdest du in das hineintreten, was Aufgabe der Geister der Form ist, so würdest du alles wieder zunichte machen, was du eben geleistet hast, denn du würdest notwendig hineinfallen in die Region, die genannt wird drüben bei denen, die euch aus den geistigen Reichen verkünden, bei der Beschreibung der astralischen Welt als ‹Begierdenglut›. Es würde sich dein geistiger Tanz verwandeln in das, was der wilden Begierde entspringt, wenn die Menschen dasjenige treiben, was sie heut fast einzig und allein von mir kennen, wenn sie ihren Tanz betreiben. So aber, wenn du bei dem bleibst, was du jetzt getan hast, dann würdest du in dem Reigen und in dem Abschlusse deines Reigens in der Form eine Nachbildung jener gewaltigen Tänze schaffen, die aufgeführt worden sind im Himmelsraume von den Planeten und Sonnen, um die physisch-sinnliche Welt erst möglich zu machen!»

Weiter lebte die Seele der Frau in diesem Zustand. Und an sie heran trat eine andere geistige Gestalt, – wiederum sehr, sehr verschieden von dem, was die Menschen gewöhnlich mit ihrer physisch-sinnlichen Erkenntnis als Form der Geister sich vorstellen. Etwas trat vor sie hin, was eigentlich wie eine Gestalt war, die in der Fläche abgeschlossen ist, die keine drei Dimensionen hat. Aber etwas sehr Eigenartiges hatte diese Gestalt. Trotzdem sie in der Fläche abgeschlossen war, konnte die Seele der Frau sie in ihrem imaginativen Zustande immer von zwei Seiten sehen, und es zeigte sich diese Gestalt in zwei ganz verschiedenen Weisen, einmal von der einen Seite, einmal von der andern Seite.

Wieder fragte die Seele der Frau diese Gestalt: «Wer bist du denn?»

Und diese Gestalt sagte: «Oh, ich stamme aus höheren Regionen. Ich bin heruntergestiegen bis in die Region, die man bei euch nennt die Region des Geistes, und die hier genannt wird die Region der Erzengel. Ich bin heruntergestiegen bis auf diese Stufe. Und dazu mußte ich heruntersteigen, um in Berührung zu kommen mit dem physisch-sinnlichen Reich der Erde. Aber die Menschen haben mir da den letzten meiner Sprossen entrissen, haben ihn weggenommen; und drüben haben sie ihn in ihre eigene physisch-sinnliche Gestalt eingekerkert, und da nennen sie ihn drüben einen ihrer Sinne und bezeichnen ihn als den ‹Eigenbewegungssinn›, als das, was in ihnen lebt, wenn sie selber ihre Glieder, die Teile ihres Organismus bewegen.»

Und die Seele der Frau fragte: «Was kann ich für dich tun?»

Da sagte auch diese Gestalt wiederum: «Vereinige dein eigenes Wesen mit dem meinigen, so daß dein Wesen in dem meinigen aufgeht!»

Die Seele der Frau tat es. Und eins wurde sie mit dieser geistigen Gestalt, ganz hinein schlüpfte sie in diese geistige Gestalt. Wiederum wuchs sie heran, sie wurde wieder groß und schön, die Seele dieser Frau. Und jene geistige Gestalt sagte zu ihr: «Siehe, da du das getan hast, so hast du dir die Möglichkeit erworben, hineinzusenken in die Seelen der Menschen auf dem physischen Plan eine Fähigkeit, – eine Fähigkeit, die sich auslebt in einem Teil von jenem, mit dem dich der Jüngling bezeichnet hat; denn dadurch bist du geworden zu dem, was man bezeichnet als die Kunst der Mimik, die Kunst des mimischen Ausdruckes.»

Und da sie die Erinnerung noch hatte an ihre Erdengestalt, die Seele dieser Frau, weil sie eben vorhin erst eingeschlummert war, konnte sie in die Form alles hineingießen, was jetzt in dieser Gestalt selber war. Und sie wurde das Vorbild des mimischen Künstlers.

«Du darfst aber nur bis zu einem gewissen Schritte gehen!» sagte die geisterhafte Gestalt. «Du darfst gerade noch dasjenige, was du als Bewegung ausführst, jetzt in die Form hineingießen. In dem Augenblick, wo du die eigenen Wünsche hineingießen würdest, würdest du die Form zur Grimasse verzerren, und aus wäre es mit dem Schicksal deiner Kunst. So ist es mit den Menschen drüben gekommen, daß sie ihre Wünsche, ihre Begierden hineingelegt haben in ihren mimischen Ausdruck, daß ihr eigenes Selbst darinnen zum Ausdruck kommt. Du aber sollst nur die Selbstlosigkeit zum Ausdruck kommen lassen, dann bist du das Vorbild der mimischen Kunst!»

Und weiter lebte in diesem Zustand die Seele jener Frau. Und es kam heran eine andere geistige Gestalt, die sich im Grunde genommen nur in einer Linie manifestierte, nur in einer Linie bewegte. Und als die Seele der Frau bemerkte, daß auch diese geistige Gestalt, die sich in einer Linie bewegte, Trauer habe, und als sie fragte: «Was kann ich für dich tun?», da sagte diese Gestalt: «Oh, ich stamme aus höheren Regionen, aus höheren Sphären. Aber ich bin heruntergestiegen durch die Reiche der Hierarchien bis zu dem Reiche, das bei euch bezeichnet wird durch die Pflege der Geisteswissenschaft als die Region der Geister der Persönlichkeit, welches die Menschen nur in einem Nachbilde haben.» – Denn auch diese Gestalt mußte gestehen, daß sie verloren hatte bei ihrer Berührung mit den Menschen den letzten ihrer Sprossen. Und weiter sagte sie: «Die Menschen nennen den letzten meiner Sprossen drüben auf der Erde ihren Vitalsinn, ihren Lebenssinn, – dasjenige, wodurch sie ihre eigene Persönlichkeit fühlen, was sie durchdringt als die augenblickliche Stimmung, als das augenblickliche Behagen, und was sie in sich fühlen als das Kräftigende und das Festsetzende ihrer eigenen Gestalt. Aber diesen Sinn haben die Menschen in sich selber gefesselt.»

«Was kann ich für dich tun?» fragte die Seele der Frau. Und wiederum verlangte die geistige Gestalt: «Du sollst aufgehen in mein eigenes Wesen! Alles, was die Menschen von ihrer Selbstheit an sich haben, draußen lassen und aufgehen in meine eigene Gestalt, mit mir zusammenfließen und eins mit mir selber werden!»

Und das tat die Seele dieser Frau. Da merkte sie, daß sie, trotzdem jene Gestalt nur in einer Linie ausgedehnt war, daß sie selber sich erfüllte mit Kraft nach allen Seiten, daß sie selber jetzt ausfüllte jene Gestalt, die sie auf der Erde hatte, an die sie sich erinnerte, und die ihr nur in einem neuen Glanze, in einer neuen Schönheit hier wieder erschien. Und dann sagte die geistige Gestalt: «Durch diese deine Tat hast du etwas erreicht, was dich macht wiederum zu einer Einzelheit im großen Bereiche dessen, wonach du genannt worden bist. Du bist in diesem Augenblick geworden dasjenige, wovon die Menschen drüben allerdings eine Möglichkeit haben: Du bist geworden das Vorbild der plastischen Kunst!»

Das Vorbild der plastischen Kunst ist die Seele dieser Frau geworden. Und das Vorbild der plastischen Kunst konnte nun in die Seelen der Menschen eine Fähigkeit gießen selber, durch dasjenige, was sie aufgenommen hatte. Durch jenen Geist der Persönlichkeit war sie imstande, dieses hineinzugießen in die Seelen der Menschen; als Fähigkeit konnte sie es. Und damit gab sie den Menschen auf Erden die plastische Phantasie, die Möglichkeit, im plastischen Bilde zu schaffen.

«Aber du darfst keinen Schritt weiter gehen, als du gegangen bist! Du mußt ganz in der Form bleiben. Denn nur bis zu den Geistern der Form und ihren Regionen darf hinaufgeführt werden dasjenige, was in dir ist. Denn gehst du über das hinaus, wirkst du als das Reich, das die menschlichen Begierden erregt, bleibst du nicht bei der edlen Form, dann kann gerade auf deinem Gebiete nichts Gutes zum Vorschein kommen. Wenn du aber in jenem Edelgerüst der Form bleibst, dann darfst du hineingießen in jene Form dasjenige, was erst in einer fernen Zukunft möglich ist. Und dann, obwohl die Menschen noch lange nicht jene Gestalt erlangt haben, wodurch sie in Reinheit ausleben können dasjenige, was heute sich ganz andern Mächten in ihnen zu eigen gegeben hat, dann darfst du ihnen dasjenige zeigen, was die Menschen einstmals in einem gereinigten Zustand auf dem künftigen Venus-Planeten erleben dürfen, wenn ihre Gestalt eine ganz andere geworden sein wird. Dann darfst du gegenüber der heutigen Menschengestalt darauf hinweisen, wie rein und keusch die Menschengestalt sein wird in der Zukunft.»

Und es erschien aus dem sich verwandelnden Gestaltenmeere des Imaginativen so etwas wie das Vorbild der Venus von Milo.

«Du darfst nur bis zu einer gewissen Grenze gehen bei der Ausprägung der Form. In dem Augenblick, wo du die Form nur ein wenig überschreitest, daß du die starke Persönlichkeit, die die Form des Menschen zusammenhalten muß, vernichtest, stehst du an der Grenze dessen, was noch als schön, als Kunstwerk möglich ist.»

Und es erschien wiederum aus dem sich verwandelnden Wogenmeere der astralisch-imaginativen Welt eine Gestalt. An der war zu sehen, wie durch das, was darin war, die äußere Form des Menschen bis hart an die Grenze gebracht war, wo die Form verleugnen würde den Zusammenhang der Persönlichkeit, wo die Persönlichkeit verlorengehen würde, wenn nur ein Stück darüber hinausgegangen würde. Und aus den Bildern des Astralischen erschien die Gestalt des Laokoon.

Und weiter gingen die Erlebnisse der Seele dieser Frau in der imaginativen Welt. Und jetzt kam sie an eine Gestalt, von der sie sich bewußt war: «Die ist drüben auf dem physischen Plan nicht vorhanden; da ist nichts dafür auf dem physischen Plan vorhanden, die lerne ich erst jetzt kennen. Mancherlei ist auf dem physischen Plan vorhanden, was an diese Gestalt im entfernten erinnert; aber diese Gestalt ist nirgends so abgeschlossen vorhanden, wie sie hier ist.» – Eine wunderbar herbe Gestalt war es, die, nachdem sie gefragt wurde von der Seele der Frau, kundgab, daß sie stamme aus weiten Regionen, nicht bloß aus hohen Regionen; daß sie aber zunächst wirken müsse in dem Gebiet der Hierarchien, das man nennt das Gebiet der Geister der Form. «Die Menschen drüben haben» – so sagte diese Gestalt zur Seele der Frau – «niemals vermocht, irgendein Abbild meiner selbst ganz zu geben, irgend etwas zu verwirklichen, was mir ganz entspricht. Denn meine Gestalt, wie sie hier ist, existiert nicht auf dem physischen Plan. Daher mußten sie mich zerstückeln, und durch dieses Zerstückeln bin ich auch nur in die Möglichkeit versetzt, jetzt, wenn du erfüllst, was du erfüllen sollst, wenn du dich vereinigst mit mir, eins mit mir wirst, dir solche Fähigkeiten zu verleihen, daß du in die Seelen der Menschen eine Phantasie-Fähigkeit legen kannst. Weil sie aber in den Menschen zerrissen wird, so kann das Ganze nur da oder dort, in einzelne Formen zerrissen, auftreten. Nichts kann von mir ein Menschensinn genannt werden; dafür aber auch konnten die Menschen mich nicht fesseln. Sie konnten mich nur in einzelne Stücke zerreißen. Auch haben sie mir meinen letzten Sprößling genommen; aber sie haben ihn in einzelne Stükke zerrissen.»

Und wieder vereinigte sich – nicht scheuend das Opfer, selbst zerrissen zu werden für einen Augenblick – die Seele dieser Frau mit dieser geistigen Wesenheit. Dann sagte diese geistige Gestalt zu ihr: «Jetzt, da du dies getan hast, bist du wieder geworden eine Einzelheit von dem, was du als Ganzes bezeichnet worden bist. Du bist geworden das Vorbild der Architektur, das Vorbild der Baukunst. Du kannst den Menschen geben das Vorbild der architektonischen Phantasie, wenn du dasjenige in die Menschenseele gießest, was du jetzt eben erlangt hast. Aber du wirst ihnen nur eine architektonische Phantasie geben können, welche ihnen dasjenige zeigt an Einzelheiten, das ihnen möglich macht, Bauten aufzuführen, die sich ausnehmen wie etwas, was sich aus der geistigen Welt verbreitet von oben nach unten, wie es an der Pyramide dargestellt ist. Du wirst die Menschen befähigen, nur eine Art von Nachbild zu geben von dem, was ich bin, wenn du sie anleitest, daß sie die Baukunst verwenden zu einem Tempel des Geistes und nicht zu etwas, was irgendeinem irdischen Zwecke dienen soll, und daß sie diesen Charakter schon in dem Äußeren trägt.»

Und es erschien – wie früher die Pyramide erschien aus diesem wogenden astralischen Meere heraus – so jetzt der griechische Tempel.

Und eine andere Gestalt erschien aus diesem wogenden astralischen Meere heraus, – eine Gestalt, die nicht von oben nach unten strebte, um sich nach unten hin zu verbreitern, sondern die nach oben strebte, sich verjüngend nach oben hin: eine dritte Gestalt, in die zerrissen werden mußte die architektonische Phantasie. Es erschien der gotische Dom.

Da lebte die Seele dieser Frau weiter innerhalb der imaginativen Welt. Und an sie trat heran eine andere Gestalt, noch fremder als die vorhergehende, und noch merkwürdiger als diese. Ganz fremd und merkwürdig. Es strömte etwas von ihr aus wie wärmende Liebe, und etwas wiederum, was recht frostig sein konnte.

«Wer bist du?» sagte die Seele der Frau.

«Ich habe nur einen Namen drüben in der richtigen Form bei denjenigen auf dem physischen Plan, welche den Menschen berichten von der geistigen Welt. Die wissen nur meinen Namen richtig anzuwenden.

Denn ich heiße die Intuition! Ich heiße die Intuition und bin aus einem weiten Reiche heraus. Und indem ich aus einem weiten Reiche heraus meinen Weg genommen habe in die Welt, bin ich heruntergestiegen aus dem Reiche der Seraphim!»

Von seraphischer Wesenheit war diese Gestalt der Intuition. Und wiederum sagte die Seele der Frau: «Was willst du, daß ich tue?»

«Du mußt dich mit mir vereinigen! Du mußt es wagen, dich mit mir zu vereinigen! Dann kannst du entzünden in der Seele der Menschen drüben auf Erden eine Fähigkeit, welche wiederum ein Teil ihrer Phantasietätigkeit ist, und wodurch du wirst eine Einzelheit in demjenigen, was du als Ganzes vorhin von dem Jüngling bezeichnet worden bist.»

Und es entschloß sich die Seele der Frau zu dieser Tat. Und sie wurde dadurch etwas, was im Grunde genommen auch an äußerer Gestalt selber recht ferne und recht fremd war dem, was äußere physische menschliche Gestalt ist, und was nur derjenige hätte beurteilen können, der tief hineingeschaut hat in die Seele des Menschen selber. Denn nur mit etwas Seelischem ließe sich noch vergleichen, in was sich die Seele der Frau jetzt verwandelt hatte, die Seele, die vorher noch immer etwas Ätherisches an sich getragen hatte.

«Dafür, daß du das getan hast», so sagte die geistige, seraphische Gestalt, die den Namen der Intuition trug, «dafür kannst du jetzt die Menschen ausstatten mit jener Fähigkeit, welche malerische Phantasie ist. Dadurch bist du das Vorbild geworden für die Malerei. Dadurch wirst du imstande sein, in den Menschen eine Fähigkeit zu entzünden. Einen ihrer Sinne, das Auge, das etwas in sich hat, was nicht berührt wird als Denktätigkeit von der eigenen menschlichen Selbstheit – was das zusammenfassende Denken der Außenwelt in sich hat –, jenen Sinn wirst du begaben können, nachdem du die malerische Phantasie in dir hast. Und es wird dieser Sinn imstande sein, in demjenigen, was sonst leblos und seelenlos ist, zu erkennen – durchscheinend durch die Oberfläche – das seelische Wesen. Und alles, was den Menschen sonst an der Oberfläche der Dinge erscheint an Farbe, an Form, das werden sie durch deine Fähigkeit durchseelen; das werden sie so behandeln, daß durch die Form spricht Seele, und daß durch die Farbe nicht bloß die äußere sinnliche Farbe spricht, sondern daß durch die Farbe, die sie hinzaubern auf die Fläche, etwas spricht, was Inneres der Farbe ist, wie alles, was von mir kommt, von dem Innersten nach außen zieht. Du wirst in der Lage sein, den Menschen eine Fähigkeit zu geben, wodurch sie imstande werden, selbst in die leblose Natur, die sonst nur in seelenlosen Farben und Formen erscheint, hineinzutragen durch ihr eigenes Seelenlicht dasjenige, was seelische Bewegung ist. Das wirst du ihnen geben, wodurch sie in Ruhe verwandeln können die Bewegung, wodurch sie festhalten können, was wandelbar ist an der äußeren physischen Welt. Die kurz hinflüchtende Farbe, auf die der aufgehenden Sonne Strahl huscht, die Farben, die in der leblosen Natur sind, wirst du sie lehren festzuhalten!»

Und es stieg auf ein Bild aus dem wogenden Meere der imaginativen Welt, ein Bild, das darstellte die Landschaftsmalerei. Und ein zweites Bild stieg auf, das darstellte etwas anderes, und das die geisterhafte Gestalt dadurch erläuterte, daß sie sagte: «Was im

Menschenleben in kurzer oder langer Zeit, in der Minute oder Stunde oder in Jahrhunderten vor sich geht und erlebt wird, und was sich zusammendrängt in einen kurzen Augenblick, das wirst du festhalten lehren die Menschen durch die Fähigkeit, die du ihnen gibst. Du wirst die Menschen befähigen, selbst dann, wenn sich Vergangenheit und Zukunft in mächtiger Weise kreuzen, selbst wenn diese zwei Bewegungen von Vergangenheit und Zukunft sich treffen, wirst du sie lehren, wie sie bei ihrem Treffen als eine ebenmäßige Ruhe in der Mitte festzuhalten sind.»

Und auf stieg aus der wogenden Welt der Imaginationen das Bild des heiligen Abendmahles von Leonardo da Vinci.

«Aber du wirst auch Schwierigkeiten haben. Und du wirst die größten Schwierigkeiten dann haben, wenn du deine Fähigkeit die Menschen wirst anwenden lassen auf dasjenige, worinnen schon Bewegung und Seele ist, wo sie schon Bewegung und Seele hineingeschickt haben von dem physischen Plan. Da wirst du am leichtesten straucheln können. Da wird die Grenze dessen sein, wo die Abbilder des Vorbildes, das du bist, noch werden Kunst genannt werden können. Und da wird Gefahr sein.»

Und es stieg auf aus dem wogenden Meere der imaginativen Welt das Porträt.

Und weiter lebte die Seele dieser Frau in der imaginativen Welt. Und eine andere Gestalt trat an sie heran, wiederum fremdartig, die nicht mit etwas ähnlich war, was drüben in der physischen Welt zu finden – wiederum etwas, was eine himmlische Gestalt genannt werden kann, mit gar nichts zu vergleichen auf dem physischen Plan. Und die Seele der Frau fragte: «Wer bist du?» – Da sagte jene Gestalt: «Oh, ich habe drüben auf dem Erdenrund nur einen Namen, der richtig angewendet wird bei denjenigen, welche die Kundschaften der geistigen Welt an die Menschen heranbringen; diese aber nennen mich die Inspiration. Ich bin aus einem weiten Reiche heraus, aber ich mußte zunächst meinen Ort haben in der Region, welche bezeichnet wird da drüben, wo man von der geistigen Welt spricht, als die Region der Cherubim.»

Eine Gestalt aus dem Reiche der Cherubim löste sich los aus der imaginativen Welt. Wiederum sagte diese cherubinische Gestalt, nachdem die Seele der Frau gefragt hatte: «Was kann ich für dich tun? Was soll ich tun?» «Du mußt dich in mich selber verwandeln! Du mußt eins mit mir werden!»

Und trotz der Gefahr, die damit verknüpft war, ging die Seele der Frau auf in die Wesenheit dieser cherubinischen Gestalt. Und damit wurde sie noch unähnlicher allem Physischen, was drüben auf dem Erdenrund ist. Konnte man von der früheren Gestalt noch sagen: Es ist etwas wenigstens wie eine Analogie dafür vorhanden auf dem Erdenrund –, so mußte man diese cherubinische Gestalt bezeichnen als etwas, was selbst eine Wesenheit in sich trug, welche wie ganz fremd allem auf dem Erdenrund war, so daß sie sich gar nicht mit etwas vergleichen ließe. Und selber wurde recht unähnlich die Seele der Frau allem Irdischen, sie wurde so, daß man ihr ansah: jetzt ist sie selber hinübergegangen in ein geistiges Reich, gehört an dem geistigen Reich, das nicht in der Sinnenwelt gefunden werden kann, mit ihrer ganzen Wesenheit.

«Weil du das getan hast, deshalb kannst du eine Fähigkeit pflanzen in die Seelen der Menschen. Und wenn diese Fähigkeit auf dem Erdenrund aufgeht in den Seelen der Menschen, so wird sie leben in diesen Seelen als die musikalische Phantasie. Und nichts werden die Menschen haben, was sie von außen nehmen könnten – so fremd bist du geworden mit deiner Fähigkeit dem Erdenrund –, was sie von außen nehmen könnten, um hineinprägen zu können dasjenige, was die Seele selber empfindet unter deinem inspirierenden Einfluß. Das müssen sie selber in neuer Weise entflammen durch einen Sinn, den sie sonst in ganz anderer Weise kennen: Da müssen sie dem Sinn des Tones eine neue Gestalt geben; da müssen sie den musikalischen Ton in der eigenen Seele finden. Da müssen sie herausschaffen wie aus Himmelshöhen aus der eigenen Seele! Und wenn die Menschen so schaffen, so wird aus ihrer eigenen Seele selber etwas herausfließen, was sein wird wie ein menschlicher Abglanz von alledem, was in der äußeren Natur nur unvollkommen fließen und sprießen kann. Wie ein solcher Abglanz wird aus der Seele der Menschen herausfließen, was da draußen die Quelle rieselt, was der Wind bewirkt, was der Donner rollt; nicht ein Abbild davon, aber etwas, was all diesen Herrlichkeiten der Natur, die wie aus unbekannten Geistertiefen herausfließen, wie eine selbstverständliche Schwester gegenübertritt, das wird aus der Seele der Menschen heraussprießen. Fähig werden die Menschen dadurch werden, etwas zu schaffen, was die Erde bereichert, was neu ist auf der Erde, was ohne deine Fähigkeit nicht dagewesen wäre, was wie ein Zukunftsame ist auf der Erde. Und du wirst ihnen die Fähigkeit geben, dasjenige, was in ihrer Seele lebt, auszusprechen, was niemals ausgesprochen werden könnte, wenn die

Menschen angewiesen wären auf das, was sie jetzt haben, auf den Gedanken, auf den Begriff. Für alle die Gefühle, die den Begriff versengen, die erfrieren würden, wenn sie auf den Begriff angewiesen wären, für alle die Gefühle, für welche der Begriff wie spinnefeind sein würde, wirst du ihnen die Möglichkeit geben, auf den Fittichen des Gesanges und des Liedes das innerste Wesen der Seele hinauszuhauchen in den Umkreis der Erde, und diesem Umkreis der Erde etwas einzuprägen, was sonst nicht da sein würde. Alle die komplizierten mächtigen Gefühle, alle die Gefühle, welche in der Menschenseele wie eine mächtige Welt selber leben, welche sonst niemals in der Außenwelt in dieser Form erlebt werden können, welche man nur erleben könnte, wenn man Weltgeschichte und Himmelsräume mit der Seele durchstreifte, alle diese Reiche, die in der Außenwelt nicht erlebt werden können, weil da alle Gegenströmungen einfließen müßten, die durch Jahrhunderte und Jahrtausende ziehen müßten, wenn man wissen wollte, was die Menschen da und dort erfahren: alles das werden sie durch deine Fähigkeit zusammendrängen können und hineingießen können in etwas, was sie sich erobert haben, in ihre symphonisch-musikalischen Werke.»

Und die Seele der Frau begriff, wie man herunterholt aus den geistigen Höhen der Welt das, was man als die Inspiration bezeichnet, und wie dieses ausgedrückt werden soll durch die normale Menschenseele; sie begriff, daß das nur ausgedrückt werden kann dann, wenn es in Töne gegossen wird. Was der Geistesforscher schildern kann – das wußte jetzt die Seele der Frau –, wenn er die Welt der Inspiration selber schildert, und wie es auf dem physischen Plan mit den physischen Ausdrucksmitteln nur gegeben werden sollte, wie es nicht nur Abbild werden sollte, sondern unmittelbar vor die Menschen hintreten: so konnte es nur gegeben werden in dem musikalischen Kunstwerk. Und die Seele der Frau verstand, daß in dem musikalischen Kunstwerk gegeben werden könnte jene gewaltige Tatsache, wie einstmals Uranos die eigene Empfindung entzündete in dem Liebesfeuer der Gäa, daß ausgedrückt werden könnte, was geschah, als Kronos dasjenige, was in ihm lebte als Geisteswesenheit, erleuchten wollte durch das Licht des Zeus! – Solche tiefe Erlebnisse hatte die Seele jener Frau durch jene Berührung mit dieser cherubinischen Wesenheit.

Weiter lebte die Seele der Frau sich hinein in das, was man die imaginative Welt nennt. Und an sie heran trat eine andere Gestalt, wiederum recht fernstehend dem, was auf der Erde vorhanden ist. Und als die Seele der Frau fragte: «Wer bist du?» da antwortete die geisterhafte Gestalt: «Meinen Namen wenden nur diejenigen richtig an, die drüben in der physischen Welt aus der Geisteswissenschaft heraus die geistigen Ereignisse mitteilen. Denn ich bin die Imagination, und ich entstamme einem weiten Reiche. Aber aus diesem weiten Reiche habe ich mich hineinbegeben in die Region der Hierarchien, die man nennt die Region der Geister des Willens.»

«Was soll ich für dich tun?» fragte wiederum die Seele der Frau.

Auch diese Gestalt verlangte, daß die Seele der Frau ihre eigene Wesenheit vereinige mit dieser Gestalt der Geister des Willens. Und wiederum wurde die Seele der Frau recht unähnlich mit der gewöhnlichen Seelen-Gestalt; sie wurde ganz eine seelische Gestalt.

«Dafür, daß du das getan hast, bist du jetzt imstande, hineinzuhauchen in die Seele der Menschen diejenige Fähigkeit, die die Menschen erleben auf dem Erdenrund als die dichterische, als die poetische Phantasie. Du bist das Vorbild der poetischen Phantasie geworden. Und durch dich werden die Menschen imstande sein, in ihrer Sprache etwas auszudrücken, was sie niemals ausdrücken können, wenn sie sich nur halten an die äußere Welt und nur wiedergeben wollten Dinge, die in der äußeren physischen Welt vorhanden sind. Du wirst den Menschen die Möglichkeit geben, durch deine Phantasie auszudrücken alles, was ihren eigenen Willen berührt, und was in anderer Form nicht ausgedrückt werden könnte, nicht hinausströmen könnte aus der Menschenseele durch die irdischen Ausdrucksmittel. Du wirst den Menschen die Fähigkeit geben, dies auszudrücken. Auf den Flügeln deines Rhythmus, deines Metrums und durch alles, was du den Menschen wirst geben können, werden die Menschen etwas ausdrücken, für das sonst die Sprache ein viel zu grobes Instrument wäre. Du wirst ihnen die Möglichkeit geben, dasjenige zum Ausdruck zu bringen, was sonst nicht ausgedrückt werden könnte!»

Und auf tauchte in dem Bilde der Lyrik dasjenige, was sich durch die Jahrhunderte hindurch von Geschlecht zu Geschlecht vollzogen hatte und ganze Geschlechter inspiriert hat.

«Und auch wirst du zusammenfassen können dasjenige, was niemals dargestellt werden könnte durch ein äußeres physisches Ereignis. Deine Sendboten werden die Skalden, die Dichter aller Zeiten sein. Sie werden in die Epik zusammenfassen, was zusammengedrängt wird aus Menschheitskreisen. Und dasjenige, was der Wille als Form annimmt, wenn die Leidenschaften gegeneinander stürmen, was die Menschen auf dem Erdenrund in der physischen Welt niemals auskämpfen könnten, das wirst du mit deinen Mitteln vor sie hinzaubern auf der Szene, wo du ihnen zeigen wirst, wie die aufeinanderprallenden Leidenschaften den Tod des einen und den Sieg des andern bewirken. Du wirst den Menschen die Möglichkeit der dramatischen Kunst geben!»

Und die Seele jener Frau merkte in diesem Augenblick in sich selber ein inneres Erlebnis, – ein inneres Erlebnis, das etwas war, was man nur bezeichnen könnte mit einem Ausdruck, der auf der Erde üblich ist als Aufwachen.

Wodurch wachte sie auf? – Sie wachte dadurch auf, daß sie das, was auf der Erde nicht da ist, wie im Spiegelbilde sah. Sie selber war wesenseins geworden mit der Imagination. Was auf der Erde als Poesie lebt, ist ein Spiegelbild der Imagination. Das Spiegelbild der Imagination in der poetischen Kunst sah die Seele der Frau. Dadurch wachte sie auf. Sie hatte zwar durch dieses Aufwachen verlassen müssen das traumhafte Geisterreich, aber sie war wenigstens in etwas gekommen, was ähnlich ist, wenn auch nur wie ein totes Spiegelbild, dem geistig Lebendigen der spirituellen Imagination. Dadurch war sie aufgewacht.

Und da sie aufwachte, konnte sie wahrnehmen, wie die Nacht verflossen war. Wiederum war die schneebedeckte Landschaft um sie herum, wiederum der Strand mit den schwimmenden Eisbergen, die Eiszapfen an den Bäumen. Aber indem sie aufwachte, merkte sie, daß neben ihr lag die andere Frau, wie erstarrt durch den Frost, den sie gelitten hatte, nicht innerlich erwärmt durch das, was sie mitgenommen hatte als den Eindruck «Ach, wie schön!» dieser Schneelandschaft. Jetzt merkte die Seele der Frau, die in der Nacht das alles erlebt hatte, daß die andere Frau, die fast erstarrt war, weil sie nichts erleben konnte in der geistigen Welt, daß das die menschliche Wissenschaft ist. Und sie nahm sich ihrer an, damit sie ihr von ihrer Wärme etwas mitteilen konnte. Sie hegte sie und pflegte sie, und es erwarmte jene Frau unter dem Eindrucke dessen, was die Seele der anderen Frau mitgebracht hatte, unter dem Eindruck der nächtlichen Erlebnisse.

Drüben im Osten stieg herauf, in die Landschaft hinein, die Morgenröte. Die Sonne kündigte sich an. Die Morgenröte färbte sich immer röter und röter. Und jetzt, da sie wach war, konnte die Seele jener Frau, die das nächtliche Erlebnis hatte, hinschauen und hinhören auf das, was Menschenkinder auf dem Erdenkreise sprechen, wenn sie in sich ahnend etwas erlebt haben von dem, was in der imaginativen Welt erlebt werden kann. Und sie hörte aus dem Chor der Menschenkinder heraus, was die Besten erklingen ließen als ihre Ahnungen über dasjenige, wovon sie selber nichts durch Imagination wissen, was sie aber aus den tiefsten Untergründen ihrer Seele herausfließen lassen als Richtmark für die ganze Menschheit; sie hörte die Stimme eines Dichters, der einmal geahnt hatte die Größe dessen, was erlebt wird von der Menschenseele aus der imaginativen Welt heraus. Sie verstand jetzt, daß sie eine Retterin werden müsse für das, was hier eine halb erfrorene Wissenschaft war, sie verstand, daß sie es erwärmen und durchdringen müsse mit dem, was sie selber ist – zunächst mit dem, was sie als Kunst ist, und daß sie das, was sie mitbringt als Erinnerung an den nächtlichen Traum, mitteilen müsse der halb erfrorenen Wissenschaft. Und sie merkte, wie mit Windeseile das, was halb erfroren ist, wieder lebendig werden kann, wenn das Mitgeteilte von der Wissenschaft aufgenommen werden kann als Erkenntnis.

Wiederum sah sie zur Morgenröte hin. Und die Morgenröte wurde ihr zum Symbol dessen, woraus sie selber aufgewacht war, und zum Symbol ihrer eigenen Imaginationen. Und sie verstand, was der Dichter aus seiner Ahnung heraus so weise gesagt hat. Was sie hörte aus einem neuen Geiste heraus, das drang ihr von dem Erdenrund entgegen:

Nur durch das Morgenrot des Schönen
dringst du in der Erkenntnis Land!

DAS SINNLICH-ÜBERSINNLICHE IN SEINER VERWIRKLICHUNG DURCH DIE KUNST

Erster Vortrag
München, 15. Februar 1918

Wohl aus einem tiefen Weltverständnis und vor allen Dingen aus einem tiefen Kunstempfinden heraus hat Goethe die Worte geprägt: «Wem die Natur ihr offenbares Geheimnis zu enthüllen anfängt, der empfindet eine unwiderstehliche Sehnsucht nach ihrer würdigsten Auslegerin, der Kunst.» – Man darf vielleicht, ohne daß man dadurch ungoethisch wird, zu diesem Ausspruch eine Art Ergänzung hinzufügen: Wem die Kunst ihr Geheimnis zu enthüllen beginnt, der empfindet eine fast unüberwindliche Abneigung gegen ihre unwürdigste Auslegerin, die ästhetisch-wissenschaftliche Betrachtung. Und eine ästhetisch-wissenschaftliche Betrachtung möchte ich heute nicht geben. Mir scheint, daß es nicht nur verträglich, sondern daß es durchaus im Sinne der eben geäußerten Goetheschen Anschauung ist, wenn man von der Kunst so spricht, daß man die Erlebnisse erzählt, die man mit ihr haben kann, die man vielleicht öfter auch mit ihr gehabt hat, so wie man die Erlebnisse, die man mit einem guten Freunde im Leben gehabt hat oder noch hat, gerne erzählt.

In bezug auf die Menschheitsentwickelung redet man von einer Erbsünde. Ich will mich heute nicht darüber verbreiten, ob das reiche Leben der Menschheit, was seine Schattenseiten betrifft, erschöpft wird, wenn man, in bezug auf dieses allgemeine Leben, nur von *einer* Erbsünde spricht. Mit Bezug auf das künstlerische Empfinden und künstlerische Schaffen scheint es mir aber jedenfalls notwendig, daß man von zwei Erbsünden spreche. Und zwar scheint mir die eine Erbsünde im künstlerischen Schaffen, im künstlerischen Genießen, die der Abbildung, der Nachahmung zu sein, der Wiedergabe des bloß Sinnlichen. Und die andere Erbsünde scheint mir zu sein, durch die Kunst ausdrücken, darstellen zu wollen, offenbaren zu wollen das Übersinnliche. Dann aber wird es sehr schwierig sein, schaffend oder empfindend an die Kunst heranzukommen, wenn man ablehnen will sowohl das Sinnliche wie das Übersinnliche. Dennoch scheint mir dies einem gesunden menschlichen Empfinden zu entsprechen. Wer nur das Sinnliche in der Kunst haben will, der wird ja kaum hinauskommen über irgendein feineres illustratives Element, das sich zwar zur Kunst erheben kann, das aber eine wirkliche Kunst doch eigentlich nicht geben kann. Und es gehört schon, wie man wohl sagen kann, ein etwas verwildertes Seelenleben dazu, wenn man sich beruhigen will bei dem bloß illustrativen Element der Nachahmung des Sinnlichen oder des sonst irgendwie durch die bloße Sinneswelt Gegebenen. Aber es gehört eine Art Besessenheit durch den eigenen Verstand, durch die eigene Vernunft dazu, wenn man verlangen wollte, daß eine Idee, daß Rein-Geistiges künstlerisch verkörpert werde. Weltanschauungsdichtungen, Darstellungen von Weltanschauungen durch die Kunst entsprechen doch einem nicht ausgebildeten Geschmack, entsprechen einer Barbarisierung des menschlichen Empfindungslebens. Die Kunst selbst ist aber doch im Leben tief verankert. Und wäre sie nicht im Leben verankert, sie hätte wohl auch durch die ganze Art, in der sie auftritt, ein berechtigtes Dasein nicht: denn in ihr müssen, gegenüber einer rein realistischen Weltauffassung, allerlei Unwirklichkeiten spielen, in ihr müssen allerlei Illusionen spielen, die ins Leben hereingestellt werden. Schon darum, weil die Kunst genötigt ist, für ein gewisses Verständnis Unwirkliches ins Leben hereinzustellen, muß sie doch in irgendeiner Weise im Leben tief wurzeln.

Nun kann man sagen, daß von einer gewissen Empfindungsgrenze an – einer unteren Empfindungsgrenze bis zu einer anderen oberen Empfindungsgrenze, die allerdings bei manchen Menschen erst ausgebildet werden müssen – künstlerisches Empfinden im Leben überall auftritt. Es tritt, wenn auch nicht als Kunst, dann auf, wenn irgendwie schon im sinnlichen, im gewöhnlichen, in der Sinneswelt uns entgegentretenden Dasein Übersinnliches, Geheimnisvolles sich ankündigt. Und es tritt dann auf, wenn das Übersinnliche, das rein Gedachte, das rein Empfundene, das rein im Geiste Durchlebte, nicht dadurch, daß man es in stroherne Symbole oder hölzerne Allegorien bringt, sondern so wie es sich selbst in einer sinnlichen Gestalt darleben will, in einer sinnlichen Anschauungsform vor uns aufleuchtet. Daß das gewöhnliche Sinnliche schon im gewöhnlichen Leben, gewissermaßen verzaubert, in sich eine Art Übersinnliches hat, das empfindet jeder Mensch, der zwischen den zwei angedeuteten Stimmungsgrenzen seine Seele hält.

Man kann durchaus sagen: Wenn mich jemand eingeladen hat und mich eintreten läßt in ein Zimmer, das rote Wände hat, so habe ich eine gewisse Voraussetzung, die bei den roten Wänden mit irgend etwas vom künstlerischen Empfinden zu tun hat. Ich werde, wenn ich in rote Wände geführt werde und der Mann mir dann entgegentritt, der mich eingeladen hat, es als naturgemäß empfinden, daß er mir allerlei mitteilt, was mir wertvoll ist, was mich interessiert. Und wenn das nicht der Fall ist, so empfinde ich die ganze Einladung in das rote Zimmer als eine Lebenslüge, und ich werde unbefriedigt weggehen. Wenn mich jemand empfängt in einem blauen Zimmer, und er läßt mich gar nicht zu Worte kommen, sondern schwatzt mir fortwährend vor, so werde ich die ganze Situation als höchst unbehaglich empfinden, und ich werde mir sagen, daß der Mann eigentlich schon durch die Farbe seines Raumes mich angelogen hat. Solche Dinge kann man unzählige im Leben haben. Eine Dame mit einem roten Kleide, die einem begegnet, wird man außerordentlich unwahr empfinden, wenn sie allzu bescheiden auftritt. Eine Dame in lockigem Haar wird man nur dann als wahr empfinden, wenn sie ein bißchen schnippisch ist; wenn sie nicht schnippisch ist, so erlebt man eine Enttäuschung. Die Dinge müssen selbstverständlich im Leben nicht so sein; das Leben hat das Recht, einen über solche Illusionen hinwegzuführen, aber es gibt eben gewisse Stimmungsgrenzen, innerhalb welcher man in einer solchen Art empfindet.

Die Dinge sind natürlich auch nicht etwa in allgemeine Gesetze zu fassen; mancher kann über diese Dinge ganz anders empfinden. Aber die Sache ist doch so, daß für jeden Menschen ein so geartetes Empfinden im Leben da ist, wo man das Äußere, das einem in der Sinneswelt entgegentritt, schon durchaus als etwas empfindet, was gewissermaßen ein Geistiges, eine geistige Situation, eine geistige Verfassung, eine geistige Stimmung verzaubert enthält.

Es kann einem durchaus scheinen, als ob dasjenige, was da wie eine Anforderung unserer Seele vorliegt, und in dem wir so sehr häufig im Leben bitter enttäuscht werden, die Notwendigkeit hervorruft, gerade für solche Bedürfnisse, die im menschlichen Leben Befriedigung erheischen, eine besondere Lebenssphäre zu schaffen. Und diese besondere Lebenssphäre scheint mir nun eben die Kunst zu sein. Sie gestaltet aus dem übrigen Leben gerade das heraus, was jenen Sinn befriedigt, der innerhalb solcher Empfindungsgrenzen liegt.

Nun wird man das mit der Kunst Erlebte vielleicht doch nur sich nahebringen können, wenn man tiefer in die Vorgänge der Seele hineinzuschauen versucht, die sich ereignen, sei es beim künstlerischen Schaffen, sei es beim künstlerischen Genießen. Denn man braucht wohl nur ein klein wenig mit der Kunst wirklich gelebt zu haben, man braucht nur den Versuch gemacht zu haben, mit ihr etwas intimer zurechtzukommen, so wird man finden, daß zwar die nun zu schildernden Seelenvorgänge beim Künstler und beim künstlerisch Genießenden sich gewissermaßen umgekehrt verhalten, aber im Grunde genommen dieselben sind. Der Künstler erlebt das, was ich schildern will, voraus, so daß er einen gewissen Seelenvorgang zuerst erlebt, der dann durch einen anderen abgelöst wird; der künstlerisch Genießende erlebt den zweiten Seelenvorgang, den ich meine, zuerst, und dann hernach den ersten, von dem der Künstler ausgegangen ist. Nun scheint mir, daß man der Kunst psychologisch deshalb so schwer nahekommt, weil man nicht recht wagt, so tief in die menschliche Seele hinunterzusteigen als notwendig ist, um dasjenige zu fassen, was eigentlich das künstlerische Bedürfnis hervorruft. Vielleicht ist überhaupt auch erst unsere Zeit geeignet, über dieses künstlerische Bedürfnis etwas deutlicher zu sprechen. Denn wie man auch denken mag über mancherlei künstlerische Richtungen der allerjüngsten Vergangenheit und der Gegenwart, über Impressionismus, über Expressionismus und so weiter, über die zu reden manchmal ja einem recht unkünstlerischen Bedürfnis entspringt, eines ist nicht abzuleugnen: daß durch das Aufkommen dieser Richtungen, das künstlerische Empfinden, das künstlerische Leben, aus gewissen Seelentiefen, die sehr weit im Unterbewußten liegen, und die früher aus diesem Unterbewußten nicht heraufgeholt worden sind, nun mehr an die Oberfläche des Bewußtseins heraufgebracht worden sind. Ganz notwendigerweise hat man heute mehr Interesse für die künstlerischen und die Kunst genießenden menschlichen Seelenprozesse durch alles das, was über solche Dinge wie Impressionismus und Expressionismus geredet worden ist, als das in früheren Zeiten der Fall war, wo die ästhetischen Begriffe der gelehrten Herren sehr weit ab gestanden haben von dem, was in der Kunst eigentlich gelebt hat. In der letzten Zeit haben sich bei dem Kunstbetrachten Begriffe eingefunden, Vorstellungen eingefunden, welche in gewisser Beziehung sehr nahestehen dem, was die gegenwärtige Kunst schafft, wenigstens im Vergleich zu früheren Zeiten.

Das Leben der Seele ist ja eigentlich unendlich viel tiefer, als man gewöhnlich voraussetzt. Und daß der Mensch eine Summe von Erlebnissen in den Tiefen seiner Seele im Unterbewußten und Unbewußten hat, von denen man im gewöhnlichen Leben wenig spricht, das ahnen ja sehr wenige Menschen. Aber man muß etwas tiefer in dieses Seelenleben hinuntersteigen, um es gerade da zu finden, wo die Stimmung zwischen den angedeuteten Grenzen zu suchen ist. Es pendelt gewissermaßen unser Seelenleben zwischen den verschiedensten Zuständen, die alle mehr oder weniger – nichts, was ich heute sage, ist pedantisch gemeint – zwei Arten darstellen: Einmal ist in den Tiefen der Menschenseele etwas, was wie freisteigend aus dieser Seele herauf will, was manchmal recht unbewußt, aber doch diese Seele quält und was, wenn diese Seele zu der angedeuteten Stimmung hin besonders organisiert ist, sich fortwährend nach dem Bewußtsein herauf entladen will, aber nicht sich entladen kann, auch bei gesunder Verfassung des Menschen nicht sich entladen soll – als Vision. Unser Seelenleben strebt eigentlich, wenn die Veranlassung zu der Seelenstimmung da ist, viel mehr als man glaubt, fortwährend dahin, sich umzugestalten im Sinne der Vision. Das gesunde Seelenleben besteht nur darin, daß dieses «Wollen der Vision» beim Streben bleibt, daß die Vision nicht heraufkommt.

Dieses Streben nach der Vision, das im Grunde genommen in der Seele aller Menschen ist, kann befriedigt werden, wenn wir das, was entstehen will, aber in der gesunden Seele nicht entstehen soll – die krankhafte Vision – der Seele entgegenhalten in einem äußeren Eindruck, in einer äußeren Gestaltung, in einem äußeren Bildwerk oder dergleichen. Und es kann dann das äußere Bildwerk, die äußere Gestaltung dasjenige sein, was eintritt, um in gesunder Weise im Untergrunde der Seele zu lassen, was eigentlich Vision sein will. Wir bieten gewissermaßen der Seele von außen den Inhalt der Vision. Und wir bieten ihr nur dann ein wirklich Künstlerisches, wenn wir imstande sind, aus berechtigten visionären Strebungen heraus zu erraten, welche Gestaltung, welchen Bildeindruck wir der Seele bieten müssen, damit ihr Drang nach dem Visionären ausgeglichen ist. Ich glaube, daß viele Betrachtungen der neueren Zeit, die sich ergehen innerhalb der Richtung, die als Expressionismus bezeichnet wird, nahe an dieser Wahrheit sind, und daß die Auseinandersetzungen darüber auf dem Wege sind, das zu finden, was ich eben gesagt habe; nur geht man nicht weit genug, schaut nicht tief genug hinunter in die Seele und lernt nicht kennen diesen unwiderstehlichen Drang nach dem Visionären, der in jeder Menschenseele eigentlich ist. – Das ist aber nur das eine. Und man kann, wenn man das künstlerische Schaffen und das künstlerische Genießen durchgeht, wohl sehen, daß eine Art von Kunstwerken einen Ursprung hat, der diesem Bedürfnis der menschlichen Seele entspricht.

Aber es gibt noch einen anderen Ursprung für das Künstlerische. Der Ursprung, von dem ich jetzt eben gesprochen habe, liegt in einer gewissen Beschaffenheit der menschlichen Seele, in ihrem Drang, Visionäres als freisteigende Vorstellung zu haben. Der andere Ursprung liegt darin, daß innerhalb der Natur selbst Geheimnisse verzaubert sind, die nur gefunden werden können, wenn man sich darauf einläßt, nicht wissenschaftlich vorauszusetzen – das braucht man dabei nicht –, aber zu empfinden, welches die tieferen Geheimnisse der sich um uns ausbreitenden Natur eigentlich sind.

Diese tieferen Geheimnisse der um uns sich ausbreitenden Natur, sie nehmen sich vielleicht vor dem gegenwärtigen Menschheitsbewußtsein sogar recht paradox aus, wenn man sie ausspricht, doch ist es etwas, was gerade von unserer Zeit ab diese Art von Geheimnissen, die ich da meine, immer populärer und populärer macht. In der Natur ist etwas, was nicht bloß wachsendes, sprießendes, sprossendes Leben ist, an dem wir uns naturgemäß bei gesunder Seele erfreuen, sondern in der Natur ist außerdem das, was man im gewöhnlichen Sinne des Lebens Tod, Zerstörung nennt. In der Natur ist etwas, was fortwährend ein Leben durch das andere zerstört und überwindet. Wer das empfinden kann, der wird auch – um gerade dieses ausgezeichnetste Beispiel zu wählen – wenn er an die menschliche Gestalt, die natürliche menschliche Gestalt herantritt, empfinden können, daß diese menschliche Gestalt in ihren Formen etwas Geheimnisvolles enthält: daß in jedem Augenblick diese Gestalt, die sich im äußeren Leben verwirklicht, durch ein höheres Leben eigentlich getötet wird. Das ist das Geheimnis alles Lebens: Fortwährend und überall wird ein niederes Leben durch ein höheres Leben ertötet. Diese menschliche Gestalt, die durchdrungen ist von der menschlichen Seele, dem menschlichen Leben, sie wird durch die menschliche Seele, durch das menschliche Leben fortwährend getötet, fortwährend überwunden. Und zwar so, daß man sagen kann: Die menschliche Gestalt als solche trägt etwas an sich, was ganz anders wäre, wenn sie ganz sich selbst überlassen wäre, wenn sie ihrem eigenen Leben folgen könnte. Aber diesem ihrem eigenen Leben kann sie nicht folgen, weil ein höheres, ein anderes Leben in ihr ist, das dieses Leben ertötet.

Der Plastiker geht an die menschliche Gestalt heran, entdeckt, wenn auch unbewußt, durch die Empfindung dieses Geheimnis. Er kommt darauf, daß ja diese menschliche Gestalt etwas will, was am Menschen nicht zum Ausdruck kommt, was durch ein höheres Leben, durch seelisches Leben überwunden ist, getötet ist; er zaubert aus der menschlichen Gestalt das hervor, was am wirklichen Menschen nicht vorhanden ist, was dem wirklichen Menschen fehlt, was die Natur verbirgt. Goethe hat so etwas empfunden, als er von «offenbaren Geheimnissen» sprach. Man kann noch weiter gehen. Man kann sagen: Überall in der weiten Natur ist dieses Geheimnis zugrunde liegend. Im Grunde genommen erscheint keine Farbe, keine Linie draußen in der Natur so, daß nicht ein Niederes durch ein Höheres überwunden ist. Es kann auch umgekehrt sein, es kann einmal das Höhere von dem Niederen überwunden sein. Aber man kann in allem den Zauber lösen, kann dasjenige wiederfinden, was eigentlich überwunden ist, und wird dann zum künstlerisch Schaffenden.

Und kommt man an solch Überwundenes, das entzaubert ist, und weiß es in richtiger Weise zu erleben, dann wird es zum künstlerischen Empfinden.

Ich möchte mich gerade über dieses letztere noch genauer ausdrücken. Wir haben in mancherlei bei Goethe noch ganz Ungehobenem eigentlich sehr bedeutungsvolle menschliche Wahrheiten. Goethes Metamorphosenlehre, die davon ausgeht, daß zum Beispiel bei der Pflanze die Blumenblätter nur umgewandelte Laubblätter sind, und die sich dann ausdehnte auf alle natürlichen, naturgemäßen Gestalten, Goethes Metamorphosenlehre ist, wenn einmal dasjenige, was in ihr liegt, herausgeholt wird durch ein noch umfassenderes Erkennen der Natur als es, gemäß der Entwickelung seines Zeitalters, zu Goethes Zeiten möglich war, dazu veranlagt, wenn einmal die Natur durch ein umfassendes Anschauen enthüllt werden wird, sich auszuleben und zu etwas viel, viel Weiterem zu werden. Ich möchte sagen: Bei Goethe ist diese Metamorphosenlehre noch sehr verstandesmäßig eingeschränkt. Sie kann ausgedehnt werden.

Wenn wir uns wiederum an die menschliche Gestalt halten, kann als ein Beispiel das Folgende gesagt werden: Derjenige, der ein menschliches Skelett betrachtet, sieht ja schon bei einer ganz oberflächlichen Betrachtung, daß dieses menschliche Skelett eigentlich deutlich aus zwei Gliedern besteht – man könnte viel weiter gehen, aber das würde heute zu weit führen –: aus dem Haupt, das gewissermaßen dem übrigen Körperskelett nur aufgesetzt ist, und eben dem übrigen Körperskelett. Wer nun einen Sinn hat für Umwandlung von Formen, wer sehen kann, wie Formen so ineinander übergehen, wie Goethe meint, daß das grüne Laubblatt in ein farbiges Blumenblatt übergeht, der wird, wenn er diese Betrachtungsweise weiter ausdehnt, gewahr werden können, daß das menschliche Haupt ein Ganzes ist und der übrige Organismus auch ein Ganzes ist, und daß das eine die Metamorphose des anderen ist. In geheimnisvoller Weise ist der ganze übrige Mensch so, daß man sagen kann, wenn man ihn in entsprechender Weise anschaut: Er kann umgewandelt werden in ein menschliches Haupt. Und das menschliche Haupt ist etwas, was, ich möchte sagen, nur verrundlicht, weiter ausgebildet den ganzen menschlichen Organismus enthält. Aber das

Merkwürdige ist: Wenn man Anschauungsvermögen für diese Sache hat und wirklich imstande ist, in seinem Innern den menschlichen Organismus so umzugestalten, daß er im Ganzen ein Haupt wird, und das menschliche Haupt so umzugestalten vermag, daß es einem als Mensch selbst erscheint, so kommt doch in beiden Fällen etwas ganz anderes heraus. In dem einen Falle, wenn man das Haupt zum Gesamtorganismus umgestaltet, kommt etwas heraus, was uns den Menschen wie verknöchert zeigt, wie eingeschnürt, wie eingeengt, wie überall, ich möchte sagen, bis zur Sklerose getrieben. Wenn man den übrigen menschlichen Organismus so auf sich wirken läßt, daß er einem zum Haupte wird, kommt etwas dabei heraus, was einem gewöhnlichen Menschen sehr wenig ähnlich sieht, was nur in seinen Hauptformen an den Menschen noch erinnert. Es kommt etwas heraus, was nicht gewisse Wachstumsansätze zu Schulterblättern verknöchert hat, sondern was zu Flügeln werden will, was sogar überwachsen will die Schultern und von den Flügeln herüber sich über das Haupt entwickeln will, was dann wie ein Hauptansatz erscheint, der das Haupt ergreifen will, so daß, was in der gewöhnlichen menschlichen Gestalt als Ohr dasteht, sich erweitert und mit den Flügeln sich verbindet. Kurz, man bekommt etwas heraus, was eine Art von Geistgestalt ist. Diese Geistgestalt ruht verzaubert in der menschlichen Gestalt. Es ist dasjenige, was – wenn man zu erweiterter Anschauung das ausbildet, worauf Goethe ahnend in seiner Metamorphosenlehre gekommen ist – durchaus in Geheimnisse der menschlichen Natur hineinleuchtet. So daß man an diesem Beispiel sehen kann: Die Natur ist so, daß sie eigentlich in jedem

Stück anstrebt, nicht bloß in Abstraktheit, sondern in anschaulicher Konkretheit, etwas ganz, ganz anderes zu werden, als dasjenige ist, als welches sie sich einem sinnlich darstellt. Nirgends hat man, wenn man durchgreifend empfindet, das Gefühl, daß irgendeine Form, daß überhaupt irgend etwas in der Natur nicht außer dem, was es ist, noch Möglichkeit hätte, etwas ganz anderes zu sein. Insbesondere an einem solchen Beispiel drückt sich das so bedeutsam aus, daß in der Natur immer ein Leben durch ein höheres Leben überwunden, geradezu getötet wird.

Wir tragen dasjenige, was man so als einen Doppelmenschen, als einen Zwiespalt im menschlichen Wachstum empfindet, nur dadurch nicht zur Schau, daß ein Höheres, ein Übersinnliches, diese zwei Seiten des menschlichen Wesens so miteinander vereinigt und miteinander in Ausgleich bringt, daß die gewöhnliche menschliche Gestalt vor uns steht. Das ist es, weshalb – jetzt nicht in äußerer, räumlicher, sondern in innerer, intensiver Weise – die Natur uns so zauberhaft, so geheimnisvoll anmutet, weil sie eigentlich in jedem ihrer Stücke immer mehr, unendlich viel mehr will, als sie bieten kann, weil sie dasjenige, was sie gliedert, was sie organisiert, so zusammensetzt, daß ein höheres Leben untergeordnete Leben verschlingt und sie nur bis zu einem gewissen Grade zur Ausbildung kommen läßt. Wer nur einmal seine Empfindung in diese Richtung lenkt, die hiermit angegeben ist, der wird überall finden, daß dieses offenbare Geheimnis, dieser durch die ganze Natur gehende Zauber dasjenige ist, was wie das Streben nach dem Visionären von innen, so von außen wirkend, den Menschen anregt, über die Natur hinaus zu gehen, irgendwo einzusetzen, ein Besonderes einem Ganzen zu entnehmen, und von da ausstrahlen zu lassen dasjenige, was die Natur in einem Stück will, was zu einem Ganzen werden kann, was aber in der Natur selber nicht ein Ganzes ist.

Vielleicht darf ich hier das Folgende erwähnen: Es ist bei dem Bau der Anthroposophischen Gesellschaft in Dornach bei Basel versucht worden, gerade das, was ich jetzt angedeutet habe, plastisch zu verwirklichen. Es ist der Versuch gemacht worden, eine Holzgruppe zu schaffen, welche einen, ich möchte sagen, typischen Menschen darstellt, aber diesen typischen Menschen so darstellt, daß das, was sonst nur veranlagt ist, aber niedergehalten wird durch ein höheres Leben, so dargestellt ist, daß die gesamte Form zunächst zur Gebärde wird, und die Gebärde dann wiederum zur Ruhe gebracht wird. Es ist dann plastisch hier angestrebt worden, das, was in der gewöhnlichen menschlichen Gestalt niedergehalten wird – nicht die Gebärde, die man aus der Seele heraus macht, sondern jene, die nur in der Seele ertötet ist, die niedergehalten ist durch das Leben der Seele – diese Gebärde wachzurufen, dann wieder zur Ruhe zu bringen. Es ist also angestrebt worden, die ruhige Fläche des menschlichen Organismus erst gebärdenhaft in Bewegung zu bringen und sie dann wiederum neuerdings zur Ruhe zu bringen. Dadurch kam man ganz naturgemäß zu der Empfindung, dasjenige, was wiederum in jedem Menschen veranlagt ist, aber selbstverständlich durch das höhere Leben zurückgehalten wird, die Asymmetrie, die bei jedem Menschen vorhanden ist – kein Mensch ist links so ausgebildet wie rechts –, stärker hervortreten zu lassen. Nun aber, hat man sie stärker hervortreten lassen, hat man gewissermaßen dasjenige aufgelöst, was in einem höheren Leben zusammengehalten ist, dann muß man es mit Humor auf einer anderen, einer höheren Stufe wiederum verbinden, dann ist es nötig, das, was einem naturalistisch von außen entgegentritt, wiederum zu versöhnen. Es wird notwendig, künstlerisch zu versöhnen dieses Verbrechen gegen den Naturalismus, die Asymmetrie hervorgehoben zu haben, auch sonst mancherlei in die Gebärde übergehen gelassen, und dann wiederum zur Ruhe gebracht zu haben. Dieses innerliche Verbrechen hatten wir wiederum zu sühnen, indem wir auf der anderen Seite die Überwindung zu zeigen hatten, die dann entsteht, wenn das menschliche Haupt durch Metamorphose übergeht in eine finstere, beklemmende Gestalt, welche nun aber wieder überwunden wird durch den Menschheitsrepräsentanten: sie ist zu seinen Füßen, ist so, daß sie empfunden werden kann als ein Glied, als ein Teil dessen, was den Menschen repräsentiert. Die andere Gestalt, die wir dazu schaffen mußten, stellt dasjenige dar, was das Empfinden fordert, wenn, außer dem Haupte, die übrige menschliche Gestalt so mächtig wird, wie sie es im Leben schon ist, aber durch höheres Leben zurückgehalten wird, wenn überwuchert dasjenige, was sonst verkümmert zurückgeblieben ist: was in den Schulterblättern zum Beispiel sich ansetzt, was im Menschen unbewußt schon in der Gestaltung steckt und ein gewisses luziferisches Element in ihm ist, ein Element, das aus der menschlichen Wesenheit heraus will. Wenn alles das, was in der menschlichen Gestalt angelegt ist als hervorsprossend aus den Trieben und Begierden, zur Gestalt wird, während es sonst durch ein höheres

Leben – durch das Verstandesleben, durch das Vernunftleben – überwuchert wird, welches Vernunftleben sonst sich im menschlichen Haupt ausgestaltet, verwirklicht, so hat man die Möglichkeit, die Natur zu entzaubern, der Natur ihr offenbares Geheimnis zu entreißen, indem man das, was die Natur in Teile ertötet, um ein Ganzes daraus zu machen, selbst wieder in Teilen hinstellt, so daß der Beschauer notwendig hat, dasjenige in seinem Gemüt zu vollbringen, was sonst die Natur vor ihm vollbracht hat. Die Natur hat das alles getan. Sie hat wirklich den Menschen so zusammengestimmt, daß er aus den verschiedenen einzelnen Gliedern zu einem harmonischen Ganzen zusammengesetzt ist. Indem man das, was in der Natur verzaubert ist, wiederum auflöst, löst man die Natur auf in ihre übersinnlichen Kräfte. Man kommt gar nicht in den Fall, in strohern-allegorischer oder verstandesmäßig-unkünstlerischer Weise irgend etwas als Idee, als ein Erdachtes, als ein bloß Übersinnlich-Geistiges hinter den Dingen der Natur zu suchen, sondern man kommt dazu, einfach die Natur zu fragen: Wie würdest du in deinen einzelnen Teilen wachsen, wenn dein Wachstum nicht durch ein höheres Leben unterbrochen würde? – Man kommt dazu, ein Übersinnliches, das schon im Sinnlichen drinnen ist, das verzaubert ist, aus dem Sinnlichen zu erlösen, während es sonst im Sinnlichen verzaubert ist. Man kommt dazu, eigentlich übernatürlich-naturalistisch zu sein.

Ich glaube, daß in all den verschiedenen Tendenzen und Bestrebungen, die man begonnen hat, aber bei denen man sehr im Anfang stecken geblieben ist und die sich die Bezeichnung «Impressionismus» zulegen, die Sehnsucht unserer Zeit empfunden werden kann, die so gearteten Geheimnisse der Natur, das so geartete Sinnlich-Übersinnliche wirklich aufzufinden und es zu gestalten. Denn man hat die Empfindung, daß dasjenige, was sich im Künstlerischen beziehungsweise im künstlerischen Schaffen und Genießen eigentlich vollzieht, heute weiter heraufgehoben sein müsse im Bewußtsein, als es in früheren Kunstepochen heraufgehoben war. Was da sich vollzieht, nämlich daß eine unterdrückte Vision befriedigt wird, oder daß der Natur etwas entgegengestellt wird, was ihren Prozeß nachschafft: man hat es immer angestrebt. Denn dies sind eigentlich die beiden Ursprünge aller Kunst.

Aber gehen wir zurück zu Raffaels Zeiten. Raffaels Zeiten haben diese Dinge selbstverständlich ganz anders angestrebt, als in unserer Zeit so etwas von Cézanne, von Hodler angestrebt wird. Aber mehr oder weniger unbewußt angestrebt wurde das immer, was in der Kunst durch diese zwei Strömungen bezeichnet wird. Nur hat man in früheren Zeiten gerade es als recht elementar ursprünglich empfunden, wenn der Künstler selbst nicht gewußt hat, daß in seiner Seele ein geistig Unbewußtes an die Natur herangeht und das, was in ihr verzaubert ist, entzaubert, wenn er es im Sinnlich-Übersinnlichen sucht. Steht man daher vor einem Bildwerke von Raffael, so hat man immer das Gefühl, wenn man überhaupt darangehen will, sich zu interpretieren, was sonst im Unterbewußten drunten dunkel bleibt, was man nicht auszusprechen braucht: man mache mit dem Kunstwerke etwas ab, und damit mittelbar auch mit Raffael. Aber von dem, was man da abmacht, kann man das Gefühl haben – wie gesagt, es braucht nicht ausgesprochen zu werden, auch nicht von der eigenen Seele –, man wäre schon einmal in einem früheren Erdenleben mit Raffael zusammen gewesen und hätte allerlei von ihm erfahren, was tief in die Seele hineingegangen wäre. Und was man vor Jahrhunderten mit Raffaels Seele abgemacht hat, das ist recht unterbewußt geworden; dann, wenn man vor Raffaels Werken steht, lebt es wieder auf. – Etwas zwischen der eigenen Seele und Raffaels Seele längst Abgemachtem glaubt man gegenüber zu stehen.

Dem neueren Künstler gegenüber hat man dieses Gefühl nicht. Der neuere Künstler führt einen im Geistigen gewissermaßen in seine Stube, und dasjenige, was abgemacht wird, liegt dem menschlichen Bewußtsein nahe: Man macht es mit ihm in der unmittelbaren Gegenwart ab. Weil diese Sehnsucht, dieses Zeitbedürfnis nun heraufgekommen ist, deshalb ist es so, daß in unserer Zeit auch der Prozeß der aufsteigenden Vorstellung, die eigentlich eine unterdrückte Vision ist, sich in der Kunst befriedigen lassen will. Und, wenn auch heute noch etwas elementar, tritt auf der andern Seite einem wirklich die Auflösung desjenigen entgegen, was sonst in der Natur vereinigt ist, ja die Auflösung, und dann wiederum eine Zusammenfügung, die Nachbildung des natürlichen Prozesses.

Welche unendliche Bedeutung gewinnt alles dasjenige, was die Maler der neueren Zeit versucht haben, um die verschiedenen Farben, um das Licht in seinen verschiedenen Tönungen wirklich zu studieren, um darauf zu kommen, daß im Grunde jeder Lichteffekt, jeder Farbenton mehr sein will, als er sein kann, wenn er hineingezwungen ist in ein Ganzes, wo er ertötet wird durch ein höheres Leben. Was ist nicht alles versucht worden, um von dieser Empfindung ausgehend das Licht in seinem Leben zu erwecken, das Licht so zu behandeln, daß in ihm entzaubert wird, was sonst verzaubert bleibt, wenn das Licht der Entstehung der gewöhnlichen Naturvorgänge und Naturereignisse dienen muß. Man ist mit diesen Dingen vielfach im Anfang. Man wird aber von den Anfängen, die, einer berechtigten Sehnsucht entsprechend, heute davon ausgehen, wahrscheinlich erleben können, daß rein künstlerisch etwas zum Geheimnis wird, und dann zum gelösten Geheimnis. Das klingt, wenn man es ausspricht, etwas banal, aber viele Dinge bergen Geheimnisse, die banal klingen: Man muß nur an das Geheimnis, namentlich an die Empfindung des Geheimnisses so recht herankommen. Was ich meine, ist die Beantwortung der Frage: Warum eigentlich kann man das Feuer nicht malen und die Luft nicht zeichnen? – Es ist ganz klar, daß man das Feuer in Wirklichkeit nicht malen kann; man müßte einen unmalerischen Sinn haben, wenn man das glitzernde, glimmende Leben, das man nur durch Licht festhalten kann, malen wollte. Niemandem sollte es einfallen, den Blitz malen zu wollen, und noch weniger kann jemandem einfallen, die Luft zeichnen zu wollen.

Aber auf der andern Seite muß man sich gestehen, daß alles, was im Licht enthalten ist, etwas in sich birgt, was danach strebt, so zu werden wie das Feuer, unmittelbar so zu werden, daß es etwas sagt, daß es einen Eindruck macht, der hervorquillt aus dem Licht, auch aus jeder einzelnen Farbennuance, so wie die menschliche Sprache aus dem menschlichen Organismus hervorquillt. Jeder Lichteffekt will uns etwas sagen, und jeder Lichteffekt will dem andern Lichteffekt etwas sagen, der neben ihm ist. Es ruht in jedem

Lichteffekt ein Leben, das durch größere Zusammenhänge überwunden, ertötet wird. Lenkt man dann einmal die Empfindung in diese Richtung, so entdeckt man auf diese Weise das Empfinden der Farbe, das, was die Farbe spricht, wonach angefangen worden ist zu suchen in der Zeit der neuen Freilichtmalerei. Entdeckt man dieses Geheimnis der Farbe, dann erweitert sich dieses Empfinden, und man findet, daß im Grunde genommen das so recht gilt, was ich eben jetzt gesagt habe. Nicht für alle Farben, – die Farben sprechen in der verschiedensten Weise. Während die hellen Farben, die roten, die gelben, tatsächlich einen attackieren, einem viel sagen, sind die blauen Farben etwas, was dem Bilde den Übergang zur Form gibt. Durch das Blau kommt man schon in die Form hinein, und zwar hauptsächlich in die formenschaffende Seele hinein. Man war auf dem Wege, solche Entdekkungen zu machen, man ist oftmals auf halbem Wege stehen geblieben. Manches Bild von Signac erscheint uns deshalb so wenig befriedigend, obwohl es in anderer Beziehung recht befriedigend sein kann, weil da immer das Blau in ganz derselben Weise behandelt ist, wie, sagen wir, das Gelb oder Rot, ohne daß ein Bewußtsein vorhanden ist, daß der blaue Farbfleck, neben den gelben gesetzt, eine ganz andere Wertigkeit darstellt, als der rote neben dem gelben. Das scheint etwas Triviales zu sein für jeden, der Farben empfinden kann. Aber in tieferem Sinne ist man doch erst auf dem Wege zur Entdeckung solcher Geheimnisse. Das Blau, das Violett sind Farben, welche durchaus das Bild von dem Ausdrucksvollen in das innerlich Perspektivische überführen. Und es ist durchaus denkbar, daß man bloß durch den Gebrauch des Blau in einem Bilde neben den andern Farben, eine wunderbar intensive Perspektive herausbringt, ohne irgendwie zu zeichnen. Auf diese Weise kommt man dann weiter. Man kommt dazu, zu erkennen, daß die Zeichnung wirklich das sein kann, was man nennen möchte: das Werk der Farbe. Wenn es einem gelingt, die Farbengebung in Bewegung umzuführen, so daß man zunächst die Zeichnung ganz geheimnisvoll in der Führung der Farbe drinnen hat, wird man bemerken, daß man dies insbesondere bei dem Blau kann, daß man dies weniger kann bei Gelb oder bei Rot, weil es diesen nicht angemessen ist, so geführt zu werden, daß es innerlich Bewegung enthält, daß es von einem Punkte zum andern sich hinbewegt. Will man eine Gestalt haben, die innerlich sich bewegt, zum Beispiel fliegt, und die wegen der innerlichen Beweglichkeit innerlich bald klein, bald groß wird, also in sich bewegt ist, dann wird man, ohne daß man irgendwie von Vernunftprinzipien oder von irgendeiner gelehrten Ästhetik ausgeht, die niemals berechtigt ist, sondern gerade dann, wenn man vom elementarsten Empfinden ausgeht, sich unbedingt genötigt finden, blaue Nuancierungen zu benützen und diese in Bewegung überzuführen. Man wird bemerken, daß erst dann im Grunde genommen eine Linie entstehen, erst dann die Zeichnung auftreten, Figurales entstehen kann, wenn man das fortsetzt, was man damit begonnen hat, daß man das blau Tingierte in Bewegung hat übergehen lassen. Denn jedesmal, wenn man übergeht von dem Malerischen, von dem Koloristischen in das Figurale, in die Form, wird man das, was sinnlich ist, in den Grundton des Übersinnlichen überführen. Man wird beim Übergang von hellen Farben, durch das

Blau und von da irgendwie innerlich zur Zeichnung, in den hellen Farben den Übergang zu einem Sinnlich-Übersinnlichen haben, das, möchte ich sagen, in einem geringen Ton das Übersinnliche enthält, weil die Farbe immer etwas sagen will, weil die Farbe immer eine Seele hat, die übersinnlich ist. Und man wird finden, daß je mehr man in die Zeichnung hineinkommt, man desto mehr in das Abstrakt-Übersinnliche hineinkommt, das aber, weil es im Sinnlichen auftritt, sich selbst sinnlich gestalten muß.

Ich kann heute diese Dinge nur andeuten. Es ist aber klar, daß auf diese Weise einzusehen ist, wie auf einem einzelnen Gebiet die Farbe, die Zeichnung so verwendet werden kann von dem künstlerischen Schaffen, daß in der Verwendung dasjenige schon drinnen ist, wovon ich mir zu sagen erlaubte: die Natur hält es verzaubert, und wir entzaubern das in dem Sinnlichen verborgene, durch ein höheres Leben ertötete Übersinnliche.

Sieht man auf die Plastik, so wird man finden: Es gibt in der Plastik für Flächen, sowohl wie für Linien, immer zwei Deutungen. Ich will aber nur von einer Deutung sprechen. Zunächst verträgt es ein gesundes Empfinden nicht, daß die plastische Fläche dasjenige bleibe, was sie zum Beispiel in der natürlichen Menschengestalt ist, denn da ist sie durch die menschliche Seele, durch das menschliche Leben, also durch ein Höheres abgetötet. Wir müssen das eigene Leben der Fläche suchen, wenn wir zuerst geistig das Leben oder die Seele herausgeholt haben, die in der menschlichen Gestalt ist, wir müssen die Seele der Form selber suchen. Und wir merken, wie wir diese finden, wenn wir die Fläche nicht einmal gebogen sein lassen, sondern die einmalige Biegung noch einmal biegen, so daß wir eine doppelte Biegung haben. Wir merken, wie wir da die Form zum Sprechen bringen können, und wir merken, daß tief in unserem Unterbewußten, gegenüber dem, was ich jetzt mehr wie einen analysierenden Sinn auseinandergesetzt habe, ein synthetischer Sinn vorhanden ist. Es zerfällt ja die sinnliche Natur in lauter Sinnlich-Übersinnliches, das auf höheren Lebensstufen nur überwunden wird. Man hat innerhalb der angedeuteten Seelengrenzen einen elementaren Drang, die Natur in dieser Weise zu entzaubern, um zu sehen, wie Sinnlich-Übersinnliches in ihr so mannigfaltig steckt, wie Kristalle in einer Druse, und wie dadurch, daß sie in einer Druse stecken, ihre Flächen abgeschnitten werden. Aber der Mensch hat auch wiederum in sich, oftmals sehr stark gerade dann, wenn dieses Spalten, dieses Analysieren, dieses Auflösen der Natur in Sinnlich-Übersinnliches in seinem Unterbewußten intensiv vorhanden ist, jene Fähigkeit, die ich Synästhesie, einen synästhetischen Sinn nennen möchte.

Das Eigentümliche ist, daß derjenige, der den Menschen richtig zu beobachten vermag, die Entdekkung machen kann, daß eigentlich ein Sinn immer nur von uns benutzt wird in sehr einseitiger Weise. Indem wir mit dem Auge Farben, Formen sehen, Lichteffekte sehen, bilden wir das Auge in einseitiger Weise aus. Es ist immer im Auge etwas wie ein geheimnisvoller Tastsinn vorhanden; immer fühlt das Auge auch, indem es schaut. Das ist aber im gewöhnlichen Leben unterdrückt. Dadurch aber, daß das Auge sich einseitig ausbildet, hat man, wenn man so etwas empfinden kann, immer den Drang, dasjenige zu erleben, was im

Auge vom Gefühlssinn, vom Selbstsinn, vom Bewegungssinn, der sich entwickelt, wenn wir durch den Raum gehen und fühlen, wie sich unsere Glieder bewegen, unterdrückt wird. Was von den andern Sinnen so im Auge unterdrückt ist, das fühlt man angeregt, obwohl es stille stehen bleibt, im anderen Menschen, wenn man schaut. Und was so angeregt wird in dem Gesehenen, was aber durch die Einseitigkeit des Auges unterdrückt wird, das gestaltet der Plastiker wieder um.

Der Plastiker gestaltet eigentlich Formen, die das Auge schon sieht, aber die es so schwach sieht, daß dieses schwache Sehen ganz im Unterbewußten bleibt. Es ist ein unmittelbares Überführen des Tastsinns in Gesichtssinn, dem der Plastiker dient. Daher muß der Plastiker, oder er wird es versuchen, die ruhige Form, die sonst allein Gegenstand des einseitigen Auges ist, in Gebärde aufzulösen, die immer dazu anregt, wiederum in einer Gebärde imitiert zu werden, und diese Gebärde, die man nun entzaubert hat, wiederum zur Ruhe zu bringen. Denn im Grunde genommen ist das, was in der einen Richtung erregt wird und in der andern Richtung wieder zur Ruhe gebracht wird, was als seelischer Prozeß in uns tätig ist, wenn wir künstlerisch schaffen oder genießen, auf der einen Seite immer so, wie der Mensch im gewöhnlichen Leben einatmet und ausatmet. Dieser Prozeß, heraufgeholt aus der menschlichen Seele, macht zuweilen einen grotesken Eindruck, obwohl er auf der anderen Seite das Gefühl von den intensiven Unendlichkeiten hervorruft, die in der Natur verzaubert sind. Die Kunstentwickelung – und das zeigen gerade gewisse Anfänge, die wir seit Jahrzehnten und insbesondere in der

Gegenwart haben – bewegt sich durchaus in der Richtung, hinter solche Geheimnisse zu kommen und mehr oder weniger unbewußt diese Dinge wirklich zu gestalten. Man braucht über diese Dinge nicht viel zu reden, sie werden durch die Kunst immer mehr und mehr gestaltet werden.

Man wird zum Beispiel folgendes einmal empfinden – ja man kann bei gewissen Künstlern sagen, daß sie mehr oder weniger bewußt oder unbewußt so etwas empfunden haben; man versteht zum Beispiel den jüngst verstorbenen Gustav Klimt ganz besonders gut, wenn man solche Voraussetzungen in seiner Empfindung, in seiner Vernunft gelten läßt. Man wird einmal folgendes empfinden: Nehmen wir einmal an, man bekäme den Drang, eine hübsche Frau zu malen. Es muß sich dann in der Seele etwas wie ein Bild dieser hübschen Frau ausgestalten. Derjenige aber, der eine feine Empfindung hat, kann empfinden, daß in dem Augenblick, wo er etwas aus einer hübschen Frau gemacht hat, er diese hübsche Frau in demselben Augenblick innerlich, geistig-übersinnlich, aus dem Leben zum Tode befördert hat. In dem gleichen Augenblick, wo wir uns entschließen, eine hübsche Frau zu malen, haben wir sie geistig ertötet, wir haben ihr etwas genommen – sonst würden wir im Leben der Frau entgegentreten können, würden nicht ausgestalten, was im Bilde künstlerisch ausgestaltet werden kann –, wir müssen die Frau künstlerisch erst totgemacht haben, und dann müssen wir in der Lage sein, soviel Humor aufzubringen, um sie innerlich wieder zu beleben. Das kann in der Tat der Naturalist nicht. Die naturalistische Kunst krankt daran, daß ihr der Humor fehlt.

Sie liefert uns daher viele Kadaver, liefert uns das, was in der Natur alles höhere Leben ertötet, aber es fehlt ihr der Humor, das, was sie im ersten Prozeß ertöten muß, wieder zu beleben. Gar eine anmutige Frau – ihr gegenüber kommt man sich vor, nicht bloß als ob man sie geheimnisvoll ertötet hätte, sondern als ob man sie zuerst mißhandelt hätte und dann erst getötet haben würde. Das ist immer ein Prozeß, der sich in der einen Richtung hin bewegt, dieser Prozeß des Ertötens, der damit zusammenhängt, daß man nachschaffen muß das, was in einem höheren Leben ein in der Natur ins Dasein Wollendes überwindet. Es ist immer ein Ertöten und ein durch Humor Wiederbeleben, das sich in der Seele vollziehen muß sowohl des künstlerisch Schaffenden, wie des künstlerisch Genießenden. Derjenige, der daher einen flotten Bauernburschen auf der Alm malen will, hat nicht nötig, das, was er sieht, wiederzugeben, sondern er hat sich vor allem klar zu sein, daß er in dem, was er gefaßt hat als künstlerische Konzeption, den flotten Bauernburschen auf der Alm ertötet, oder wenigstens erstarren gemacht hat, und daß er dieses starre Gebilde dadurch wieder zum Leben erwecken muß, daß er ihm eine Gebärde gibt, die nun das, was im einzelnen ertötet ist, wiederum zusammenbringt mit dem übrigen Naturzusammenhang und ihm dadurch ein neues Leben gibt. Solche Dinge hat Hodler versucht. Sie sind durchaus heute den Sehnsuchten der Künstler entsprechend.

Man kann sagen, die beiden Quellen der Kunst entsprechen tiefsten Bedürfnissen, unterbewußten Bedürfnissen der menschlichen Seele. Befriedigung zu schaffen für das, was eigentlich Vision werden will, aber in der gesunden Menschennatur nicht Vision werden darf, das wird immer mehr oder weniger zur expressionistischen Kunstform werden, wenn man auch auf das Schlagwort nicht viel zu geben braucht. Und dasjenige, was geschaffen werden soll, um wiederum das zusammenzufassen, was man in seine sinnlich-übersinnlichen Bestandteile in irgendwelcher Form aufgelöst hat, oder aus dem man das unmittelbar sinnliche Leben ertötet hat, um selbst ihm einzuhauchen übersinnliches Leben, wird zur impressionistischen Kunstform führen. Diese beiden Bedürfnisse der menschlichen Seele sind immer die Quelle der Kunst gewesen, nur daß durch die allgemeine Menschheitsentwickelung in der unmittelbaren Vergangenheit, ich möchte sagen, das erste expressionistisch, das zweite impressionistisch verfolgt wird. Es wird sich wahrscheinlich, der Zukunft zueilend, in ganz besonderem Maße ausgestalten. Man wird für die Zukunft künstlerisch dann empfinden, wenn man immer mehr und mehr nicht das Verstandesbewußtsein, aber das Empfinden erweitert, namentlich intensiv nach diesen zwei Richtungen hin erweitert. Diese zwei Richtungen – das muß gegenüber gewissen Mißverständnissen immer wieder betont werden – entsprechen durchaus nicht irgend etwas Krankhaftem. Das Krankhafte würde gerade dann über die Menschheit kommen, wenn der innerhalb gewisser Grenzen elementarisch naturgesunde Zug nach dem Visionären nicht befriedigt würde durch Kunstexpressionen, oder wenn das, was ja doch unser Unterbewußtes fortwährend tut, dieses die Natur in ihr Sinnlich-Übersinnliches zerlegen, wenn das nicht immer wieder und wiederum durch den wahrhaft künstlerischen Humor mit einem höheren

Leben durchsetzt würde, damit wir in die Lage kommen, das, was die Natur schöpferisch vollbringt, ihr nachzuschaffen in dem Kunstwerk.

Ich glaube durchaus, daß der künstlerische Prozeß in vieler Beziehung etwas tief, tief im Unterbewußten Liegendes ist, daß aber doch unter gewissen Umständen es bedeutungsvoll für das Leben sein kann, so starke, so intensive Vorstellungen vom künstlerischen Prozeß zu haben, daß diese starken, intensiven Vorstellungen etwas in der Seele bewirken, was schwache Vorstellungen niemals bewirken, nämlich wirklich in die Empfindung übergehen zu können. Wenn diese beiden Quellen der Kunst empfindungsgemäß sich in der menschlichen Seele geltend machen, dann wird man allerdings sehen, wie gesund es empfunden war, als Goethe für einen gewissen Lebensaugenblick – solche Dinge sind ja immer einseitig – das reine, echt Künstlerische in der Musik empfand, indem er sagte: Die Musik stellt deshalb ein Höchstes in der Kunst dar – wie gesagt, es ist dies einseitig, denn jede Kunst kann zu dieser Höhe kommen, aber man charakterisiert ja immer einseitig, wenn man charakterisiert –, die Musik stellt deshalb ein Höchstes dar, weil sie ganz außerstande ist, irgend etwas aus der Natur nachzuahmen, sondern in ihrem eigenen Element Gehalt und Form ist. – So wird aber jede Kunst in ihrem ureigenen Element Gehalt und Form, wenn sie nicht durch Erdenken, nicht durch Ausklügeln, sondern durch Entdecken des Sinnlich-Übersinnlichen in der heute angedeuteten Weise der Natur ihre Geheimnisse entringt. Ich glaube, daß es allerdings oftmals in der Seele selbst ein recht geheimnisvoller Prozeß ist, wenn man aufmerksam wird auf dieses Sinnlich-

Übersinnliche in der Natur. Goethe selbst hat ja diesen Ausdruck «Sinnlich-Übersinnliches» geprägt. Und trotzdem er dieses Sinnlich-Übersinnliche ein offenbares Geheimnis nennt, so kann es nur gefunden werden, wenn die unterbewußten Seelenkräfte sich ganz in die Natur versenken können.

Das Visionäre entsteht in der Seele gewissermaßen dadurch, daß sich das Übersinnlich-Erlebte entladen will: Es steigt aus der Seele auf. Dasjenige, was äußerlich als das Geistige, äußerlich als das Übersinnliche erlebt werden kann, das erlebt derjenige, der geistig überhaupt erleben kann, nicht durch die Vision, die in der Geisteswissenschaft dann geläutert und gereinigt wird zur Imagination, sondern das erlebt derjenige, der geistig erleben kann, durch die Intuition. Durch die Vision setzt man das Innere bis zu einem gewissen Grade heraus, so daß das Innere ein Äußeres in uns selber wird, in der Intuition geht man aus sich selbst heraus: Man steigt hinunter in die Welt. Aber dieses Hinuntersteigen bleibt ein Unwirkliches, wenn man nicht in der Lage ist, das, was die Natur verzaubert hält, was sie immer durch ein höheres Leben überwinden will, zu entzaubern. Stellt man sich dann in dieses entzauberte Natürliche hinein, dann lebt man in Intuitionen. Diese Intuitionen, sofern sie in der Kunst sich geltend machen, hängen allerdings mit intimen Erlebnissen zusammen, die die Seele haben kann, wenn sie außer sich eins wird mit den Dingen. Deshalb durfte Goethe von seiner in hohem Grade eigentlich impressionistischen Kunst zu einem Freunde sagen: Ich will Ihnen etwas sagen, was Sie aufklären kann über das Verhältnis der Menschen zu dem, was ich geschaffen habe. Meine Sachen können nicht populär werden.

Nur diejenigen, die ein Ähnliches erlebt haben, die durch einen gleichen Fall durchgegangen sind, werden in Wirklichkeit immer erst meine Sachen verstehen. – Goethe hatte schon dieses Kunstempfinden. Insbesondere in dem noch wenig verstandenen zweiten Teil des «Faust» kommt es dichterisch ganz zum Vorschein. Goethe hatte schon dieses Kunstempfinden, das Sinnlich-Übersinnliche dadurch aufzusuchen, daß der Teil der Natur erkannt wird als das, was über sich hinaus ein Ganzes werden will, was in Metamorphose wieder ein anderes ist, und mit dem anderen dann in ein Naturprodukt zusammengefaßt, aber durch ein höheres Leben ertötet wird. Wir geraten, wenn wir in solcher Weise in die Natur eindringen, in viel höherem Sinne in eine wahre Wirklichkeit hinein, als das gewöhnliche Bewußtsein glaubt. In was man da hineingerät, liefert aber den größten Beweis dafür, daß die Kunst nicht nötig hat, bloß Sinnliches nachzubilden oder Übersinnliches, bloß Geistiges zum Ausdruck zu bringen, wodurch sie nach zwei Seiten hin abirren würde, sondern daß die Kunst gestalten kann, ausdrücken kann, was sinnlich im Übersinnlichen, übersinnlich im Sinnlichen ist. Man ist vielleicht gerade dadurch im wahrsten Sinne des Wortes Naturalist, daß man das Sinnlich-Übersinnliche erkennt, und gerade deshalb dem Sinnlich-Übersinnlichen gegenüber Naturalist wird, weil man es nur fassen kann, wenn man zugleich Supernaturalist ist. Und so werden sich, wie ich glaube, echte künstlerische Erlebnisse wirklich in der Seele so ausgestalten können, daß sie auch das künstlerische Verständnis, das künstlerische Genießen anregen, daß man gewissermaßen künstlerisch in der Kunst zu leben an sich selber in einer gewissen Weise sogar entwickeln kann. Jedenfalls aber wird gerade eine so intensive tiefere Betrachtung des Sinnlich-Übersinnlichen und seiner Verwirklichung durch die Kunst, verständlich machen das Goethesche, tief empfundene, aus tiefem Weltverständnis hervorgegangene Wort, von dem ich ausgegangen bin und mit dem ich auch wieder abschließen will, das Wort, das in umfassender Weise unser Verhältnis als Mensch zur Kunst gerade dann bringen will, wenn wir die Kunst recht tief in ihrem Verhältnis zur wahren, auch zur übersinnlichen Wirklichkeit zu fassen in der Lage sind. Und die Menschheit wird – weil sie niemals ohne Übersinnliches sein kann, weil das Sinnliche selbst ihr ersterben würde, wenn sie nicht im Übersinnlichen leben würde – durch ihre eigenen Bedürfnisse immer mehr und mehr verwirklichen, was Goethe gesagt hat:

«Wem die Natur ihr offenbares Geheimnis zu enthüllen anfängt, der empfindet eine unwiderstehliche Sehnsucht nach ihrer würdigsten Auslegerin, der Kunst.»

DAS SINNLICH-ÜBERSINNLICHE IN SEINER VERWIRKLICHUNG DURCH DIE KUNST

Zweiter Vortrag
München, 17. Februar 1918

Es gibt einen sehr geistreichen Mann, der über alles menschliche Philosophieren einen merkwürdigen Ausspruch getan hat. Er sagte in einer Schrift, die vor kurzem erschienen ist und die sich ausführlich über das Unmögliche und Unnützliche alles menschlichen Philosophierens ausläßt: Der Mensch hat nicht mehr Philosophie als ein Tier und unterscheidet sich nur dadurch von dem Tier, daß er rasende Versuche macht, zu einer Philosophie zu kommen und zuletzt sich gestehen muß, daß er zu resignieren hat, in Nichtwissen münden muß. – Es ist vieles in diesem Buche, das sonst sehr lesenswert ist, das im Grunde genommen alles zusammenträgt, was gegen die Philosophie gesagt werden kann. Der Betreffende ist aus diesem Grunde Professor der Philosophie an einer Universität geworden. Ich will einen Ausspruch dieses Mannes zitieren, welcher sich über die menschliche Naturbetrachtung ergeht. Der Ausspruch ist ziemlich radikal. Der betreffende Herr sagt nämlich, daß die Natur geheimnisvoll nach allen Seiten ist, und daß der Mensch, wenn er wirklich das Geheimnisvolle der Natur nach allen Seiten empfindet, nicht anders könne als die unendliche Kleinheit seines eigenen Wesens sich so recht zu Gemüt zu führen. Die Natur dehnt sich in ihrer Ewigkeit unermeßlich aus, und wir sollten eigentlich fühlen, daß wir mit unseren Vorstellungen und Ideen über die Natur dastehen, Maulaffen feilhaltend! – Ich zitiere, und man kann sagen, daß der Ausspruch nicht so ganz unzutreffend ist, daß wir in der Tat, wenn wir die Natur betrachten, als Menschen so recht empfinden, wie wenig eigentlich das, was wir in unseren Gedanken fassen können, selbst wenn wir geistvollste Naturwissenschaft treiben, den großen, unermeßlichen Geheimnissen der Natur entspricht. Und wenn man nicht empfinden würde, daß der Gedanke – zu dem es die Natur nicht selbst bringt, sondern der sich nur im menschlichen Gemüt erzeugen kann – der Natur gegenübersteht, wenn man nicht wüßte, daß dieser Gedanke einem menschlichen Bedürfnis entspricht, wenn man nicht fühlen würde, daß in dem Waltenlassen des Gedankens über die Natur etwas von unserer ganzen Menschenbestimmung und menschheitlichen Entwickelung liegt, das wir brauchen, wie das Samenkorn die Pflanze braucht, so würden wir eigentlich bei reiflicher innerer Selbsterkenntnis nicht wissen, wozu wir über die Natur nachdenken. Wir denken unseretwillen über die Natur nach und wissen, daß wir mit dem Gedanken dann, wenn wir der Natur gegenüberstehen, dieser Natur eigentlich recht fern sind. So fühlt man sich bei der Naturbetrachtung.

Fühlt man sich dem geistigen Leben, dem übersinnlichen Leben gegenüber, so muß man anders sagen. Es mag dieses übersinnliche Leben, wenn es sich in uns darstellt, noch so unbedeutend, kindhaft sein, man fühlt eine innere Notwendigkeit, das, was der Geist einem in der Seele enthüllt, auch auszusprechen. Und obzwar man die intensivste Verantwortlichkeit empfinden muß gegenüber allem, was man über den Geist äußert, was man aus dem Übersinnlichen heraus sprechen kann, was sich nur in der Seele zutage fördern kann, fühlt man, daß man dem folgen muß, daß man dies aussprechen muß aus einer inneren Notwendigkeit, ebenso wie man als Kind wächst oder wie man das Sprechen selber lernt. Dem Sinnlichen und dem Übersinnlichen gegenüber fühlt man sich also in einer sehr entgegengesetzten Lage.

Ein Drittes ist noch das, was man nennen kann: Nachdenken oder Sich-Aussprechen über die Kunst. – Wenn man sich aussprechen will über die Kunst, fühlt man weder jenes Danebenstehen, das man immer empfindet, wenn man über die Natur Gedanken hegt, noch fühlt man jene Notwendigkeit, die einen überfällt gegenüber den inneren Offenbarungen des Übersinnlichen, sondern man hat, wenn man versucht über die Kunst sich auszusprechen, vielmehr das Gefühl, daß man eigentlich sich fortwährend mit dem Gedanken, den man entwickelt, stört. Der Gedanke ist dem künstlerischen Genießen gegenüber eigentlich ein rechter Störenfried. Und man möchte über alles das, was sich auf Kunst bezieht, immer wieder und wiederum mit dem Denken, mit dem Reden innehalten und schweigend die Kunst genießen. Wenn man nun doch aus irgendeinem Grund über die Kunst reden will, dann möchte man dies nicht tun aus der Gesinnung eines Ästhetikprofessors heraus oder gar eines Kunstkritikers. Nicht wahr, nicht aus der eines Kunstkritikers, weil es überflüssig erscheint, daß, wenn man eine Reihe von Speisen gegessen hat, man vordoziert, warum die einem geschmeckt haben. Man möchte nur das sagen, was man selber an Erlebnissen an der Kunst haben kann, an Freuden, Erbauung und so weiter, so wie man das Bedürfnis fühlt, einmal darüber zu sprechen, was man erlebt hat mit einem lieben Freunde. Aus einer gewissen Herzensfülle heraus, nicht aus einem kritischen Sinn, möchte man über die Kunst sprechen, und man möchte auch nicht Anspruch machen darauf, mit dem, was man zu sagen hat, irgendwie Gesetzmäßiges oder Allgemeingültiges auszusprechen, sondern im Grunde nur eine Art subjektiven Bekenntnisses. Aber das scheint mir eine durchgehende Empfindung bei jeglichem Reden über die Kunst zu sein, daß einen eigentlich der Gedanke stört, und gerade dies scheint mir gleich darauf hinzuweisen, was es wesenhaft mit der Kunst für eine Bewandtnis hat.

Man kann, da wir als Menschen zunächst in der Sinneswelt leben, die Frage aufwerfen: In welchem Verhältnis steht die Kunst zum Sinnlichen? – Man könnte auch, da man als Mensch über die Sinneswelt nur erschöpfend empfinden kann, wenn man ein Verhältnis zum Übersinnlichen hat, fragen: Welches Verhältnis hat die Kunst zum Übersinnlichen? – Nun, man wird, wie mir scheint, bei einem elementarischen Fühlen, das sich gegenüber dem künstlerischen Schaffen entwickelt, sehr bald zu der Überzeugung kommen müssen, daß die Kunst weder in der Lage ist, das Sinnliche, so wie es uns unmittelbar umgibt, darzustellen, noch auch, daß sie in der Lage ist, den Gedanken zum Ausdruck zu bringen.

Dem Sinnlichen gegenüber wird derjenige, der ein Naturgefühl hat, eigentlich immer die Empfindung haben müssen, daß, wenn man es darstellen und eine Art Abbild davon schaffen will, man die Natur als solche doch nicht erreichen kann, daß die Natur doch immer schöner und vollkommener ist als irgendeine Abbildung. Dem Geistigen gegenüber – Weltanschauungsdichtungen oder dergleichen bezeugen das – wird man das Gefühl haben, daß, wenn man es darstellen will, man Strohernes und Überflüssiges schildert. Weltanschauungsdichtungen haben unter allen Umständen einen pedantisch-schulmäßigen Charakter; das Allegorisch-Symbolische wird jedes wahre künstlerische Empfinden doch eigentlich immer ablehnen.

Und so kann gerade die Frage nach dem Verhältnis der Kunst zum Sinnlichen und Übersinnlichen einem wie eine Lebensfrage der Kunst erscheinen. Deshalb fragt es sich: Gibt es außer dem Sinnlichen und Übersinnlichen noch irgend etwas, was mit den wesentlichen Aufgaben des künstlerischen Schaffens und Genießens etwas zu tun hat? – Diese Frage wird man sich wohl nur dann beantworten können, wenn man wirklich auf den seelischen Vorgang des künstlerischen Schaffens und Genießens eingeht: wie man ihn nicht durch gesetzmäßige Ästhetik beschreiben, sondern nur erleben kann. Wenn man der Welt im gewöhnlichen, nüchternen, zunächst unkünstlerischen Leben gegenübersteht, hat man es zu tun auf der einen Seite mit der sinnlichen Wahrnehmung und auf der anderen mit dem, was durch die sinnliche Wahrnehmung in unserer eigenen Seele erzeugt wird, mit dem Gedanken. Eine solche Wahrnehmung, wie sie uns die Natur bietet, etwa die Abbildung eines Menschen von der Kunst zu verlangen, scheint mir aus den angegebenen Gründen etwas ziemlich Unmögliches und daher Überflüssiges zu sein. Was die unmittelbare Wahrnehmung der Natur darbietet, durch die Kunst darstellen zu wollen, entspringt eigentlich immer gewissen Abirrungen der Kunst. Auf der anderen Seite erscheint es aber so – vielleicht ist das etwas merkwürdig, aber man erlebt es doch, ich habe es schon angedeutet gegenüber dem Reden von der Kunst –: Im wirklichen künstlerischen Schaffens- und Genießensprozeß hat man das Bestreben, den Gedanken womöglich auszuschalten, es in keiner Weise bis zum Gedanken kommen zu lassen. Das scheint mir darauf zu beruhen, daß in der menschlichen Seele fortwährend Vorgänge sich bilden, die entweder bis zu ihrem Ende gedeihen können oder die an irgendeiner Stelle abbrechen. Man kann diese Prozesse nur verfolgen, wenn man durch geistige Beobachtung des Seelenlebens wirklich hinuntersteigt in die Tiefen des Seelenlebens, die für das gewöhnliche Bewußtsein im Unterbewußten oder Unbewußten bleiben.

Wer das Seelenleben des Menschen beobachtet, wird finden – zunächst abgesehen von der Beobachtung der äußeren Welt –, daß dieses Seelenleben, insofern es sich im Nachsinnen, im inneren Empfinden frei entwickelt, immer eine Tendenz hat, die man nicht anders bezeichnen kann als so: Was da wogt und wallt im Seelenleben als Empfindung, als verhaltene Willensimpulse, als Gefühle und dergleichen, das will herauf, und es will – im Grunde genommen auch in dem gesunden Seelenleben – sich gestalten zu dem, was man eine Art Vision nennen kann. Man strebt eigentlich im Leben in den Tiefen seiner Seele immer darnach, das wogende, wallende Seelenleben zur Vision zu gestalten. Die Vision darf allerdings im gesunden Seelenleben nicht zum Vorschein kommen, sie muß ersetzt werden, sie muß im Entstehen aufgehalten werden, sonst tritt krankhaftes Seelenleben ein. In jeder Seele aber machen sich Bestrebungen geltend, sich zur Vision zu gestalten, und wir gehen im Grunde durch das Leben, indem wir fortwährend im Unterbewußten Visionen aufhalten, indem wir sie bis zum Gedanken verblassen lassen. Da hilft uns dann die Anschauung, das äußere Bild. Wenn wir unmittelbar der äußeren Welt gegenübertreten mit unserem brodelnden Seelenleben, und die äußere Welt mit ihren Eindrücken auf uns wirkt, so stumpft diese äußere Welt das, was zur Vision werden will, ab und es verblaßt die Vision zum gesunden Gedanken. Ich sagte: Wir gehen eigentlich durch die Welt, indem wir fortwährend nach Visionen streben, nur bringt man sich die entsprechenden Wahrnehmungen nicht immer in gehöriger Weise zum Bewußtsein. Aber wer versucht, sich darüber klar zu werden, was da zwischen den Zeilen des Lebens nur so leise anklingt in dem, was man täglich erfährt, wer das zu beobachten vermag, wird schon sehen, daß wirklich allerlei auftaucht. Ich muß sagen: Wenn ich zum Beispiel zufällig in das Speisezimmer eines Menschen trete, und da drinnen eine Gesellschaft essend fände, und die Teller und die Schüsseln rot bemalt wären, so würde ich unwillkürlich durch eine elementare Empfindung glauben: Da sitzt um die Tische herum eine Gesellschaft von Feinschmeckern, die sich so recht genießend versenken will in die Speisen und Speisenfolgen. Wenn ich dagegen sehen würde, daß da auf den Tischen blau bemalte Teller und Schüsseln stehen, so würde ich glauben, das seien keine Feinschmecker, sondern die essen, weil sie hungrig sind. Man könnte natürlich dieselbe Sache auch etwas anders empfinden; darauf kommt es nicht an. Worauf es ankommt, ist, daß man eigentlich immer versucht wird, durch das, was einem im Leben entgegentritt, eine ästhetische Empfindung auszulösen und diese in einer gewissen Weise zu einer verblassenden Vision zu bringen. Es ist natürlich durchaus möglich, daß man sich auf diesem Gebiete starken Illusionen hingibt. Das schadet nicht. Wenn es aber auch gar nicht wahr ist, daß einer Gesellschaft, die aus roten Schüsseln speist, gesagt werden muß, sie seien Feinschmecker: ästhetisch bleibt die Sache doch richtig. Ebenso könnte man sagen: Wenn mich jemand in einem roten Zimmer empfängt, und mich fortwährend selber sprechen läßt, ein urlangweiliger Herr ist, so sage ich: Der lügt mich an. – Denn in einem roten Zimmer erwarte ich einen Menschen, der mir etwas zu sagen hat, und ich empfinde es als eine Lebenslüge, wenn er mich immer selber reden läßt.

So sind wir eigentlich immer geneigt, indem wir durchs Leben gehen, das, was wir erleben, bis zu einer aufgehaltenen Vision heraufzubringen, die dann unter den äußeren Eindrücken des Lebens verblaßt. Das künstlerische Genießen und Schaffen geht immer um einen Schritt weiter. Das künstlerische Genießen und Schaffen kann nicht das, was da unten brodelt und siedet im Seelenleben, unterbewußt heraufkommen lassen bis zum bloßen Gedanken. Das wäre etwas, was uns eben mit Gedanken durchsetzen, aber nicht zu etwas Künstlerischem bringen würde. Wenn wir aber in der Lage sind, als Künstler – oder dadurch, daß uns der Künstler entgegenkommt – für irgend etwas, was herauf will in der Seele, ein Äußeres hinzustellen, ich will nur sagen, eine Farbenzusammenstellung, und wenn wir so empfinden, daß uns diese Farbenzusammenstellung etwas gibt, was wir brauchen, damit die entsprechende aufsteigende Vision, die aber nicht bis zur Vision werden darf, eine äußere Ergänzung hat, dann haben wir entschieden etwas Künstlerisches vor uns. Ich kann mir denken, daß jemand sich mit irgendwelchen künstlerischen Mitteln einfach darauf beschränken würde, Seelenstimmungen, Gefühle dadurch auszudrücken, daß er Farben zusammenstellt, die vielleicht gar nicht irgendeinem äußeren Gegenstand entsprechen – vielleicht, je weniger sie ihm entsprechen, desto besser –, aber die gewissermaßen das Gegenbild dessen sind, was in seinem Seelenleben zur Vision kommen will. Bei den etwas reichlichen Diskussionen in der neueren Zeit über allerlei Künstlerisches ist man auch mehr auf solche Erscheinungen aufmerksam geworden und spricht, wenn jemand etwas schafft, das gar nichts zu tun hat mit dem Äußeren, das lediglich die Aufgabe hat, die ich eben gekennzeichnet habe, von expressionistischer Kunst. Es wird heute noch verpönt, anzunehmen, daß was sich da als Sehnsucht im Menschen vorbereitet und nach einem Ziele hinstrebt, gerade einem Grundzug der Menschheit entspricht: zu einer Versinnlichung dessen zu kommen, was nur geistig sich in der Seele offenbaren kann. Würde man allerdings einen Gedanken, etwas das schon von dem Stadium der Vision zum blassen Gedanken gekommen ist, durch irgendwelche sinnliche Mittel ausdrücken wollen, so würde man unkünstlerisch sein. Vermeidet man den Gedanken und stellt man sich unmittelbar die sinnliche Gestaltung gegenüber, so hat man den Bezug hergestellt zwischen dem Menschen und dem, was da künstlerisch zustande gekommen ist, wobei der Gedanke ausgeschaltet ist. Und man darf sagen: Das ist gerade das Wesentliche, daß die Kunst weder

Sinnliches darstellt noch Übersinnliches, sondern Sinnlich-Übersinnliches, etwas, wo in dem Sinnlichen unmittelbar ein Widerspiel eines übersinnlichen Erlebens ist. Weder das Sinnliche noch das Übersinnliche, sondern allein das Sinnlich-Übersinnliche kann sich durch die Kunst verwirklichen.

Auf der anderen Seite kann man sich fragen: Wenn es nicht angeht, daß das, was wir im nüchternen Leben als Wahrnehmung uns gegenübergestellt haben in der äußeren Natur, einfach nachbildend in der Kunst uns entgegentritt, wie ist es dann möglich, sich künstlerisch zur Natur überhaupt zu verhalten? Wenn die Natur nichts in sich schlösse als das, was sie uns in der äußeren Wahrnehmung darbietet und was darin zur Gedankenbildung anregt, so wäre gar keine Entstehungsnotwendigkeit für die Kunst gegeben. Nur dann kann man von einer Notwendigkeit des künstlerischen Schaffens sprechen, wenn in der Natur allerdings noch mehr vorhanden ist als das, was in den fertigen Naturprodukten für die Vorstellung, für den Gedanken, der im Künstlerischen nicht die Brücke abgeben darf zwischen der Persönlichkeit und der äußeren Natur, zutage tritt. Nun muß man allerdings sagen: Die Natur hat in sich jene Unermeßlichkeit, hat in sich auch die intensive Unendlichkeit, der wir durch den Gedanken gar nicht unmittelbar beikommen können. Die Natur hat in sich auch im Sinnlichen das Übersinnliche. Man kommt darauf, worin das Sinnlich-Übersinnliche der äußeren Natur selbst beruht, wenn man die Natur so betrachtet, daß man versucht, das zu gewinnen, was in ihr außer dem sinnlichen Eindruck vorhanden ist. Nun, ich will ein Beispiel nehmen: Wenn man einem Menschen gegenübersteht, kann man die Aufmerksamkeit auf die menschliche Form richten, darauf, daß sich durch die menschliche Form das Inkarnat offenbart, darauf, daß sich durch die äußere Form in Physiognomie, in Mimik das Seelische kundgibt; man kann verfolgen, wie das Leben überhaupt durchtränkt, was äußere Form ist. Gewiß, das kann man. Aber würde man das alles, was so an einem Menschen ist, nachbilden wollen, man könnte doch, wie gesagt, die Natur nicht erreichen, denn es bleibt ein Unkünstlerisches, äußere Naturobjekte einfach nachbilden zu wollen. Derjenige, der einem Kunstwerk gegenüber nach der Ähnlichkeit mit einem Naturobjekt frägt, stellt sich von vornherein das Zeugnis aus, daß er – man muß diese Dinge radikal aussprechen – nicht ein Kunstwerk, sondern eine Illustration zu sehen wünscht. Aber ein anderes liegt vor. Man muß sagen: Wenn man das verfolgt, was sich in der menschlichen Form ausdrückt, so ist eigentlich dasjenige, was einem da als Form erscheint, durch alles übrige, was darinnen lebt – durch die Tönung, die vom unmittelbaren Leben herkommt, durch den seelischen Inhalt –, es ist die Form dadurch ertötet. Und das ist das Geheimnis der Natur: Diese Natur ist in ihren Einzelheiten so unendlich, daß jede Einzelheit es verträgt, durch ein Übergeordnetes ertötet zu werden. Aber man kann, wenn man dafür Sinn hat, das Ertötete aus seinem eigenen Wesen heraus zu einem neuen Leben erwecken; man kann das, was in der Form des Menschen ertötet ist durch das übergeordnete Leben, ertötet ist durch die seelische Durchdringung, so beleben in der Form, daß die Form selber nun ein lebendiges Wesen wird, ohne daß sie in sich birgt Leben und seelischen Inhalt. Man kann das, was man zum Beispiel als Plastiker deshalb nehmen muß, weil man in den Materialien arbeitet, der Form für sich geben; man kommt darauf, daß die Natur so intensiv unendlich ist, daß sie in jeder ihrer Einzelheiten unendlich viel mehr birgt, als was sie darstellt. Wenn sie eine Form vor uns hinstellt, so ertötet sie das innere Leben der Form, das Leben ist darin verzaubert, und man kann es entzaubern. Wenn uns in der Natur etwas entgegentritt, was farbig ist, so ist ganz gewiß an dem Objekt selbst die Farbe durch etwas anderes ertötet. Nehme ich die bloße Farbe, so bin ich imstande, aus der Farbe selber etwas zu erwecken, was gar nichts zu tun hat mit dem, was die Farbe ist am Objekt. Ich schaffe aus der Farbe heraus ein Leben, das nur verzaubert liegt in der Farbe, wenn die Farbe an der Oberfläche des Naturobjektes erscheint. So ist es möglich, aus allem, was uns in der Natur entgegentritt, verzaubertes Leben zu entzaubern. So ist es möglich, das, was in der Natur und ihrer intensiven Unendlichkeit darinnen liegt, überall aus dieser Natur zu erlösen und nirgends zu schaffen eine Nachahmung der Natur, sondern das wieder zu entzaubern, was in der Natur ertötet ist durch irgendein Höheres.

Man wird, wenn man über diese Dinge spricht, versucht, in Paradoxen zu sprechen; aber das, glaube ich, schadet nichts, weil man an den extremen, radikalen Fällen sehen kann, wie sich die Sache in den weniger radikalen Fällen eigentlich verhält. Wie ich auf der einen Seite mir denken kann, daß – wenn das Künstlerische durch die aufgehaltene Vision aus dem Inneren herausarbeitet und ich ein Gegenbild schaffe aus Formen und Linien und Farben – diese Linien und Farben so zusammengestellt sein können, daß sie nichts anderes widerspiegeln als die verhaltene Vision, so kann ich auf der anderen Seite sagen: Es scheint mir möglich, daß ich aus einem Naturwesen, sagen wir, einem Menschen, in dem das Leben selbst ertötet ist, der ein Leichnam geworden ist, rein künstlerisch ein Lebendiges schaffe, dadurch, daß ich irgend etwas aus dem allgemeinen Universum heraushole, was den Leichnam noch künstlerisch beleben kann. Solche extremen Fälle braucht es nicht zu geben. Es ist aber die Möglichkeit vorhanden als Grenzfall, daß wenn die Natur ein Wesen schon getötet hat, eine Neuschaffung selbst des Leichnams zustande kommt, dadurch, daß etwas herangeholt wird, was nun als etwas ganz anderes als was der Mensch selber mit seinem seelischen Wesen ist, diese Form durchseelt. Ich könnte mir denken, daß ein berückendes Kunstwerk zustande kommt dadurch, daß in einem Leichnam ein neues Leben aufsprießt, welches die Geheimnisse spiegelt, die in bezug auf den Menschen bestehen, und die nur dadurch verdeckt werden, daß bis zu seinem Tode der Mensch sein eigenes seelisches Wesen in sich hat. Man braucht sich nicht zu stoßen an einem solchen Grenzfall. Es ist eben ein Grenzfall. Daran kann man sich klarmachen, daß gegenüber der äußeren Natur das künstlerische Schaffen wirksam sein kann, denn fortwährend eigentlich – wenn auch nicht bis zum Grenzfall getrieben – verläuft das künstlerische Schaffen und Genießen in dieser Weise. Die Kunst ist eine fortwährende Erlösung von geheimnisvollem Leben, das in der Natur selber nicht sein kann, das herausgeholt werden muß. Ich stehe dann einem Naturprodukt in der menschlichen Form gegenüber, welche ertötet ist, ich versuche aber, das eigene Leben dieser Form aufzuerwecken und aus der Form heraus, trotzdem sie nur tote Form ist, den ganzen Menschen wieder zu erwecken.

Die Genesis besagt, daß der Mensch entstanden wäre durch den Hauch Gottes, daß ihm eine menschliche Seele eingehaucht worden sei. Das könnte einen dazu führen, in der Luft noch etwas anderes zu sehen als jene Verbindung von Sauerstoff und Stickstoff. Es könnte einen dazu verführen, in der Luft etwas von dem zu sehen, was aus ihr heraus die menschliche Seele weckt, etwas Seelenhaftes; es könnte einen dazu verführen, zu glauben, daß diese Luft im Grunde genommen sich sehnt, vom Menschen eingeatmet, eine Seele zu werden. Man könnte in der Luft das Gegenbild des Menschlich-Seelischen sehen, also mehr als etwas bloß Unlebendiges: ein Sehnen nach dem Menschen hin. Nun ist es ja so, daß man bei der Luft sehr schwer zu einer solchen Empfindung kommen wird, weil Luft und Feuer wenig zur künstlerischen Gestaltung anregen. Niemand wird eigentlich das Feuer malen wollen, ebensowenig wie den Blitz, und man wird auch nicht die Luft zeichnen wollen. Also unmittelbar der Luft gegenüber wird man nicht leicht zu dieser Empfindung kommen; aber ein wirkliches künstlerisches Empfinden scheint mir zu dieser Empfindung kommen zu können gegenüber der Licht- und Farbenwelt. Der Licht- und Farbenwelt gegenüber kann man wirklich die Empfindung haben: Jede Farbe oder wenigstens die Farbenverhältnisse haben die Sehnsucht, entweder ein ganzer Mensch oder ein Stück Mensch zu werden. Am Menschen finden sie sich entweder als innerer Ausdruck seines Wesens, oder indem das Licht ihn beleuchtet und zurückgeworfen wird. Aber man kann sagen: Lebt man im Lichte selber, so lebt man die Sehnsucht der Luft mit, sich zum Beispiel zum menschlichen Antlitz zu gestalten. – Man kann die Empfindung haben: Rot, Gelb wollen etwas; sie wollen sich zu etwas am Menschen gestalten, die haben eine in sich selber gelegene Sprache. Dann wird man nicht versuchen, in nüchterner Weise den Menschen bloß nachzubilden. Das Freiwerden vom Modell muß überhaupt ein Ideal des künstlerischen Schaffens werden. Wer das Modell nicht überwunden hat in dem Moment, wo er zu schaffen beginnt, wer es nicht betrachtet als etwas, was ihm die Anleitung gibt, der Natur ihre Geheimnisse abzulauschen, der wird vom Modell abhängig bleiben und Illustrationen schaffen. Derjenige dagegen, der künstlerisches Empfinden hat, wird versucht sein, aus der Farbe den Menschen oder irgendein anderes Wesen oder irgendeine Naturform zu gestalten. Es wird für einen solchen die farbige Welt ein inneres differenziertes Leben gewinnen können. Man wird finden, daß rote, gelbe Farben so sind, daß sie einen versuchen, sie da zu verwenden, wo man will, daß irgend etwas sich Ausdruck gibt, durch sich selbst spricht. Was einem im Rot, im Gelb entgegentritt, wird sich selber zum Ausdruck bringen, wird durch seine eigene Kraft das Ideal der Kunst, den Gedanken auszuschließen, erzeugen. Anders ist es, wenn man dem Blau, dem Violett gegenübersteht. Da wird man viel mehr das Gefühl haben, daß man mit dem Blau, dem Violett, wenigstens nach der einen Seite hin dem Gedanken nahekommt. Man wird das Gefühl haben, daß man mit dem Blau, dem Violett nicht etwas darstellen kann, was sich selber ausdrückt, sondern was leichter etwas anderes ausdrückt. Man wird versucht sein, das Blau seiner Innerlichkeit nach dadurch darzustellen, daß man es in Bewegung zeigt. Und man wird die Erfahrung machen, daß es einem schwer wird, eine innerliche Bewegung des Objekts dadurch hervorzubringen, daß man im Rot irgendwelche Linienführung hervorruft. Im Rot wird vielmehr durch Linienführung, durch Schattierung, ich möchte sagen, Physiognomie entstehen. Das Rot wird durch sich selber sprechen. Das Blau wird, wenn man es in Linienführung überführt, seine innere Natur verraten, wird einen mehr unter die Fläche der Farbe führen, als daß es einen herausführt. Wenn etwas sich als Farbe ausspricht, so hat man das Gefühl: es stößt einen die Farbe zurück. Das Blau führt einen unter die Fläche der Farbe hinein, man glaubt, daß in dem, was da durch das Blau zum Ausdruck kommt, Bewegung, Willensentfaltung möglich ist. Ein rein sinnlich-übersinnliches Wesen, das heißt ein übersinnliches Wesen, das man in die Sinneswelt hereinversetzen will, blau zu malen und seine innerliche Beweglichkeit durch die Nuancierung des Blau zum Ausdruck zu bringen, wird fruchtbar sein können.

So kann man das, was immer einem in der Natur als Teil entgegentritt, was in der Natur durch höheres Leben ertötet wird, entzaubern. Man kann das Sinnlich-Übersinnliche in der Natur selbst finden, man kann die bloße Form beleben. Man wird finden, daß es niemals einen befriedigenden Eindruck wirklich machen kann, wenn man einfach die menschliche Form so, wie sie am Menschen ist, in einem plastischen Kunstwerk wiedergibt. Ich habe einmal vor vielen Jahren mit einem Freunde, der Plastiker wurde, eine sonderbare Erfahrung machen müssen. Er sagte mir dazumal – wir waren beide ganz junge Leute –: Ja, sieh einmal, man müßte eigentlich das richtige plastische Kunstwerk dadurch herausbringen, daß man genau nachmacht jede einzelne Wendung der Oberfläche. – Ich muß schon gestehen, daß ich über diesen Ausdruck geradezu wild wurde, denn mir schien, daß auf diesem Wege das Allerabscheulichste von einer künstlerischen Leistung herauskommen könnte. Denn jedenfalls, wenn man das, was der Mensch als Form hat, was an ihm durch das Höhere das Leben ertötet, aus dem Stein oder Holz herausarbeiten will, ohne dieses innere Leben, so muß man es für sich beleben, so muß die Oberfläche aufgerufen werden, das zu sagen, was sie am äußeren Naturmenschen niemals sagen kann.

Man wird zum Beispiel finden, daß, wenn man eine Fläche biegt, und dann doppelt biegt, so daß die Biegung wieder gebogen ist, man das einfachste Urphänomen des inneren Lebens hat. Eine Fläche, die in dieser Weise gebogen ist, daß die Biegung wieder gebogen ist, kann in der mannigfaltigsten Weise verwendet werden, und es wird – selbstverständlich muß das weiter ausgebildet werden – aus der Flächenhaftigkeit selber das innere Leben des Flächenhaften hervorgehen. Diese Dinge, die bezeugen uns, daß es ein Verhältnis gibt zwischen der äußeren Natur und dem menschlichen Innern, welches in Wahrheit den Charakter des Sinnlich-Übersinnlichen hat. Wir kommen gerade dadurch der äußeren Natur gegenüber zur Gedankenbildung, daß diese äußere Natur dasjenige, was sonst als Glieder in der Natur ist und ein höheres geistiges Leben verzaubert hält, durch ein Höheres abtötet. Dadurch sind wir genötigt, dieses abgetötete Leben durch den nüchternen Gedanken zu erfassen. Vermeiden wir diesen blassen Gedanken und gehen wir darauf ein, dasjenige zu erfassen, das in den Teilen der Natur verzaubert liegt und dem gegenüber wir den Prozeß, es zusammenzufügen, ihm das höhere Leben zu geben, selber durchführen, dann machen wir den Prozeß des künstlerischen Schaffens durch oder den des künstlerischen Genießens. Beide verhalten sich ja zueinander nur so, daß bei dem einen das später ist, was bei dem andern früher ist, und bei dem andern das früher ist, was bei dem ersten später ist. Wenn man diese Betrachtungsweise, die sich auf die intensive Unendlichkeit der Natur richtet, auf die Möglichkeit, die Geheimnisse der Natur zu entzaubern, darnach verfolgt, was sie im Seelenleben des Menschen darstellt, dann muß man sagen: Es wird dadurch nicht die blasse Gedankenwelt hervorgerufen. Was dadurch entzaubert wird, ist lichter als das, was der bloße Gedanke erfassen kann. Es stellt aber wiederum eine Verbindung her zwischen dem äußeren Objekt und der menschlichen Seele, bei der der Gedanke ausgeschaltet ist, und in der dennoch nach einem geistigen Verhältnis zwischen dem Menschen und dem Gegenstand gestrebt wird.

Das kann natürlich weitergehen und da kommt man zu dem, was heutzutage noch manchem Menschen recht widersinnig, greulich erscheinen kann. Man vermag das zu verstehen; aber greulich hat zunächst den Leuten immer das geschienen, was ihnen, nachdem sie einige Zeit daran gewöhnt worden sind, als selbstverständlich vorgekommen ist. Wenn Sie einen Menschen betrachten – Sie brauchen ihn nur nach seiner Skelettbildung anzusehen –, so werden Sie schon durch eine ganz oberflächliche Betrachtungsweise die Ansicht gewinnen können, daß das Skelett deutlich aus zwei stark differenzierten Gliedern besteht – wir wollen das andere heute nicht berücksichtigen –: aus dem Kopfskelett, das gewissermaßen nur aufgesetzt ist, und dem übrigen Skelett. Für den, der Sinn für die Form hat, stellt sich nun – jetzt nicht durch irgendeine anatomische Betrachtung, sondern durch ein empfindungsgemäßes Betrachten von Kopf- und Körperskelett – heraus, daß das eine die Metamorphose des anderen ist, daß man sich das, was die Hauptknochen sind, formhaft so denken kann, daß immer, wo irgendein Höcker ist, dieser auch auswachsen kann, andererseits, wo ein Auswuchs ist, kann der zurücktreten. Durch bloße Umwandelung kann man tatsächlich – durch Formänderung – aus dem übrigen Skelett das Hauptskelett und, bis zu einem hohen Grade, das übrige Skelett aus dem Hauptskelett hervorgehen lassen. So daß man sagen kann: Im Haupt ist verzaubert der ganze Mensch. Auch wenn einem ein Skelett ohne Kopf gegenübertritt, so wird man versucht sein, wenn man nicht steckenbleiben will bei der sinnlichen Anschauung, sich sinnlich-übersinnlich zu diesem Skelett das Haupt zu ergänzen; man wird versucht sein, die Vision des Hauptes aus dem Skelett hervorgehen zu lassen. Es gibt Menschen, die können sich das nicht vorstellen. Aber es ist unmöglich, daß in der Natur irgendwie entstünde ein menschliches Rumpfskelett ohne Hauptskelett. Für den, der mit seinem Vorstellen nicht bloß als Abstraktling der Natur gegenübertritt, sondern so, daß er in seinem eigenen Empfinden das Wesen der Natur trägt und das Naturobjekt nicht anders empfinden kann als es sein muß, ist es selbstverständlich, daß ihm aus dem Körperskelett wie eine Vision auch das Hauptskelett erscheint. Aber für den, der diese Dinge durchschaut, ist es doch so, daß, wenn er nur das Haupt hat und sich nun daraus wie durch eine Vision den ganzen Menschen ergänzt, dieser Mensch anders wird, als wenn er umgekehrt sich das andere ergänzt. Es ist ähnlich und doch wiederum verschieden. So daß man auch da sagen kann: In der Natur draußen ist im Menschen eine Ganzheit geschaffen, welche besteht in der Zergliederung in Haupt und übrigen Organismus; aber jedes einzelne will ein ganzer Mensch sein. In einem höheren Ganzen ist ertötet das Leben, das in jedem einzelnen als ganzem Menschen verzaubert ist. Schließt man den Gedanken aus, der einem aufsteigt, wenn man dem Menschen entgegentritt, dann sieht man sich in die Notwendigkeit versetzt, das, was man dem Menschen so nimmt, indem man ihn analysiert, aus dem eigenen Innern wieder zu schaffen. Und auf diese Weise baut man schöpferisch, wie die Natur selber, die Natur nach. Man schafft diesen unendlich intensiven, bedeutsamen Prozeß der Vereinheitlichung dessen, was in seinen Gliedern erst getötet werden muß, um auf höherer Stufe wieder zu erscheinen. Und es wird selbstverständlich anders, wenn man es im Geiste nachschafft.

Ich glaube, daß das schon in der Vorstellung ein gewisses Grauen hervorruft. Wir haben in Dornach in unserem Bau den Versuch gemacht – man kann auf allen Gebieten Versuche machen, es kann sich nie darum handeln, durch irgendwelche Dogmen die Kunst einengen zu wollen –, bei einer Gruppe, die in Holz ausgeführt werden soll – es ist wichtig, daß sie in

Holz ausgeführt werden soll, in Stein läßt sich das nicht machen –, erstens in einer Mittelfigur dasjenige auf einer höheren Stufe wiederum zu vereinigen, was beim Menschen auch vereinigt ist, aber durch die Natur vereinigt ist, wo wiederum das Gliedhafte durch Höheres ertötet ist. Jeder Mensch ist unsymmetrisch. Aber was in der linken Seite etwas ganz anderes will als in der rechten, man kann es fühlen: dann stehen zwei Menschen vor uns, der Linksmensch und der Rechtsmensch. Das, was spezialisiert ist auf den Links- und den Rechtsmenschen, das ist in der Natur zu einer höheren Einheit vereint, indem das Eigenwillige der Glieder ertötet ist. Der künstlerischen Betrachtung, die dem Wollen der Natur gegenübertritt, steigt wiederum auf, ich möchte sagen, die vollständige Gestalt des Linksmenschen und des Rechtsmenschen. Beide wollen im Grunde etwas Verschiedenes, und der Künstler muß – das kann sehr im Unterbewußten bleiben – den Prozeß nacherleben, den die Natur auf anderer Stufe vollzieht, indem sie den Linksmenschen und den Rechtsmenschen ertötet und sie in dem ganzen Menschen ausgleicht. Schafft man nun künstlerisch wirklich eine Gestalt, in der in der Form angedeutet ist, daß der Mensch ein asymmetrisches Wesen ist, dann muß etwas anderes dazukommen. Das Sinnlich-Übersinnliche, wahrgenommen, bringt einen in die Notwendigkeit, das, was notwendig ist als andere Glieder, wirklich herbeizutragen. Daher waren wir genötigt, andere Gestalten zu schaffen. Wir waren genötigt, das Auseinanderfallen und wiederum Zusammenfügen des Links- und Rechtsmenschen dadurch auszugleichen, daß wir die beiden anderen Gegensätze andeuteten. Was lebt im Menschen als eine Vision, wenn man sich den Rumpfmenschen zum ganzen Menschen visionär ergänzt denkt? – Da würde man das in der äußeren Gestalt lebend haben, was als Triebe, als Instinkte vom Rumpf in den Kopf steigt, was man das Luziferische nennen könnte. Man wird in anderer Weise, als von der Natur vorgenommen, dieses Luziferische gestalten wollen: Man wird zum Beispiel die Schulterblätter zu Flügeln umgestalten; dann wird man wiederum versucht sein, das, was die Natur einengt, diese Flügel, zusammenzubringen mit der Form des Ohres und Hauptes. Es wird etwas anderes herauskommen aus diesen sinnlich-übersinnlichen Menschengliedern, als ein gewöhnlicher Naturmensch, aber es wird eine gewisse Seite des Menschen darstellen, die man nicht einzeln darstellen dürfte. Es wäre greulich, wenn jemand so etwas hinstellen würde als Figur für sich, aber zusammen mit dem Menschen und in die richtige Komposition gebracht zum Menschen, kann das wiederum so komponiert werden, daß man die Kompositionskraft der Natur nachahmt. Umgekehrt muß man das, was im menschlichen Haupt ein ganzer Mensch werden will, ebenso nachschaffen. Was im menschlichen Haupt ein ganzer Mensch werden will, das wird, wenn es ausgestaltet wird zum ganzen Menschen, verknöchert, verhärtet. Das ist das, was wir fortwährend überwinden müssen in uns, was wir tatsächlich überwinden, indem wir zu den Impulsen, die wir durch unser Haupt in uns tragen, diejenigen hinzu wirksam haben, die aus dem übrigen Organismus heraus dieses Verhärtende frisch erhalten. Das was Haupt ist, müssen wir überwinden durch das, was aus dem Blut des Herzensorganismus stammt. Da gibt die sinnlich-übersinnliche Verfassung des Menschen die Möglichkeit, in getrennten Gestalten das nachzuschaffen, was in der einzelnen Menschengestalt auf verborgene Weise auf anderer Stufe von der Natur selbst komponiert ist.

Es wird tatsächlich das, was man nachschöpferischen Prozeß nennen könnte, ein Prozeß im menschlichen Seelenleben, etwas, was die Natur nicht nur äußerlich abstrakt nachahmt, sondern was das Werden der Natur in dem Menschen selber fortführt. Das setzt voraus, daß eigentlich der Künstler und der künstlerisch Genießende in einer sehr komplizierten Weise – was nur im Unterbewußtsein bleibt, da der Gedanke ausgeschaltet wird – der Natur und sich selbst gegenüberstehen. Das ist ja begreiflich. Man muß schon sagen: Seelisch stehen wir zu dem, was künstlerisch werden soll, in einem komplizierten Prozeß. Wenn jemand eine schöne Frau einfach nachbilden wollte, so würde er, indem er bloß das, was die Natur gibt, nachahmt, innerlich diese Frau ertöten. Er würde sie tot darstellen. Sie würde bei ihm nicht leben, gerade wenn er sie sehr treu nachbildete. Man muß imstande sein, sie erst in einen Leichnam zu verwandeln, dann aber durch das, was echter, wahrer Humor ist, ihre Schönheit aus einem ganz anderen Element heraus wiederzuschaffen. Ohne daß man, gleichnisweise gesprochen, bildlich eine schöne Frau erschlägt – man muß gewissermaßen sie durchprügeln oder so etwas, eben zuerst irgendwie in ein Totes verwandeln –, kann man sie nicht richtig malen. Durch etwas ganz anderes ist ihre Schönheit in der Natur vorhanden, als sie in dem fertigen Kunstwerk vorhanden sein muß. Man muß erst durch Humor entdecken, was neu erschafft dasjenige, was man eigentlich töten muß. Man kann sagen: Wenn man einem ernsten Gelehrten gegenübersitzt, so ist das Nachbilden desselben zunächst eigentlich eine Komödie; man wird vielleicht versucht sein über seinen ernsten Ausdruck zu lachen. Man wird aber erst künstlerisch fertig sein mit dem ernsten Gelehrtenantlitz, wenn man es in humorvoller Weise durch etwas anderes wiederum belebt hat. Man wird es wiederum liebenswürdig machen müssen und wird es dann von einer ganz anderen Seite her verstehen können.

Es handelt sich also darum, dasjenige, was in der Natur ertötet ist, durch eigenes subjektives Leben wiederum auferstehen zu machen, es zu entzaubern, zu erlösen. Wenn ich einen flotten jungen Bauern beobachte, der auf der Alm geht, und ihn einfach nachbilde, so werde ich wahrscheinlich etwas sehr Totes schaffen; wenn ich mich aber bemühe, gewissermaßen ihn erst zu ertöten und durch gewisse Linienführung eine Harmonie hervorzubringen zwischen ihm und der umgebenden Natur, so werde ich etwas Künstlerisches schaffen können. Hodler hat solche Dinge versucht, und wir können sehen, daß im Unterbewußten überall Ähnliches angestrebt wird, was auch zur künstlerischen Diskussion geführt hat über das, was man nennen könnte, auf der einen Seite, das Schaffen des Gegenbildes für die unvollendete Vision, und auf der anderen Seite, das Schaffen des subjektiven Gegenbildes durch das, was in der Natur verzaubert und stets durch ein höheres Leben ertötet ist. Dadurch kommt von zwei Seiten her das Sinnlich-Übersinnliche an den Menschen heran, dadurch kann der Mensch versuchen, dieses in der Kunst zu einem höheren neuen Dasein zu bringen.

In meinem früheren Vortrag über dasselbe Thema habe ich versucht, die Gedanken, welche ich hier vor Ihnen entwickelt habe, um darzustellen, wie das Sinnlich-Übersinnliche durch die Kunst sich realisieren kann, an gewisse Gedanken Goethes anzuknüpfen. Es ist mir das verübelt worden, und ich bemerke jetzt eben, daß es auch ohne Anknüpfung an Goethe gegangen ist. Es wird einem ja so manches vorgeworfen, gerade wenn man an Goethe anknüpft, weil die Menschen, die da meinen, Goethe besonders nahe zu kommen, wenn sie irgend etwas von ihm wiedergeben, was sie nicht verstehen, über die anderen glauben aburteilen zu können, die sich Mühe gegeben haben in die Sache einzudringen. Diese Dinge kann man verstehen; es ist ein naturgemäßer Vorgang im menschlichen Leben, und man muß sich eigentlich manchmal recht freuen, wenn das, was man sagt, eine solche Beurteilung erfährt. Man kann sogar der Ansicht sein: Wenn es eine andere, zustimmende Beurteilung erfahren hätte, so müßte man etwas recht Überflüssiges oder Törichtes gesagt haben. Was ich also vermeiden konnte, das will ich wenigstens am Schluß vorbringen. Ich glaube tatsächlich, daß der, welcher mit Verständnis an Goethe herantritt, in Goethes weitherziger und verständiger Kunstanschauung das schon veranlagt findet, wenn auch in anderer Weise ausgesprochen, was heute als das sinnlich-übersinnliche Element in der Kunst geltend gemacht worden ist. Sogar der Ausdruck ist von Goethe entlehnt. Und ich glaube, obwohl ich durchaus der Meinung bin, daß in gewissem Sinne es richtig ist, daß derjenige, dem die Kunst ihre Geheimnisse enthüllt, eine ziemlich ausgesprochene Antipathie hat, in ein verstandesmäßiges Kritisieren der Kunst oder in eine ästhetisch-wissenschaftliche Betrachtung einzutreten, ich glaube, daß über die Kunst nur gesprochen werden kann vom Standpunkt des Lebens, daß über die Kunst eigentlich am richtigsten gesprochen wird, wenn man den Künstlern selber zuhört. Allerdings kommt man dann manchmal zu merkwürdigen Erfahrungen. In der Regel schimpfen die Künstler furchtbar über das, was die andern Künstler hervorbringen, und wenn man seine Freude hat an den Werken der Künstler, so hat man manchmal nicht seine Freude an dem, was die Künstler über ihre Werke aussprechen, weil sie zuweilen über ihre eigenen Werke in Illusionen leben. Aber der Künstler muß ja aus Illusionen schaffen, und gerade das könnte recht sein, was den richtigen Impuls für sein künstlerisches Schaffen ergibt. Wenn ich das auch alles durchaus zugebe, und wenn ich durchaus von einer gewissen Seite her verstehe, daß der Künstler wirklich immer recht spröde ist gegen alles das, was an ihn von Anbiederung herankommt von seiten der ästhetisch-wissenschaftlichen oder sonstigen Betrachtung, so glaube ich doch nicht, daß es ganz unnötig ist, über die Kunst sich empfindungsgemäße Vorstellungen zu machen. Ich glaube, daß die Kunst mit dem allgemeinen Fortschreiten des Seelenlebens immer fortschreiten muß. Ich glaube, daß gerade durch die Betrachtung des Sinnlich-Übersinnlichen, wie es sich herausgestaltet durch die aufgehaltene Vision, wie es uns aus der äußeren Natur entgegentritt, wenn wir entzaubern, was in dieser verzaubert ist, die Kunst die Naturrätsel auf sinnlich-übersinnliche Weise löst. So daß ich am Schluß diesen schönen, weltmännischen Ausspruch Goethes doch wie eine Zusammenfassung der heutigen Betrachtung zitieren will: «Wem die Natur ihr offenbares Geheimnis zu enthüllen anfängt, der empfindet eine unwiderstehliche Sehnsucht nach ihrer würdigsten Auslegerin, der Kunst.»

DIE QUELLEN DER KÜNSTLERISCHEN PHANTASIE UND DIE QUELLEN DER ÜBERSINNLICHEN ERKENNTNIS

Erster Vortrag
München, 5. Mai 1918

Von alters her empfand man die Verwandtschaft der künstlerischen Phantasie mit der übersinnlichen Erkenntnis, mit dem, was man nennen kann schauendes Bewußtsein, oder wenn man nicht mißverstanden wird, was leicht möglich wäre, das Sehertum. Für den Geistesforscher der Gegenwart, der, vom Gesichtspunkte der Gegenwart ausgehend, in die Geisteswelt einzudringen versucht, ist diese Beziehung zwischen künstlerischem Schaffen und übersinnlicher Erkenntnis viel bedeutungsvoller als die andere, oft hervorgehobene Verwandtschaft zwischen dem visionären Leben, das ja doch im Grunde genommen auf pathologischen Verhältnissen beruht, und demjenigen, was wirklich allein in der Seele, ohne Zuhilfenahme des Leibes sich vollziehendes Sehertum ist.

Nun weiß man, daß Dichter, Künstler überhaupt, zuweilen eine sehr nahe Beziehung zwischen der ganzen Art ihres Schaffens, zwischen ihrem Erleben und dem Sehertum empfinden. Insbesondere Künstler, die schaffend ihren Weg in die übersinnlichen Gebiete suchen, Märchendichter oder sonst künstlerisch Schaffende, welche das Übersinnliche zu verkörpern suchen, erzählen aus einer wirklich lebendigen Erfahrung heraus mit Recht, wie sie ihre Gestalten sichtbar vor sich haben, wie sie handelnd vor ihnen stehen, einen objektiven gegenständlichen Eindruck machen, wenn sie sich mit ihnen befassen. Solange ein solches einem Gegenübertreten desjenigen, was man umgießt in künstlerische Gestaltung, die Besonnenheit der Seele nicht wegnimmt, solange so etwas nicht übergeht in zwangsmäßige Visionen, über die der menschliche Wille keine Gewalt hat und die Besonnenheit nicht verfügen kann, so lange kann man noch von einer Art Grenzereignis zwischen künstlerischer Anschauung und Sehertum sprechen. Allein auf dem Gebiete geisteswissenschaftlicher Forschung zeigt sich eine ganz entschiedene Grenze – und das ist das Wichtige – zwischen dem künstlerischen Schaffen mit seiner Quelle, der künstlerischen Phantasie auf der einen Seite, und dem Sehertum auf der anderen Seite. Wer diese scharfe Grenze nicht ins Auge zu fassen vermag, sie nicht für das eigene Erleben fruchtbar machen kann, der wird leicht dahin kommen können, wohin viele kommen, die mir als Künstler entgegentraten, und die eigentlich eine gewisse Furcht hatten, in ihrem Schaffen beeinträchtigt zu werden dadurch, daß etwas vom Sehertum in ihr Bewußtsein hereindringe. Es gibt Leute, die wahre Künstlernaturen sind, aber zum künstlerischen Schaffen das Heraufquellen der Impulse für notwendig halten, die aus dem Unterbewußten oder Unbewußten der Seele herauffluten, die aber wie vor dem Feuer davor zurückschrecken, daß etwas von einer übersinnlichen Wirklichkeit, die dem klaren Bewußtsein entgegentritt, in ihr unbewußtes Schaffen hineinleuchte.

In bezug auf ihr Erleben im künstlerischen Genießen, Empfangen und Auffassen, und im Erleben der übersinnlichen Welten durch übersinnliches Schauen, ist nun in diesem Erleben subjektiv ein gewaltiger Unterschied. Das künstlerische Schaffen, Empfangen und Schauen, läßt in der Seele, in der es sich auslebt, durchaus bestehen die Hinlenkung der Persönlichkeit durch die Sinne auf die Außenwelt mit Hilfe der äußeren Wahrnehmung und mit Hilfe der Vorstellung, die dann zur Erinnerung wird. Man braucht sich ja nur an das Eigentümliche alles künstlerischen Schaffens und Genießens zu erinnern, so wird man sich sagen: Gewiß, es ist im künstlerischen Empfangen und auch im künstlerischen Schaffen Wahrnehmung und Sinnesauffassung der Außenwelt. Sie ist nicht in so grober Weise vorhanden, wie sonst bei Sinnesoffenbarungen; es ist ein Geistiges im Auffassen und Schaffen, was frei schaltet und waltet mit Wahrnehmung und Vorstellung und mit dem, was als Erinnerung und Inhalt des Gedächtnisses im Künstler lebt. Aber man könnte doch nicht über die Berechtigung des Naturalismus und Individualismus streiten, wenn man nicht von der Anlehnung an die Wahrnehmung wüßte. Ebenso kann man sich überzeugen, daß in der Seele verborgene Erinnerungen, Unterbewußtes, was als Gedächtnis im Menschen ist, im künstlerischen Schaffen und Genießen mitwirkt. Das alles fällt weg in dem, was im Sinne der modernen Geistesforschung Inhalt der wirklich übersinnlichen Erkenntnis ist. Da hat man es ja zu tun mit einem völligen Herausgehobensein der Seele aus dem sinnlichen Wahrnehmen, auch aus dem gewöhnlichen Vorstellen und dem, was als Erinnerung mit dem Vorstellen zusammenhängend ist. Ja, das ist gerade die große Schwierigkeit, die Zeitgenossen zu der Überzeugung zu bringen, daß es etwas geben kann wie ein inneres Erleben, das ausschließt die Wahrnehmung und das gewöhnliche Vorstellen und Erinnern. Besonders wird der Naturforscher nicht zugeben, daß dies der Fall sein könnte. Er wird immer behaupten: Du sagst, daß nichts einfließt in dein Sehertum. Ich sehe, du täuschest dich: Du weißt nicht, wie verborgener Inhalt im Gedächtnis ruht und auf raffiniertem Wege heraufkommt. – Das kommt davon, daß jene, die das einwenden, sich nicht beschäftigen mit den Methoden, durch die man zum Sehertum gelangt und die zeigen, daß der Eindruck von der Geisteswelt unmittelbar da gegenwärtig sein kann, wo nichts einfließt von Reminiszenzen, von geheimnisvollen Erinnerungen. Gerade darauf beruht die Schulung, daß man den Weg findet, die Seele frei zu machen von äußeren Eindrücken und auf Erinnerungen beruhenden Vorstellungen. Damit ist eine feste Grenze gegeben worden zwischen künstlerischem Schaffen und Hervorbringen übersinnlicher Erkenntnis, da die Seele, das menschliche Ich, in dem die übersinnliche Erkenntnis lebt, tatsächlich nicht zu Hilfe nimmt die Organisation des Leibes, die doch mitwirkt, wenn es sich um künstlerisches Schaffen handelt.

Aber weil die Sache so liegt, entsteht um so mehr die Frage: Welches ist die Beziehung zwischen dem, was aus unterbewußten Seelenuntergründen an Impulsen sich im künstlerischen Schaffen und Genießen hineinwebt, und dem, was aus der reinen Geisteswelt in unmittelbar gegenwärtigen Eindrücken aus der übersinnlichen Erkenntnis heraus geboren wird? – Zur Beantwortung dieser Frage möchte ich von einigen Erfahrungen mit der Kunst für den Seher selbst ausgehen. Diese Erfahrungen mit den Künsten im allgemeinen sind schon an ihrem Ausgangspunkt charakteristisch. Es zeigt sich dann, daß der, welcher gelernt hat im übersinnlichen Leben drinnenzustehen, übersinnliche Erkenntnis zu sammeln, wirklich in die Lage kommt, für gewisse Zeiten auszuschließen alle sinnlichen Eindrücke und in der Erinnerung bleibende Vorstellungen, die an diese Eindrücke sich anschließen. Das kann ja ausgeschlossen, das kann hinweggeschoben werden aus seiner Seele. Wenn nun derjenige, der also drinnensteht im übersinnlichen Schauen, auch versucht, einem Kunstwerk gegenüber all das klar ins Auge zu fassen, was er einer äußeren sinnlichen Erscheinung gegenüber ins Auge zu fassen gewohnt ist, so stellt sich ein ganz anderes Erlebnis ein. Gegenüber der sinnlichen Erscheinung ist der Seher immer imstande, sinnliche Wahrnehmungen und erinnerungsfähige Vorstellungen auszuschließen, dem Kunstwerk gegenüber nicht. Von ihm bleibt dem Seher, trotzdem alles Sinnes- und Vorstellungsgemäße selbstverständlich ausgeschlossen wird, immer ein wichtiger innerer Gehalt zurück, den er weder ausschließen kann noch will. Das Kunstwerk gibt etwas, was sich ihm als verwandt mit seinem Sehertum herausstellt. Da entsteht die Frage: Worinnen liegt diese Verwandtschaft?

Man kommt nun darauf, wenn man zu erfassen sucht, was tätig ist im Menschen, wenn er rein geistig in übersinnlicher Erkenntnis schaut. Dann kommt man darauf, welche mangelhafte Vorstellungen wir Menschen über uns selbst und unsere Beziehung zur Außenwelt haben, wenn wir im gewöhnlichen Bewußtsein verbleiben. Wir glauben da, unser Vorstellen, Fühlen und Wollen seien streng voneinander geschieden. Die Seelenkunde führt diese Betätigungen zwar aufeinander zurück, doch nicht mit rechtem Geschick.

Derjenige aber, der die eigentliche Komplikation des Seelenlebens, wie es sich im Sehertum darstellt, erlebt, der weiß, daß eine solche Unterscheidung zwischen Vorstellen, Fühlen und Wollen gar nicht einmal besteht, sondern im gewöhnlichen Bewußtsein und Leben ist in jedem Vorstellen ein Rest von Fühlen und Wollen, in jedem Fühlen ein Rest von Vorstellen und Wollen, und in jedem Wollen ist auch ein Vorstellen, ja sogar Wahrnehmen darinnen; es bleibt im Wollen ein Wahrnehmungsrest, der darin verborgen ist, unterbewußt ist. Das muß man ins Auge fassen, wenn man das Sehertum verstehen will. Denn aus dem Gesagten entnehmen Sie, daß im seherischen Schauen das Vorstellen und Wahrnehmen schweigt, aber es schweigt nicht Fühlen und Wollen. Aber es wäre kein Sehertum, wenn der Mensch nur Fühlen und Wollen wie im gewöhnlichen Bewußtsein entwickelte. Im Gegenteil, indem der Mensch in den seherischen Zustand übergeht, muß alles Wollen, wie es im gewöhnlichen Leben ist, zum Schweigen gebracht werden. Der Mensch kommt in die Verfassung der vollständigen Ruhe.

Gegenüber dem, was hier mit Sehertum gemeint ist, ist das zappelnde Sich-Versetzen in die Geisteswelt, wie zum Beispiel im Derwischtum, nicht gemeint, sondern vollständiges Schweigen alles dessen, was sich als Wollen im gewöhnlichen Leben äußert, als Kraft der emotionellen Gefühle. In dem, was der Mensch aus dem Wollen in die Handlung übergehen läßt, lebt immer noch etwas vom emotionellen Gefühl. Dieses Gefühl, auch in bezug auf die Offenbarung in das Wollen hinein, muß schweigen. Aber es schweigt nicht das emotionelle Fühlen als solches, und vor allen

Dingen nicht der Impuls des Wollens. Wahrnehmen und Vorstellen schweigt, aber die Impulse des emotionellen Fühlens und Wollens sind berechtigt, treten nur über in einen Zustand ruhender Seelenverfassung, werden daher ihren wahrnehmenden und vorstellenden Charakter anders als gewöhnlich entwickeln. Würde man beim bloßen Fühlen bleiben, oder bei einem falschen mystischen inneren Ausleben des Wollens, dann würde man nicht in die Geisteswelt kommen. Aber in der ruhigen Seelenverfassung lebt sich das, was sonst emotionelle Gefühle und Impulse des Wollens sind, auf geistige Art aus. Es leben sich gerade Fühlen und Wollen so aus, daß sie wie objektive, gedankenkräftige geistige Wesen vor die menschliche Seele treten, indem der Rest von Wahrnehmen und Vorstellen, der sonst im Fühlen und Wollen unbeachtet blieb, zur Offenbarung kommt, fähig wird, sich in die Geisteswelt hineinzustellen. Hat man dies durchschaut, daß man als Seher im Fühlen und Wollen so lebt, wie sonst der Mensch im Denken und Wahrnehmen – nicht im unklaren Denken und Fühlen, nicht in nebuloser Mystik, sondern so klar wie sonst im Vorstellen und Wahrnehmen –, so kann man sich fruchtbar mit der Kunst verständigen, allerdings so, daß man da erst gewahr wird, wie wertlos solche Zusammenfassungen sind, wie sie etwa durch das Wort Kunst zum Ausdruck gebracht werden.

Kunst umfaßt sehr verschiedene Gebiete: Architektur, Plastik, Musik, Dichtung, Malerei und anderes, und man könnte sagen: Wollte man mit der Erfahrung des Sehers die Beziehungen zwischen den verschiedenen Künsten herstellen, so tritt einem konkret die Verschiedenheit der Künste viel bedeutungsvoller vor Augen als das, was Philosophie zusammenfassen möchte unter dem Namen Kunst. – Durch das Erringen der Möglichkeit, den Gedankeninhalt der Welt und den Geistesgehalt der Welt zu erleben mit Hilfe des zum Denken umgesetzten, emotionellen Fühlens und Wollens, gelangt man dahin, ein merkwürdiges Verhältnis herstellen zu können zur Architektur.

Ich sagte, in diesem Sehertum hört das gewöhnliche Vorstellen und Wahrnehmen auf, aber es tritt eine Art von ganz anderem Denken ein, das aus Fühlen und Wollen fließt, ein Vorstellen, das eigentlich Denken in Formen ist, das unmittelbar, indem es denkt, Formen der Kraftverteilung im Raum darstellen könnte, Maßverhältnisse im Raum. Dieses Denken fühlt sich verwandt mit dem, was in Architektur und Skulptur zum Ausdruck kommt, wenn diese wahre künstlerische Gebilde darstellen. Man fühlt sich mit dem Denken und Wahrnehmen in Architektur und Skulptur besonders zu Hause, weil jenes schattenhafte abstrakte Denken, was die Gegenwart so liebt, aufhört, schweigt, und ein gegenständliches Denken eintritt, das nicht anders kann, als seinen Inhalt in Raumesformen übergehen zu lassen, in bewegte Raumesformen, in sich dehnende, sich überbiegende, sich beugende Formen, in denen der in der Welt fließende Wille zum Ausdruck kommt. Der Seher ist genötigt, das, was er aus der Geisteswelt erkennen will, nicht mit dem Denken zu erfassen wie die übrige Wissenschaft. Da würde man nichts Geistiges erkennen. Da täuscht man sich nur, wenn man glaubt, daß man im Geistigen erkennt, denn mit gewöhnlichen Gedanken kann man nicht in die Geisteswelt eindringen. Wer in die geistige Welt eindringen will, der muß als Denker etwas haben, was in sich plastische oder architektonische, aber lebende Formen schafft. Dadurch kommt man darauf, daß der Künstler in ein Erleben von Formen im Unterbewußtsein eintritt. Sie streben herauf, füllen seine Seele an, setzen sich um in gewöhnliche Vorstellungen, die sich zum Teil errechnen lassen; sie werden umgesetzt in das, was dann künstlerisch gestaltet ist. Der Architekt und der Bildhauer sind Durchgangselement für das, was der Seher als Vorstellen und Wahrnehmen in der Geisteswelt erlebt. Es schleicht sich hinein in die Organisation des Architekten das, was der Seher als Form erfaßt für sein Denk- und Wahrnehmungsleben. Unten in den Tiefen des seelischen Lebens schwebt es in Wogen herauf und wird bewußt. So schafft der Architekt und Bildhauer seine Formen. Der Unterschied ist nur der, daß das, was als das wesentliche Formengebende dem architektonischen und bildhauerischen Schaffen zugrunde liegt, aus unterbewußten Impulsen heraufkommt, und daß der Seher diese Impulse entdeckt als das, was er braucht, um die großen Zusammenhänge der geistigen Welt zu erfassen. So wie man sonst Vorstellung und Wahrnehmung hat, so hat der Seher Gaben zu entwickeln, die hindeuten auf das, was den großen Weltenbau durchschauert und durchbebt. Und das, was er als Seher so durchschaut und durchlebt, das lebt auf unbewußte Art in dem Architekten und Bildhauer, durchdringt sein Schaffen, indem er künstlerisch gestaltet.

Auf eine andere Art fühlt sich in seinen Erlebnissen derjenige, der übersinnliche Erlebnisse kennt und der Beziehung sucht zum dichterischen und musikalischen Schaffen. Da ist es so, daß der Seher nach und nach sein Inneres ganz anders fühlt als das gewöhnliche Bewußtsein, das die sinnliche Außenwelt vorstellt und wahrnimmt: Er fühlt sich in seinem Fühlen und Wollen in sich.

Wer Selbstbeobachtung üben kann, der weiß, daß man nur in Fühlen und Wollen in seinem Selbst ist. Aber der Seher hebt ja gerade Fühlen und Wollen aus sich heraus, und dadurch, daß ihm das Fühlen und Wollen Vorstellungen und Wahrnehmungen verschafft, kommt er ab von sich selbst in seinem Fühlen und Wollen. Aber es tritt dafür etwas anderes ein. Er findet sich wieder. Indem er das deutliche Bewußtsein hat, aus seinem Leibe herausgetreten zu sein, mit Hilfe seines Leibes nichts wahrzunehmen, findet er sich wieder in der Außenwelt, geht intuitiv über in das, was er in bewegten Formen wahrgenommen hat und in Vorstellungen gestaltet. Er trägt sein Selbst in die Außenwelt hinein. Indem er das tut, lernt er gewissermaßen zu sich sagen: Durch wirklich inneres Erleben aus Erfahrung läßt sich erkennen, ich bin da aus meinem Leibe herausgetreten, der mir immer Vermittler des Verhältnisses zur Außenwelt war, aber ich habe mich wieder gefunden, indem ich untertauchte in die geistige Welt. – Indem das inneres Erleben wird, findet der Seher, daß er genötigt ist, sein Wollen und Fühlen von der geistigen Welt wieder zu empfangen, sich selbst wieder zu empfangen aus der übersinnlichen Welt heraus. Er muß das tun, indem neuerdings ein Fühlen und Wollen – aber ein verwandeltes Fühlen und Wollen, das den Leib nicht zu Hilfe nimmt – ihm zuteil wird, ein Fühlen, das innig verwandt ist mit Musik-Erleben, das tatsächlich dem musikalischen Erleben so verwandt ist, daß man sagen könnte: Es ist noch musikalischer als das Auffassen der Musik selbst. Es ist solch ein Gefühl, daß es einem ist, wie wenn man mit seinem seelischen Wesen einer Symphonie oder einem anderen Musikwerk gegenüber ausfließen würde in Tönen, selber zur Melodie, zur Schwingung würde.

Mit der Dichtung ist es so, daß man im Wollen ist. Das will die Dichtung, die man gerade auf diesem Wege als wahre Dichtung empfinden lernt, indem man sein Wollen da wiederfindet. Fühlen im Musikalischen, Wollen in wahrer Dichtung.

In eigentümlicher Lage, in besonders bezeichnender Lage ist das Sehertum gegenüber der Malerei. Da ist die Sache so, daß weder das eine noch das andere eintritt, aber etwas anderes, noch Charakteristischeres. Der wirklichen Malerei gegenüber hat der Seher das Gefühl – und er könnte selber ein Maler sein, denn wir werden hören, daß künstlerisches Schaffen und übersinnliches Erkennen nebeneinander bestehen können –, der Maler komme ihm aus unbestimmter Gegend der Welt entgegen, bringt eine Welt der Linie und Farbe ihm entgegen, und er kommt von der entgegengesetzten Richtung dem Maler entgegen und ist genötigt, dasjenige, was der Maler mitbringt, was er aus der äußeren Welt in seine Kunst hineinverlegt hat, als Imaginationen hineinzuversetzen in das, was er in der Geisteswelt erlebt. Nur sind die Farben, die der Seher erlebt, andere Farben als die des Malers und doch dieselben. Sie stören sich nicht. Wer sich davon eine Vorstellung machen will, der nehme einmal den sinnlich-sittlichen Teil der Goetheschen Farbenlehre über die moralische Wirkung der Farben vor. Da ist das Elementarste enthalten. Da ist mit innerem Instinkt geschildert, was für Gefühlswirkungen bei einzelnen Farben in der Seele aufleben. Bis zu diesem Fühlen kommt das Sehertum aus der Geisteswelt heraus, bis zu diesem Gefühl, das man wirklich alle Tage in der höheren Welt erlebt.

Man soll nicht glauben, der Seher spreche beim Schildern der farbigen Aura so, wie der Maler von den Farben spricht. Er erlebt das Gefühl, das man sonst an Gelb und Rot erlebt, aber es ist geistig erlebt, ist nicht zu verwechseln mit physischen Visionen. In diesem Punkte besteht das ärgste Mißverständnis. Es ist das Erlebnis mit der Malerei für den Seher wie etwas, was man bezeichnen kann als Begegnung mit einem Gleichen, das von entgegengesetzter Richtung kommt, wo Verständigung möglich ist, weil von außen herein dasselbe kommt, was von innen heraus geschaffen wird. Ich setze dabei immer voraus, daß es sich um künstlerisches Schaffen handelt, mit dem Verständigung möglich ist, wenn vorher nicht Naturalismus, sondern Kunst da ist. Der Seher ist genötigt, was er erlebt, zu imaginieren, grob gesprochen zu illustrieren. Das geschieht, indem er in Farben und Formen zum Ausdruck bringt, was er erlebt: Da begegnet er sich mit dem Maler. Und wieder muß man sagen, wenn er den Maler fragen würde, wie stehen wir zueinander? – so müßte der Maler antworten: In mir lebt etwas! Indem ich mit meinem gewöhnlichen Auge durch die Welt ging und Farbe und Form sah, sie künstlerisch umgestaltete, habe ich in mir etwas erlebt, das früher in den Tiefen meiner Seele wogte; es ist ins Bewußtsein heraufgekommen und zur Kunst geworden. – Der Seher würde zum Maler sagen: Was in den Tiefen deiner Seele lebt, das lebt in den Dingen.

Indem du durch die Dinge durchgegangen bist, lebst du mit der Seele im Geist der Dinge darinnen. Nur mußt du dir – um die Kraft für das Malen zu behalten und um bewußt zu erleben, was du erlebtest, indem du draußen durch die Dinge gingst, auf daß in dir nicht ausgelöscht werde, was an die Sinne herankommt – im Unterbewußten die Impulse lebendig erhalten, welche die Malerei schaffen. – Es handelt sich darum, daß die unbewußten Impulse nun ins Bewußtsein heraufwogen. Der Seher sagt: Ich ging durch dieselbe Welt, gab aber acht auf das, was in dir lebt. Ich schaute das an, was bei dir im Unterbewußtsein aufging, habe das dir Unterbewußte zum Bewußtsein gebracht.

Gerade bei solcher Auffassung wird als großes, bedeutsames Problem der Menschenseele etwas gegenübertreten, was vielleicht sonst nicht immer richtig beobachtet wird. Wenn man das eben Charakterisierte in innerer Erfahrung kennen lernt, dann tritt einem etwas entgegen, was das Leben tief berührt. Das ist das Rätsel des Inkarnats, dieser wunderbaren menschlichen Fleischfarbe, die eigentlich ein großes hellseherisches Problem ist. Sie erinnert einen so recht daran, daß ein solches Hellsehen, wie ich es meine, eigentlich dem gewöhnlichen Leben nicht so ganz fremd und unbekannt ist; es wird nur nicht beachtet. Ich möchte den paradoxen, aber wahren Satz aussprechen: Jeder Mensch ist Hellseher, aber man verleugnet das theoretisch auch da, wo man es praktisch nicht verleugnen kann. Würde man es praktisch verleugnen, so würde das alles Leben zerstören.

Es gibt heute Käuze, welche denken: Wie komme ich dazu, das Ich eines fremden Menschen vor mir zu haben? – Sie wollen ganz im Gebiete des Naturalistischen bleiben, sie wollen echte Naturalisten bleiben, deshalb sagen sie sich: Ich habe da das Gesichtsoval und sonstiges in Erinnerung, und weil ich an verschiedenen Erlebnissen erfahren habe, daß sich in solchen Gestalten ein Mensch verbirgt, so schließe ich, da wird hinter dieser Nasenform ein menschliches Ich sein. – Man findet heute bei den «gescheiten Leuten» solche Auseinandersetzungen. Das entspricht aber nicht der Erfahrung, zu der man kommt, wenn man das Leben aus der eigenen Teilnahme am Leben beobachtet. Ich schließe nicht durch die Gesichtsform und so weiter auf ein Ich. Ich habe das Bewußtsein von einem Ich, weil die Wahrnehmung dessen, was einem als physischer Mensch entgegentritt, auf anderem beruht als die Wahrnehmung an Kristallen oder Pflanzen. Es ist nicht wahr, daß unbelebte Naturkörper denselben Eindruck machen wie ein Mensch. Beim Tier ist das anders. Das, was als sinnliches Menschenobjekt vor einem steht, hebt sich selbst auf, macht sich ideell durchsichtig, und man sieht durch wirkliches Hellsehen jedesmal unmittelbar, wenn man vor einem Menschen steht, sein Ich. Das ist die wirkliche Tatsache. Dieses Hellsehen besteht in nichts anderem, als daß man diese Art, wie man mit seinem eigenen Subjekt dem Menschen gegenübersteht, ausdehnt auf die Welt, um zu schauen, ob es noch etwas anderes zu durchschauen gibt in solcher Art wie den Menschen.

Man kann da nicht die wirklichen Eindrücke vom Hellsehen bekommen, ohne ins Auge zu fassen, worauf die Auffassung des anderen Menschen beruht, die so differenziert ist, weil sie auf Hellsehen der anderen Seele beruht. In diesem Hellsehen spielt das Inkarnat eine besondere Rolle. Für das äußere Anschauen eines

Menschen ist es ein Fertiges, für den, der übersinnlich schaut, ändert sich dem Inkarnat gegenüber das Erleben im Betrachten. Es ist da für ihn ein Mittelzustand. Es kommt, indem man das Hellsehen, das sich auf die übrigen Gebiete der Welt erstreckt, so auf die menschliche Gestalt hinwendet, daß das so ruhige Inkarnat pendelt zwischen Gegensätzen und dem Mittelzustand. Man nimmt Erblassen wahr und Erröten, das so ist, wie wenn es Wärme ausstrahlte. In diesem, daß man den Menschen erblassen und erröten sieht, ist der Mittelzustand drinnen. Mit solchem In-Bewegung-Erleben ist verbunden, daß man weiß, man taucht unter auch in das äußere Wesen des Menschen, nicht nur in seine Seele, in sein Ich. Man taucht unter in das, was er durch seine Seele ist in seinem Leib, durch das Inkarnat. Das ist etwas, was einen hinführt in die Beziehung zwischen künstlerischem Auffassen und übersinnlicher Erkenntnis. Denn das, was so beweglich wird im Auffassen des Inkarnats, liegt unbewußt im künstlerischen Schaffen des Inkarnats. Der Künstler braucht sich dessen nur subtil bewußt zu sein. Nur dadurch aber, daß er dies zu erleben vermag, wird ein Künstler in die Lage kommen, das feine, lebendige Vibrieren in die Mitte des Inkarnats zu legen.

So zeigt sich in der Malerei, wie zusammenstoßen die Quellen der künstlerischen Phantasie und der übersinnlichen Erkenntnis. Im gewöhnlichen Leben stoßen sie zusammen, wenn man es auch nicht bemerkt, auf dem Gebiete der Sprache. Die Sprache wird ja gewöhnlich heute auch wissenschaftlich stark verstandesmäßig betrachtet; aber es ist das Sprachleben in uns auf dreigliedrige Weise da. Wer mit Sehertum an die Sprache herantreten und das in der

Geisteswelt Wahrgenommene ausdrücken muß, der eignet sich gegenüber der Sprache zuerst eine Empfindung an, die man verrückt nennen mag: Wenn die Menschen so untereinander reden, und auch wenn sie gewöhnliche Wissenschaft treiben, ist alles, was sie sagen, Herabwürdigung der Sprache unter das Niveau, auf dem die Sprache stehen sollte. Sprache als bloßes Verständigungsmittel ist Herabwürdigung. Man empfindet: Die Sprache lebt eigentlich in ihrem eigenen Wesen da, wo Dichtung die Sprache durchfließt, wo durch die Sprache fließt, was aus des Menschen Innerem dringt. Da wirkt der Geist der Sprache selbst. Der Dichter entdeckt eigentlich erst, wo das Niveau der Sprache ist, empfindet die gewöhnliche Sprache wie eine Vernachlässigung des höheren Niveaus der Sprache. Man kann da nachfühlen, daß ein feinsinniger Dichter, wie Morgenstern es war, zu der Bemerkung kommen konnte, daß eigentlich nach unten hin eine Grenze des Sprechens wahrnehmbar sei, die sehr verbreitet ist, die Grenze, die man das Schwätzen nennen kann. Er findet, daß Schwätzen seine Grundlagen hat in der Unwissenheit von Sinn und Wert des einzelnen Wortes, daß der Schwätzer dahinkommt, das Wort aus seinen festen Konturen heraus und in Verschwommenheit zu bringen. Morgenstern fühlt, daß es ein tiefes Geheimnis des Lebens ist, welches da zum Ausdruck kommt. Er sagt, die Sprache räche sich an dem Verschwommenen, am Schwimmer. – Das ist, da er imstande war, die Brücke zwischen Dichtertum und Sehertum zu schlagen, ebenso verständlich, wie wenn er ihre Verwandtschaft findet mit Ton, Bild, Architektur und so weiter.

Diese selbe Verwandtschaft lag ja dem ganzen Schaffen Goethes zu Grunde, der eine Zeit seines Lebens nicht wußte, ob er Dichter oder Bildhauer werden sollte. Der Seher aber erlebt das, was für ihn Inhalt des geistigen Erlebnisses ist, außerhalb der Sprache. Das ist etwas, was man schwer klarmachen kann, weil die meisten Menschen in Worten denken, aber der Seher denkt wortlos und ist dann genötigt, das, was wortlos ist im Erleben, in die schon festgestaltete Sprache hineinzugießen. Er muß sich den formalen Verhältnissen der Sprache anbequemen. Er braucht dies nicht als Zwang zu fühlen, denn er kommt dahinter, worin das Geheimnis des Spracheschaffens besteht. Er kann sich verständigen dadurch, daß er das Vorstellungsmäßige der Sprache abstreift. Daher ist es so bedeutungsvoll, daß man begreift, es ist wichtiger, wie der Seher es sagt, als was er sagt. Was er sagt, ist bedingt durch die Vorstellung, die jeder von außen herein mitbringt. Er ist genötigt, um nicht als Narr angesehen zu werden, das, was er zu sagen hat, in gangbare Sätze und Vorstellungsverknüpfungen zu kleiden. Für die höchsten Gebiete des Geistes ist es wichtig, wie der Seher etwas sagt. Der steht ihm richtig gegenüber, der da auf das Wie des Ausdruckes kam, der darauf kam, daß der Seher achtgibt, manches kurz, anderes breiter, anderes gar nicht zu sagen, daß er genötigt ist, den Satz von einer Seite so zu formulieren, dann einen anderen dazuzusetzen von der anderen Seite her. Das Gestaltende ist das, was den höheren Teilen der Geisteswelt gegenüber wichtig ist. Daher ist es wichtig zum Verständnis, weniger bloß auf den Inhalt zu hören, der natürlich als Offenbarung der Geisteswelt auch wichtig ist, als durch den

Inhalt durchzudringen auf die Art, wie der Inhalt ausgedrückt wird, um zu sehen, ob der Redner nur Sätze und Theorien koppelt, oder ob er aus Erfahrung redet. Das Sprechen aus der Geisteswelt wird sichtbar im Wie des Gesagten, nicht so sehr im Inhalt, sofern er theoretischen Charakter hat, sondern wie er zum Ausdruck kommt. Es kann da, bei solchen Mitteilungen aus den Formen des Sprachtums, das künstlerische Element der Sprache in das hineinwirken, was den Seher begeistert, sich bis zum Prozeß der Sprachschöpfung zu erheben, so daß er etwas nachformt von dem, was vorhanden war, als die Sprache entstand aus dem menschlichen Organismus heraus.

Worauf beruht nun, daß dasjenige, was im seherischen Bewußtsein auftritt, im künstlerischen Schaffen in die Geisterwelt sich hineinlebt, in der künstlerischen Phantasie aber auf unbewußte und unterbewußte Art lebt? – Das künstlerische Schaffen ist natürlich bewußt, aber die Impulse, das Treibende, das muß, damit das künstlerische Schaffen unbefangen sei, im Unbewußten bleiben. Nur der kann einsehen, um was es sich da handelt, der weiß, daß das gewöhnliche Bewußtsein des Menschen aus gewissen Gründen zu etwas anderem bestimmt ist, als zum Hereinführen in die volle Welt.

Unser gewöhnliches Bewußtsein verläuft auf der einen Seite nach der Naturanschauung hin. Aber was sie uns liefert, das ergibt sich nicht unseren Begriffen; die dringen nicht hinaus in das Gebiet, wo im Raum die Materie spukt, sagt Du Bois-Reymond. Und wiederum: Es kann das, was in der Seele lebt, sich nicht erfüllen mit der Wirklichkeit. Das noch so tief mystisch Erlebte schwebt immer über der Wirklichkeit.

Der Mensch kommt weder beim Sehen der Natur noch beim Sehen in der Seele zur vollen Welt. Es ist da ein Abgrund, der gewöhnlich nicht überbrückt werden kann. Er wird bewußt überbrückt im schauenden Bewußtsein, im künstlerischen Schaffen. Da muß Selbsterkenntnis noch etwas anderes werden, als was man gewöhnlich so nennt. Mystischer Einblick findet ja, daß er genug geleistet hat, wenn gesagt wird: Ich habe im Innern den Gott, mein höheres Ich erlebt. – Wirkliche Selbsterkenntnis geht darauf aus, zu durchschauen, wie das, was man sonst im bloßen Punkt des Ich erlebt, schaffend im Organismus lebt. Wir sind, indem wir Vorstellung und Wahrnehmung haben, nicht bloß vorstellende und wahrnehmende Wesen, wir atmen auch fortwährend aus und ein. Während wir der Welt gegenübertreten im wachen Bewußtsein, atmen wir immer aus und ein, aber von dem, was da in uns vorgeht, nimmt das gewöhnliche Bewußtsein nichts wahr. Es geht da etwas Wunderbares vor, was man nur durch schauendes Bewußtsein erkennt, wenn man nicht nur auf Nebuloses, auf das abstrakte Ich schaut, sondern darauf, wie dieses Ich lebt, im Konkreten gestaltend. Da zeigt sich das Folgende.

Beim Ausatmen geht das Gehirnwasser in den Rückenmarkskanal, in einen langen Sack, der allerlei dehnbare, zerrbare Stellen hat; es drängt nach unten, drängt an die Venen des Leibes. Was da vor sich geht, schildere ich wie einen äußeren Prozeß. Das gewöhnliche Bewußtsein dringt da nicht hinein, aber die Seele lebt das unterbewußt mit, dieses Ausbreiten dessen, was vom Gehirn kommt, in die Venen des Leibes, und beim Einatmen das Zurückstauen des Venenblutes in die Venen des Rückens durch den

Rückenmarkskanal, das Hereindringen des Gehirnwassers in das Gehirn, und was da als Spiel zwischen Nerven und Sinnesorgan vorgeht. Das gewöhnliche Bewußtsein ist da schattenhaft, weiß nichts davon, aber die Seele und der Geist sind daran beteiligt. Dieser Prozeß nimmt sich wie chaotisch aus. Das, was da hin- und herpulsiert, das verläuft bei jedem Menschen in Musikform. Da lebt innerliche Musik in diesem Prozeß. Und das Schöpferische in der Musik ist: heraufzuheben in die äußere bewußte Gestaltung, was sich der Musiker da angewöhnt, als Musik seines Seelenleibes zu erleben. In ihr lebt der Ton, das unterbewußte Lebensregen der Musik, in der die menschliche Seele webt. Unsere Psychologie ist noch ganz im Elementaren; die Dinge, die auf das Leben des Künstlers Licht werfen, hat sie noch zu erforschen im Einklang mit dem Sehertum. Das Erleben des Menschen ist etwas Kompliziertes. Es ist dieses unterbewußte Wissen der Seele das, was der eigentliche Impuls der künstlerischen Phantasie ist, indem das musikalische Leben sich abspielt zwischen Rükkenmark und Gehirn, wo das Blut hineinschießt und das Gehirnwasser, so daß der Nerv in Vibration gebracht wird, die gegen das Gehirn heraufönt. Wird das in Zusammenhang gebracht mit der Möglichkeit der höheren Wahrnehmung, so lebt darin mehr innerliche Musik, die genossen wird, als in dem objektiven Impuls, aus dem die menschliche Seele herausgeboren wird, indem der Mensch aus dem geistigen Leben heraus durch Geburt beziehungsweise Empfängnis ins physische Dasein tritt. Die Seele tritt ins Dasein, indem sie zu spielen lernt auf dem Instrument des physischen Leibes.

Und was geht vor, wenn diese ganze Bewegung stattfindet, dieses Vibrieren des Gehirnwassers, das heraufkommt? Was spielt sich da ab im Wechselverhältnis zwischen Nerven und Sinnen? – Wenn die Nervenwelle anschlägt an die äußeren Sinne – wohl bemerkt noch nicht die Sinneswahrnehmung –, wenn die Nervenwelle im Wachzustand einfach anschlägt, da lebt unbewußt und wird von der Wahrnehmung übertönt: Dichtung! Zwischen Sinnen und Nervensystem ist eine Region, wo der Mensch unbewußt dichtet. Die Nervenwelle rollt hinein in seine Sinne – unbewußt verläuft sie, man kann das physiologisch feststellen –, dieses Leben verläuft in den Sinnen und ist Dichtungproduzieren: der Mensch lebt innere Dichtung schaffend. Und das dichterische Schaffen ist das Heraufholen dieses unbewußten Lebens.

Ich habe das am Atmungsprozeß geschildert. Bei der Ausatmung müssen wir ins Auge fassen, daß das Gehirnwasser sich im Leib nach unten drängt in den Kräften, die vom Leibe dem entgegenkommen, und in den Kräften, durch die der Mensch sich in die Außenwelt hineinstellt. Wir stehen fortwährend in einer bestimmten Statik in der Außenwelt, ob mit gespreizten Beinen, mit gebeugtem Arm, oder ob wir als Kind kriechen, oder ob wir diese Statik des Kriechens umwandeln in die Statik des Aufrechtseins: Wir stehen im inneren Gleichgewichtszustand. Was da an inneren Kräften entgegenbringen die Wellen, welche ausgeatmet werden, auf dem beruht, was in Skulptur und Architektur gestaltet wird. Das emotionelle Gefühl, das im Menschen lebt, wenn er in die Bewegung übergeht, aber die Bewegung in Ruhe hält, das wird zum Ausdruck gebracht in der Skulptur. Das ist innerliches Erleben, das zusammenhängt mit den Formen des Leibes. Man erkennt das nur, wenn man gewohnt ist, Wahrnehmen und Denken in ruhige Formvorstellung auszugestalten. Man lernt es, daß aus dem Leibe nicht chaotische Kräfte entgegenkommen, sondern Formen, die zeigen, daß der Mensch aus dem Kosmos integriert ist. Indem man auf mehr äußere Kräfte sieht, welche die Seele unterbewußt erlebt, hat man es mehr zu tun mit der plastischen Phantasie. Zwischen beiden liegt ein merkwürdig unbewußtes Gebiet, das die Seele unten in ihren Tiefen hat. Indem die Nervenwelle zwischen Leib und Gehirn vibriert, steht sie, die eigentlich das Kalte, intellektuelle im menschlichen Leib ist, in Berührung mit dem warmen Blut. In solcher Durchwärmtheit, Durchgeistigtheit liegen unbewußt die Quellen des künstlerischen Schaffens, das den Maler impulsiert, indem er in Farben auf die Wand seine Eindrücke bringt, die heraufgehoben sind aus dem Unterbewußten. Der Mensch steht unbewußt in der geistigen Welt, die erst erschlossen wird durch Sehertum.

Man hat nicht umsonst in alten Zeiten den Leib als Tempel für die Seele empfunden. Da lag angedeutet, wie Architektur verwandt ist mit dem Gleichgewichtsverhältnis des ganzen Leibes und des ganzen Kosmos.

Kunst soll das ausdrücken, was der Künstler in sein Gestalten hineinzulegen nur dadurch imstande ist, daß seine Seele es im Zusammenhang mit der Welt erlebt, daß sein Leib ein mikrokosmisches Abbild ist des ganzen Makrokosmos. Soll das zum Bewußtsein gebracht werden, so kann das nur durch das Sehertum geschehen. Weshalb erweist sich die gewöhnliche

Ästhetik, die nach dem Muster der Naturwissenschaft gebaut ist, so unfruchtbar? – Der Künstler kann nichts anfangen mit dieser Schulästhetik, welche das Unbewußte in der Natur des Menschen geradeso zum Bewußtsein bringen will wie gewöhnliche Naturforschung. Was im künstlerischen Schaffen lebt, bringt das Sehertum zum Bewußtsein, nur darf eben gerade der Künstler vor dem Sehertum nicht die Furcht haben, die so viele haben. Die beiden Gebiete können in der menschlichen Persönlichkeit nebeneinander getrennt leben, weil sie so geschieden sein können. Es ist möglich, daß die Seele außerhalb des Leibes in der Geisteswelt lebt: dann kann sie beobachten, wie das, was sonst im Unterbewußten bleibt, sich in künstlerische Gestaltung hineinkristallisiert, aber auch wie das, was von dem Seher, getrennt von seinem Sehertum, künstlerisch erlebt werden kann. Nur Befruchtung des Künstlerischen kann durch dieses Erleben geschehen und den Künstlern nur nützen, wie ja auch Künstler das Sehertum befruchten können. Der Seher, der künstlerischen Sinn oder Geschmack hat, wird davor bewahrt bleiben, die Geisteswissenschaft gar zu sehr vom Philiströsen durchschossen sein zu lassen. Er wird diese Geisteswelt beweglich schildern, wird das Wie der Geisteswissenschaft, von dem ich sprach, angemessener gestalten können als derjenige, der ohne künstlerischen Sinn sich angeeignet hat den Eintritt in die Geisteswelt. Es ist nicht nötig, wie viele Künstler es tun, die Furcht vor dem Sehertum zu entwickeln. Ich spreche von der ernstgemeinten Furcht, nicht nur davon, daß jemand fürchtet, es könne ihm nachgesagt werden, er sei ein Anthroposoph. Ich spreche von der sehr häufigen prinzipiellen Furcht, daß das Sehertum das Unmittelbare des künstlerischen Schaffens beeinträchtigen würde. Diese Beeinträchtigung ist in Wahrheit nicht vorhanden. Aber wir leben in einem Zeitalter, in dem durch historische Notwendigkeit der Menschheitsentwickelung die Seele hineingedrängt wird, das in Bewußtes umzusetzen, was unterbewußt naiv vorhanden war. Nur der versteht heute die Zeit, in der wir leben, der das Unbewußte immer mehr in das freie Erfassen des Bewußten umwandelt.

Wird diese Forderung der Zeit nicht erfüllt, so wird die Menschheit in eine Kultursackgasse treten. Durch gewöhnliche Wissenschaft läßt Kunst sich nicht erkennen, daher wird diese Ästhetik vom Künstler abgelehnt. Sehertum aber entwickelt eine Wissenschaft, die der Kunst nicht den Tau von den Blüten herunternimmt, indem sie zu begreifen sucht. Sehertum ist beweglich genug, die Kunst zu begreifen. Daher kann jemand es als Tatsache der heutigen Zeit begreifen, daß die Brücke geschlagen werden muß zwischen Künstlertum und Sehertum, er kann dies als Notwendigkeit betonen, so wie Christian Morgenstern es schön betonte in Worten, die auf die Notwendigkeit eines Umschwungs hinweisen. Er sagt: «Wer in das, was von Göttlich-Geistigem heute erfahren werden kann, nur fühlend sich versenken, nicht erkennend eindringen will, gleicht dem Analphabeten, der ein Leben lang mit der Fibel unterm Kopfkissen schläft.»

Man will oft mit der Fibel der Welterkenntnis unter dem Kopfkissen sein Leben lang schlafen, um sich nicht durch seherische Wissenschaft das ursprüngliche elementare Schaffen abschwächen zu lassen. Wer seherische Wissenschaft erfaßt, wie sie heute auf der Höhe der Zeit gemeint sein kann, wird verstehen, daß man im Sinne Morgensterns herauskommen muß aus dem Analphabetismus, Brücken schlagen kann zwischen Künstlertum und Sehertum, und daß dadurch auf die Kunst neues Licht, auf das Sehertum durch die Kunst neue Wärme fallen wird. So daß als Frucht der rechten Bemühungen in heilsamer Zukunft durch seherisches Licht und künstlerische Wärme ein tief bedeutungsvoller Impuls in die Menschheitsentwickelung der Zukunft hineinwirken kann.

DIE QUELLEN DER KÜNSTLERISCHEN PHANTASIE UND DIE QUELLEN DER ÜBERSINNLICHEN ERKENNTNIS

Zweiter Vortrag
München, 6. Mai 1918

Von alters her hat man empfunden, daß eine gewisse Verwandtschaft oder wenigstens Beziehung besteht zwischen den Impulsen der künstlerischen Phantasie, des künstlerischen Schaffens und Genießens und der übersinnlichen Erkenntnis. Wer künstlerischen Individualitäten gegenübertritt, dem ergibt sich, daß in weiten Kreisen des schaffenden Künstlertums eine Ängstlichkeit besteht, es könnte das künstlerische Schaffen gestört werden durch das Herankommen an jene bewußte Erfahrung der übersinnlichen Welt, aus welcher die künstlerische Phantasie ihre Impulse erhält, so wie es angestrebt wird in geisteswissenschaftlicher übersinnlicher Erkenntnis. Auf der anderen Seite ist ja auch in weitesten Kreisen bekannt, daß gewisse künstlerische Naturen, die mit ihrem künstlerischen Produzieren sich dem nähern, was ja wie hereinleuchtend erscheint aus der übersinnlichen Welt, innerhalb der Betätigung ihrer schaffenden Phantasie etwas erleben wie Sehertum. Märchendichter oder andere künstlerische Individuen, welche mehr behandeln wollen das aus der übersinnlichen Welt in die Sinnenwelt Hereinleuchtende, wissen, wie die Gestalten vor Augen erscheinen, aber durchaus geistig sind, so daß sie das Gefühl haben, sie verkehren mit diesen künstlerischen Gestalten, oder diese Gestalten verkehren untereinander. Insofern volles Bewußtsein vorhanden ist, durch das man sich jederzeit herausreißen kann aus dem, was da seherisch einen überkommt, kann auch Geisteswissenschaft in einem solchen Fall von Sehertum sprechen. Man muß sagen, es gibt Berührungspunkte zwischen künstlerischem Schaffen, künstlerischer Phantasie und dem schauenden Bewußtsein, das in die Geisteswelt sich erkennend zu versetzen vermag. Dennoch aber glaubt man, gerade einer solchen geisteswissenschaftlichen Anschauung gegenüber, wie die hier gemeinte, betonen zu müssen, daß der Künstler sich seine Ursprünglichkeit nicht rauben lassen soll durch das, was bewußt aus der Geisteswelt herein aufgenommen wird. Bei solcher Anschauung übersieht man das Wesentliche im Verhältnis zwischen künstlerischer Phantasie und seherischer Anschauung der Geisteswelt. Denn gemeint ist hier mit dieser seherischen Anschauung diejenige, die ganz unabhängig durch die bloße seelische Betätigung sich entwickelt, unabhängig vom physischen leiblichen Werkzeug. Inwiefern dies möglich ist, daß die Seele sich in die geistige Welt leibfrei hineinversetzt, kann ich heute nicht ausführen. Ich möchte nur vorausschicken, daß das, was sich an Verwandtschaft und Beziehungen ergibt zwischen echtem künstlerischem Schaffen und Genießen und dem wahren echten Sehertum, den anthroposophischen Geistesforscher heute mehr interessiert als die Beziehung des Sehertums zu visionären Zuständen, zu abnormen Zuständen, die, wenn auch versucht wird, das als Hellsehen zu bezeichnen, doch nur mit leiblichen Zuständen zusammenhängen, nicht allein nur seelische Erfahrungen darstellen. Um aber diese wirkliche Verwandtschaft zwischen künstlerischer Phantasie und Sehertum einzusehen, ist es notwendig, einzugehen auf das, was im engsten Sinne des Wortes beide voneinander scheidet, und das ist ein sehr Erhebliches.

Wer in künstlerischer Phantasie schaffend ist, wird nicht, wie das im gewöhnlichen sinnlichen Wahrnehmen und Nachdenken über das Wahrgenommene der Fall ist, die äußere sinnliche Welt auffassen und in sich abbilden: Er wird sie verändern, idealisieren, oder wie man das sonst nennen will. Auf die Richtung kommt es nicht an. Ob man realistisch oder idealistisch auffaßt, ob man Impressionist oder Expressionist ist, darauf kommt es nicht an, aber in allem Künstlerischen lebt ein Umgestalten dessen, was sonst von dem Menschen aus der Wirklichkeit herein nachgebildet wird. Aber lebendig bleibt im künstlerischen Schaffen das, was man Wahrnehmen der Außenwelt nennen kann. Der Künstler hält sich an die Wahrnehmung der äußeren Welt. Vorhanden bleibt in diesem künstlerischen Schaffen das Bild der Vorstellungen, die sich anlehnen an die äußere Wahrnehmung, und das, was im Erinnerungsvermögen, im Gedächtnis damit zusammenhängt. Im Künstler wirkt alles, was er im Leben aufgenommen, im Unterbewußtsein nach, und je besser das, was in der Seele als Erlebnis sich absetzte, nachwirkt in der Seele, je reicher das ist, um so reicher wird das künstlerische Hervorbringen als Hinlenkung der Persönlichkeit auf die äußeren Sinneseindrücke, die Vorstellungs- und Erinnerungsfähigkeit, in der künstlerischen Phantasie leben. Das ist nicht der Fall bei dem, was im Sehertum lebt in derjenigen Persönlichkeit, die durch die übersinnliche Anschauung in die Geisteswelt eindringt. Das Wesentliche ist, daß man in die Geisteswelt nur eindringt, wenn man zum Schweigen bringen kann, sowohl äußere sinnliche Anschauung, wie das Vorstellen, das in Erinnerungsfähigkeit ausläuft. Erinnern, Gedächtnis, Wahrnehmungsfähigkeit für die äußeren Sinneseindrücke müssen bei der übersinnlichen Erkenntnis vollständig schweigen. Schwer ist es ja schon, unseren Zeitgenossen klarzumachen, so etwas sei möglich, daß die menschliche Seele in ihren schlummernden Kräften wirklich zu einer solchen Erkraftung es bringen kann, daß seelisches Leben in voller Lebhaftigkeit noch vorhanden ist, wenn Vorstellungs- und Wahrnehmungsvermögen unterdrückt sind. Deshalb darf auch dem Bestreben nach übersinnlicher Erkenntnis, wenn es methodisch entwickelt wird, nicht eingewendet werden, daß man es bei dem willkürlichen Sehertum nur mit Erinnerungsvermögenartigem zu tun habe, welches aus dem Unterbewußten heraufwogt. Das Wesentliche ist, daß der, welcher als Geistesforscher in die übersinnliche Welt eindringen will, die Methode kennen lernt, die möglich macht, das Erinnerungsvermögen so vollständig auszuschalten, daß seine Seele nur in gegenwärtigen Eindrücken lebt, in die sich nichts hineinmischt von Reminiszenzen, die aus dem Unterbewußten heraufkommen, so daß die Seele mit dem, was sie vorstellt und erlebt, in einer Welt steht, die sie bewußt zu durchdringen versucht, auf daß nichts unbewußt bleibe.

Wenn man bedenkt, daß manches mystische, sogenannte theosophische Streben eine Sehnsucht nach allem möglichen Verschwommenen, Nebulosen hat, wird man es ja verständlich finden, daß das, was hier als Sehertum gemeint ist, damit verwechselt wird, auch von denen, die glauben Anhänger zu sein. Darauf kommt es aber nicht an, sondern darauf, was mit diesem Sehertum gemeint ist.

Da kann man sehen, wie prinzipiell verschieden dieses Sehertum von dem künstlerischen Schaffen ist. Beides beruht auf verschiedener Seelenverfassung und -stimmung; aber der, welcher übersinnliche Erkenntnis in dem hier gemeinten Sinn anstrebt, der wird besondere Erfahrungen machen mit der Kunst.

Zunächst eine Kardinalerfahrung. Man kann nicht vom Morgen bis zum Abend Geistesforscher sein. Das Hineinschauen in die Geisteswelt ist an gewisse Zeiten gebunden; man weiß Anfang und Ende des Zustandes, in dem die Seele in die geistige Welt eindringt. In diesem Zustand ist die Seele fähig, durch eigene Kraft vom Eindruck der äußeren Sinne vollständig abzusehen, so daß von all dem, wobei die äußeren Sinne Farben sehen, Töne hören, nichts vorhanden ist. Gerade durch dieses Hinschauen auf das Nichts geht die Wahrnehmung für die Geisteswelt hervor. Ich möchte sagen: Auslöschen kann der Seher alles das, was von der Außenwelt auf ihn eindringt, all das, was aus dem gewöhnlichen Erinnerungsvermögen heraufwogt in das seelische Bewußtsein, aber nicht auslöschen kann er, auch wenn er sich in diesen Zustand hineinversetzt, gewisse Eindrücke, die ihm von Kunstwerken kommen, die wirklich der schöpferischen Phantasie entstammen. Ich will da nicht sagen, daß der Seher in solchen Zuständen dieselben Eindrücke von den Kunstwerken hat, wie der Nichtseher. Die hat er in nichtseherischen Augenblicken. Aber in seherischen Augenblicken hat er die Möglichkeit, das Sinnliche, Erinnerungsmäßige vollständig auszulöschen bezüglich der Außenwelt, nicht aber bezüglich einem Kunstwerk, dem er gegenübertritt.

Es sind das Erfahrungen, die sich spezifizieren. Es zeigt sich, daß der Seher bestimmte Erfahrungen hat mit den einzelnen Künsten. Gerade in den Einzelheiten der Wirkung verlieren solche Worte wie «Kunst» ihre gewöhnliche Bedeutung. Die einzelnen Künste werden, vom Gesichtspunkte der übersinnlichen Erkenntnis aus, Reiche für sich. Architektur wird etwas anderes als Musik, Malerei und so weiter. Um aber das, was seherische Erfahrung gegenüber der Kunst ist, zu überschauen, ist es notwendig, darauf hinzuweisen, daß ja die Frage naheliegt: Wenn der Seher die Wirkungen der Außenwelt und das, was dem Erinnerungsvermögen angehört, unterdrücken muß, was bleibt ihm?

Es lebt in der Seele das, was von den drei in der Seelenkunde angeführten Seelenbetätigungen immer in der menschlichen Seele vorhanden ist. Vorstellen und Wahrnehmen ist nicht vorhanden, aber Fühlen und Wollen, jedoch in einer ganz anderen Art als im gewöhnlichen Leben. Man darf eben übersinnliche Erkenntnis nicht verwechseln mit dem nebulosen, gefühlsmäßigen Sicheinschmelzen in die geistige Welt, das man als Mystik bezeichnen muß. Man muß sich klar sein, daß übersinnliche Erkenntnis, trotzdem sie aus Fühlen und Wollen heraussprießt, etwas anderes ist als Fühlen und Wollen. Dazu muß berücksichtigt werden, daß für die seherische Erkenntnis Fühlen und Wollen die Seele so ausfüllen muß, daß diese Seele ruht, und daß überhaupt auch der ganze übrige Mensch in vollständiger Ruhe sich befindet. Das muß eintreten, worin der Mensch sonst nicht ist beim Fühlen und Wollen: Es muß sich Fühlen und Wollen ganz nach innen geschlagen entwickeln. Willensimpulse entwickeln sich gewöhnlich in Offenbarungen nach außen; keine Offenbarungen nach außen hin dürfen eintreten beim Sehertum. Derwischtum und ähnliches ist der Erkenntnis der geistigen Welt entgegengesetzt.

Indem Fühlen und Wollen nach innen sich entwikkeln, sprießt aus ihnen eine lichtvolle, scharf konturierte Seelentätigkeit auf. Es sprießt eine Tätigkeit der Seele auf, der ähnlich sind die Gedankenbildungen. Das gewöhnliche Gedankenbild ist etwas Abgeblaßtes. Etwas Gegenständliches, das aber nicht minder bestimmt von Wirklichkeit getränkt ist als das gewöhnliche Denken, sprießt aus Fühlen und Wollen für den Seher auf.

Gerade an den Erfahrungen mit der Kunst kann man charakterisieren, was der Seher im einzelnen in seinen Seelenfähigkeiten erlebt. Indem er versucht, sich in architektonische Formen und Maßverhältnisse hineinzuversetzen, in das, was der Architekt in seine Bauten hineingeheimnißt, fühlt er sich verwandt mit diesen Architektur-Maßverhältnissen und -Harmonien, mit dem gerade, was sich in ihm, im Seher, als ein ganz anderes Denken entwickelt als das schattenhafte Denken des gewöhnlichen Lebens. Man möchte sagen: Der Hellseher entwickelt ein neues Denken, das mit nichts so verwandt ist als mit den Formen, in denen der Architekt denkt und die er ausgestaltet. Das Denken, das im gewöhnlichen Leben waltet, hat nichts zu tun mit wirklichem Sehertum. Das Denken, das beim Sehertum waltet, schließt den Raum in sein schaffendes Erleben ein. Der Seher weiß, daß er mit diesen Formen, die lebendige Gedankenformen sind, eindringt in die übersinnliche Wirklichkeit hinter der Sinnenwelt, daß er aber dieses sich in Raumformen auslebende Denken entwickeln muß. Der Seher empfindet: In all dem, was sich in Maß- und Formharmonien auslebt, wirken Wille und emotionelle Gefühle. Er lernt erkennen die Kräfte der Welt in solchen Maß- und Zahlenverhältnisse durchziehenden Gestaltungen, wie sie in seinem Denken leben. Daher fühlt er sich in seinem Denken verwandt mit dem, was der Architekt gestaltet. In gewisser Beziehung fühlt er sich, indem ein neues Gefühlsleben in ihm auflebt – nicht das des gewöhnlichen Bewußtseins – verwandt mit dem, was Architekt und Bildhauer in Formen schaffen. Für die übersinnliche Erkenntnis wird geboren eine gegenständliche Intellektualität, welche denkt in Raumformen, die sich krümmen, die sich durch ihr eigenes Leben Gestalt geben. Das sind Gedankenformen, durch welche die Seele des Sehers untertaucht in die geistige Wirklichkeit; die fühlt man verwandt mit dem, was in den Formen des Bildhauers lebt. Man kann charakterisieren, wie das Denken und das neue Empfinden des Sehers ist, indem man seine Erlebnisse mit Architektur und Plastik ins Auge faßt.

Ganz anders sind die Erlebnisse des Sehers gegenüber der Musik und Dichtung. Gegenüber der Musik kann der Seher erst dann ein Verhältnis gewinnen, wenn er noch weiter dringt als in die Sphäre hinein, die ich eben schilderte. Es ist wahr, zunächst entwickelt sich aus dem nach innen geschlagenen Fühlen und Wollen diese neue spirituelle Intellektualität. Man ist dadurch imstande, in die Geisteswelt einzudringen, daß man die Erfahrung hat: man dringt ein nur durch die Seele; diese bedient sich da keiner leiblichen Organisation. Dann kommt die nächste Stufe. Man würde nur unvollständig in die geistige Welt eindringen, wenn man nicht zur nächsten Stufe vorrückte. Sie besteht darin, daß man nicht nur diese spirituelle Intellektualität entwickelt, sondern sich seines Seins außerhalb des Leibes in der geistigen Wirklichkeit so bewußt wird, wie hier seines Stehens in der physischen Welt, seines Stehens mit den Füßen auf dem Boden, seines Greifens an Gegenständen und so weiter. Indem man beginnt, sich so in der Geisteswelt zu wissen und so zu denken und zu empfinden, wie ich eben sagte, kommt man dahin, ein neues tiefes Fühlen und Wollen zu entwikkeln, aber ein Wollen in der geistigen Welt, das nicht in der Sinnenwelt zum Ausdruck kommt. Indem man sich in diesem Wollen erlebt, kann man erst gewisse Erfahrungen machen mit Musik und Dichtkunst.

Da zeigt sich, daß insbesondere mit dem neuen emotionellen Fühlen, das außerhalb des Leibes erlebt wird, verwandt ist dasjenige, was man in der übersinnlichen Erkenntnis mit der Musik erlebt. Die Musik wird im seherischen Zustand anders erlebt als im gewöhnlichen Bewußtsein: sie wird so erlebt, daß man sich mit jedem einzelnen Ton, jeder Melodie vereint fühlt, mit der Seele lebt im wogenden, tönenden Leben. Die Seele ist ganz verbunden mit den Tönen, die Seele ist wie ausgeflossen in die wogenden Töne. Ich darf wohl sagen, daß man kaum durch etwas eine so präzise Anschauung bekommt, eine so bildhafte Anschauung von der aus dem Meeresschaum aufsteigenden Aphrodite, als wenn man ins Auge faßt die Art, wie das menschliche Seelische im Element des Musikalischen und aus ihm aufsteigend lebt, wenn es im Seherischen sich erfaßt.

Und so, wie wenn diese über der Meeresfläche aufsteigende Aphrodite umflattert würde von Geschöpfen der Luft, die an sie herantreten als Kundgebungen des Lebendigen im Raum, so gesellt sich zu dem Musikalischen für den Seher das Dichterische. Indem er sich mit seiner Seele aus dem Musikalischen wie hervorgehoben fühlt und sich doch wieder darinnen fühlt, sich identisch mit dem Musikalischen fühlt, stellt sich für den Seher zu dem Musikalischen das Dichterische hin. Dieses erlebt er in einer intensiven Form. Was er erlebt, hängt ab von dem Grad, wie er im Sehertum ausgebildet ist. Mit der Dichtkunst ist es eigentümlich. Der Dichter drückt durch die Sprache oder andere Mittel der Dichtkunst das aus, was für das seherische Vermögen herantritt aus der Dichtung. Eine dramatische Person zum Beispiel, die der Dichter zur Darstellung bringt, die er wenige Worte sagen läßt, sie gestaltet sich aus diesen wenigen Worten zur abgeschlossenen Imagination einer menschlichen Persönlichkeit. Das ist es, weshalb bei all dem, was in der Dichtung unwirklich, was bloß phrasenhaft ist, was nicht aus der Schaffenskraft herausdrängt, sondern gemacht ist, die Dinge für den Seher so unangenehm wirken: Er sieht bei dem, was keine Dichtung ist, aber doch phrasenhaft etwas gestalten will, das fratzenhafte Zerrbild. Während sich ihm das Plastische in spirituelle Intellektualität umsetzt, setzt sich das Dichterische in Plastik und Gegenständliches um, das er anschauen muß. Er schaut das an, was wahr ist, was aus den wahren schöpferischen Gesetzen gebildet ist, aus denen die Natur schafft, und trennt dies scharf von dem, was bloß aus der menschlichen Einbildung geschaffen ist, weil man dichten will, auch wenn man nicht in der Phantasie verbunden ist mit den schaffenden Kräften des Alls. So sind die Erlebnisse in bezug auf Dichtung und Musik.

In eigentümlicher Weise erlebt die übersinnliche Erkenntnis die Malerei. Sie steht für die übersinnliche Erkenntnis einzig da. Und weil der Seher – ich werde einen trivialen Vergleich gebrauchen – so wie der Geometer genötigt ist, mit Strichen und mit dem Zirkel, um es sich zu veranschaulichen, das auf die Fläche zu bringen, was er in der bloßen Vorstellung haben könnte, sich die Vorstellung zu versinnlichen, ist auch der Seher genötigt, das Erleben der geistigen Welt, das, was er gestaltlos erlebt, in gestaltete, in dichte Welt umzusetzen. Es geschieht, indem er das, was er in dieser Weise erlebt, so miterlebt, daß er es umsetzt in innere Anschauung, in Imagination und es ausfüllt, wenn ich so sagen darf, mit Seelenstoff. Das tut er so, daß er gewissermaßen im innerlichen, schöpferischen, seherischen Zustand das Gegenstück zur Malerei schafft. Der Maler bildet seine Phantasie durch Anlehnung der inneren gestaltenden Kräfte an sinnliche Anschauung, die er erlebt, wie er sie braucht. Er kommt von außen herein bis dahin, wo er das im Raum Lebende so umgestaltet, daß es in Linien, Formen, Farben wirkt. Das bringt er bis zum Flächenhaften der malerischen Anschauung. Von entgegengesetzter Seite kommt der Seher. Er verdichtet das, was in seiner seherischen Tätigkeit ist, bis zum seelischen Färben; er durchtränkt das, was sonst farblos ist, wie innerlich illustrierend mit Farben, er bildet Imaginationen aus. Man muß sich nur in richtiger Weise vorstellen, daß dasjenige, was von der einen Seite der Maler bringt, von entgegengesetzter Seite kommt in dem, was der Seher von innen nach außen schafft.

Um sich das vorzustellen, lese man einmal die elementaren Grundbegriffe in den letzten Kapiteln von Goethes «Farbenlehre» über die sinnlich-moralische Wirkung der Farben, wo er sagt, daß jede Farbe einen Gemütszustand auslöse. Diesen Gemütszustand, den erhält der Seher als letztes, mit dem tingiert er das, was sonst farb- und gestaltlos wäre. Wenn der Seher von Aura und dergleichen spricht und Farben anführt bei dem, was er schaut, soll man klar sein, daß er das tingiert, was er innerlich mit diesen Gemütszuständen erlebt. Wenn der Seher sagt, was er schaut sei rot, erlebt er das, was man sonst an der roten Farbe erlebt; das Erleben ist das gleiche wie beim Sehen von Rot, nur geistig.

Es ist dasselbe, was der Seher schaut und was der Künstler auf die Leinwand zaubert, aber von verschiedenen Seiten geschaut. Mit dem Maler begegnet sich so der Seher. Diese Begegnung ist ein bemerkenswertes, bedeutsames Erlebnis. Sie läßt die Malerei als besondere Eigenart der übersinnlichen Erkenntnis erscheinen. Das zeigt sich besonders bei einer Erscheinung, die für jede Seele ein besonderes Problem werden muß: beim Inkarnat, der menschlichen Fleischfarbe, die eigentlich für den, der in solche Dinge innerlich eindringen will, etwas ebenso Geheimnisvolles wie Reizvolles hat, das in tiefe Natur- und Geistverhältnisse hineinschauen läßt. Dieses Inkarnat erlebt der Seher auf besondere Weise. Ich möchte da auf eines aufmerksam machen.

Wenn man vom Sehen, vom Hellsehen spricht, denken die Menschen, daß da etwas gemeint ist, was nur ein paar verdrehte Menschen haben, was ganz außerhalb des Lebens steht. So ist es nicht. Das, was ernsthaftes Schauen ist, ist im Leben immer vorhanden. Wir könnten nicht im Leben stehen, wenn wir nicht alle für gewisse Dinge hellsehend wären. Darauf kommt viel an, daß der ernsthaft zu nehmende Seher nicht etwas meint, was außerhalb des Lebens steht, sondern was nur Erhöhung des Lebens ist nach gewissen Seiten hin. Wann sind wir im gewöhnlichen Leben hellsehend? Wir sind in einem Fall hellsehend, der heute deshalb so verkannt wird, weil man aus der materialistischen Anschauung heraus allerlei Spintisiererei sich gebildet hat über die Art, wie man ein fremdes Ich erfaßt, wenn man einem fremden Körper gegenübersteht. Es gibt heute schon Menschen, die sagen: Man nimmt nur durch einen unterbewußten Schluß die Seele eines anderen Menschen-Ich wahr. Wir sehen das Oval des Gesichtes, die sonstigen menschlichen Linien, seine Gesichtsfarbe, die Form der Augen, wir sind gewöhnt worden, wenn wir so etwas Leibliches sehen, uns einem Menschen gegenüberstehend zu finden, darum ziehen wir den Analogieschluß, daß das, was in einer solchen Form ist, auch einen Menschen birgt. – Es ist nicht so; das zeigt die übersinnliche Erkenntnis. Das, was uns am Menschen erscheint in der menschlichen Gestalt und Tingierung, das ist eine Art Wahrnehmung, wie die Wahrnehmung von Farbe und Form an einem Kristall. Farbe, Form und Fläche an einem Kristall drängen sich auf als sie selbst. Fläche, Tingierung am Menschen heben sich selbst auf, machen sich, ideell gesprochen, durchsichtig. Die sinnliche Wahrnehmung des andern Menschen löscht sich geistig aus: Wir nehmen die andere Seele unmittelbar wahr. Es ist ein unmittelbares Sich-Versetzen in die andere Seele, ein geheimnisvoller, wunderbarer Prozeß in der Seele, wenn wir dem anderen Menschen gegenüberstehen in unserem eigenen Menschenwesen. Da geschieht ein wirkliches Heraustreten der Seele, ein Hinübertreten zum anderen. Das ist ein Hellsehen, das im Leben immer und überall vorhanden ist. Innig hängt zusammen diese Art des Hellsehens mit dem Geheimnis des Inkarnats. Das wird der Seher gewahr, wenn er zum schwierigsten seherischen Problem aufsteigt: seherisch das Inkarnat wahrzunehmen. Das Inkarnat hat für die gewöhnliche Anschauung etwas Ruhendes, beim Seher wird es etwas in sich Bewegtes. Der Seher nimmt das Inkarnat nicht als etwas Fertiges wahr, er nimmt es wahr als einen Mittelzustand zwischen zwei anderen. Konzentriert sich der Seher auf die Tingierung des Menschen, dann nimmt er ein fortwährendes Schwanken des Menschen wahr zwischen Erblassen und einer Art Erröten, was höheres Erröten ist als das gewöhnliche Erröten, und was für den Seher übergeht in eine Art Wärmeausstrahlung. Das sind die beiden Grenzzustände, zwischen denen die Tingierung des Menschen pendelt und in deren Mitte das Inkarnat liegt. Das wird ein Hin- und Hervibrieren für den Seher. Durch das Erblassen versteht der Seher, wie der Mensch im Innern, im Gemüt und Intellekt ist, und durch Erröten erkennt man, wie der Mensch als Willens-Impulswesen ist, wie er im Verhältnis zur äußeren Welt ist. Es vibriert das, was in höherem Grade im Inneren Charakter des Menschen ist

Man darf sich nicht vorstellen, das Sehertum bestehe darin, daß man sich «entwickelt» und dann alle

Menschen und alle Dinge geistig sieht. Der Weg in die geistige Welt hinein ist ein vielgestaltiger, komplizierter Weg. Das Daraufkommen auf das Innere des anderen Menschen hat das Erlebnis des Inkarnates zu seinem Hauptproblem.

So sehen Sie, daß der Seher mit den Künsten die mannigfaltigsten Erfahrungen hat. Dasjenige, was da gemeint ist, schattiert sich uns noch ein wenig durch eine Erscheinung, die geeignet ist, hinzuweisen auf die Art, wie das Sehertum im Leben steht: das Verhältnis des Sehertums zur menschlichen Sprache.

Die Sprache ist eigentlich nichts Einheitliches, sondern etwas, was in drei verschiedenen Sphären lebt. Zunächst hat man einen Zustand der Sprache, der die Sprache als Werkzeug betrachten läßt für die Verständigung der Menschen und in der Wissenschaft. Man mag dasjenige, was da der Seher empfindet, paradox nennen, aber es ist ein wirkliches Erleben: Es empfindet der Seher diese Art der Sprachverwendung als Verständigungsmittel und Ausdruck für gewöhnliche Verstandeswissenschaft wie eine Art Herabstimmung der Sprache, sogar wie eine Herabwürdigung der Sprache zu etwas, was die Sprache ihrer innersten Natur nach nicht ist. Das Sehertum gelangt zu anderer Auffassung. Die Sprache ist jenes Instrument, durch das ein Volkstum in Gemeinsamkeit lebt. Was in der Sprache lebt, indem diese in verschiedenen Formen gestaltet wird, in den Lauttingierungen und so weiter, das ist, richtig angeschaut, ein Künstlerisches. Die Sprache als Ausdrucksmittel des Volkstums ist Kunst, und wie in der Sprache geschaffen wird, ist gemeinsames künstlerisches Schaffen des Volkes, das diese Sprache spricht.

Indem man die Sprache als alltägliches Verständigungsmittel benützt, würdigt man sie herab. Wer eine Empfindung hat für das, was in der Sprache lebt und in unserem Unterbewußten sich offenbart, der weiß, daß das Sprachschöpferische verwandt ist mit dem Dichterischen, mit der Kunst überhaupt. Wer künstlerisches Wesen in sich hat, hat eine unangenehme Empfindung, wenn die Sprache in unnötiger Weise in die Sphäre der gewöhnlichen Verständigung herabgestimmt wird. Christian Morgenstern hatte diese Empfindung. Er war nicht ängstlich, die Brücke zu schlagen zwischen Künstlertum und Sehertum, er hatte nicht den Glauben, daß die künstlerische Ursprünglichkeit verloren geht durch Eindringen in die geistige Welt; er empfand, daß das Dichterische in ihm verwandt war mit dem Plastischen, Architektonischen. Er, der ausdrückt, was er der Sprache gegenüber empfindet, indem er das Schwätzen als Mißbrauch der Sprache charakterisiert, er sagt: «Alles Schwätzen hat zur Grundlage die Unsicherheit um Sinn und Wert des einzelnen Wortes. Für den Schwätzer ist die Sprache etwas Verschwommenes. Aber sie gibt's ihm genugsam zurück: dem ‹Verschwommenen›, dem ‹Schwimmer›.» Man muß das nachfühlen, was – um wie er zu empfinden – Morgenstern als das Sprachschöpferische empfand: daß da, wo die Sprache in der Prosa Verständigungsmittel wird, ihre Herabwürdigung zum bloßen Zweck stattfindet.

Als Drittes charakterisiert sich für das Erleben des Sehers mit der Sprache dasjenige, was erlebt wird in der geistigen Welt. Was da angeschaut wird, das wird nicht in Worten angeschaut, es drückt sich nicht unmittelbar in Worten aus. So hat man es in der Verständigung mit der Außenwelt seherisch schwer, denn die meisten Menschen denken theoretisch und inhaltlich in Worten und können sich nicht ein Leben der Seele vorstellen, das über die Worte hinaus ist. Daher empfindet derjenige, der die Geisteswelt empfindend erlebt, es als einen gewissen Zwang, in die schon gestaltete Sprache das hineinzugießen, was er erlebt. Aber dadurch, daß er zum Schweigen bringt, was sonst in der Sprache lebt – das Vorstellungs- und Erinnerungsvermögen –, kann er in sich rege machen die sprachschöpferischen Kräfte selbst, jene schöpferischen Kräfte, die an der Menschheitsentwickelung tätig waren, als die Sprache entstand. Der Seher muß sich versetzen in die Seelenverfassung, wo die Sprache erst entstand, muß die doppelte Tätigkeit entwickeln, innerlich zu gestalten Spirituelles, das er geschaut, und in den Geist der Sprachgestaltung so untertauchen, daß er beides miteinander zu verbinden vermag. Daher ist es wichtig einzusehen, daß man die Worte des Sehers anders auffassen muß als sonst Worte. Indem der Seher sich mitteilt, muß er sich der Sprache bedienen, aber so, daß er das, was in der Sprache schöpferisch tätig ist, wieder entstehen läßt, indem er eingeht auf die Bildekräfte der Sprache. Dadurch wird es wichtig, daß er das gesprochene Wort gestaltet, indem er gewisse Dinge stark, andere weniger betont, gewisse Dinge zuerst sagt, andere später, oder indem er illustrierend etwas zur Seite setzt. Eine besondere Technik ist notwendig für denjenigen, der spirituelle Wahrheiten in Sprache umgießen will, wenn er zum Ausdruck bringen will, was innerlich in ihm lebt. Daher hat der Seher nötig, daß man Rücksicht nimmt auf das «Wie», wie er sich ausdrückt, nicht bloß auf das, was er sagt. Es kommt darauf an, daß er zuerst gestaltet, es kommt darauf an, wie er die Dinge sagt, besonders die Dinge über die Geisteswelt, nicht bloß auf das, was er sagt. Weil das so wenig in Betracht gezogen wird, und weil die Menschen bei den Worten sich erinnern, was diese sonst bedeuten, wird der Seher so schwer verstanden. Da hat er nötig – das ist alles nur relativ –, die Fähigkeit der Sprachschöpfung zu entwickeln, damit er das Übersinnliche ausdrückt durch die Art, wie er sich ausdrückt. Immer mehr wird es notwendig sein, daß man sich klar darüber wird: Nicht der Inhalt ist das Wichtige von dem, was gesagt wird, das Wichtige ist, daß man durch das, wie der Seher sich ausdrückt, den lebendigen Eindruck hat, er redet aus der geistigen Welt heraus. So ist die Sprache selbst im gewöhnlichen Leben schon ein künstlerisches Element. Auch zu der Sprache hat der Seher ein besonderes Verhältnis.

Nun entsteht die Frage: Worauf beruht es, daß solche Beziehungen zwischen dem Seher und dem Künstler bestehen? Woher kommt es, daß im Grunde genommen der Seher nicht absehen kann von dem Eindruck einem Kunstwerk gegenüber? – Es rührt das davon her, daß in dem Kunstwerk etwas mit der übersinnlichen Erkenntnis Verwandtes auftritt, nur in einem anderen Gewand. Es kommt davon, daß das menschliche Innenleben viel komplizierter ist, als die heutige Wissenschaft sich vorzustellen vermag.

Ich möchte das von einer anderen Seite her darstellen, wo allerdings scheinbar Wissenschaftliches gesprochen wird, und was auf etwas hindeutet, das sich immer mehr ausbilden muß, um die Brücke zu schlagen einerseits zwischen dem gewöhnlichen Anschauen der Wirklichkeit und andrerseits dem Erleben in künstlerischer Phantasie und übersinnlicher Erkenntnis. Ich will fragen: Worauf beruht es, daß der schaffende Musiker aus seinem Innern heraus dasjenige zustande bringt, was in seinen Tönen lebt? – Da muß man sich klar sein, daß das, was man gewöhnlich Selbsterkenntnis nennt, noch abstrakt ist. Selbst was die Mystiker oder die nebulosen Theosophen sich da vorstellen ist etwas sehr Abstraktes. Wenn man glaubt, man erlebe das Göttliche in seiner Seele, so ist das vor dem wirklichen, konkreten Sehertum etwas ganz Unklares, Nebuloses. Dieses wird klar, daß der Mensch auf einer Seite sein inneres Erleben hat, seine Gedanken, Gefühle, Willensimpulse; er kann sich da hineinversenken, nennt das Mystik, Philosophie, Wissenschaft. Lernt man das Lebendige erkennen, so weiß man: Das alles ist zu dünn, wenn man es auch innerlich zu verdichten versucht. Man flattert, selbst mit intensiver Mystik, immer über der Wirklichkeit, kommt nicht an die wahre Wirklichkeit heran, erlebt nur innerliche Abbilder, erlebt Wirkungen der Wirklichkeit, erlebt auch nicht Wirklichkeit durch gewöhnliche Naturanschauung, die den materiellen Prozessen gegenübersteht.

Es ist wahr, was Du Bois-Reymond sagt: daß Naturanschauung nie dahin kommen kann, dasjenige zu erfassen, was im Raume spukt. – Wenn der Naturforscher von Materie spricht, die da im Raum vorhanden ist – die ergibt sich nicht dem, womit wir die Wirklichkeit zu ergreifen suchen. Für das gewöhnliche Bewußtsein bleibt es so, daß wir auf der einen Seite das Innenleben haben, das an die Wirklichkeit nicht herandringt, auf der anderen Seite die äußere Wirklichkeit, die sich dem Innenleben nicht ergibt. Dazwischen ist ein Abgrund. Dieser Abgrund, den man kennen muß, er ist ein Hindernis für die menschliche Erkenntnis. Er wird auf keine andere Weise überwunden als dadurch, daß sich in der Seele übersinnliches Schauen entwickelt, solches Schauen, wie ich es heute durch seine Beziehung zum Künstlerischen zeigte.

Wenn sich dieses Schauen entwickelt, tritt man in ein äußeres Verhältnis zu sich selbst und der materiellen Wirklichkeit, die als Leib vorhanden ist. Der Leib wird etwas Neues, bleibt nicht das Spröde, sich dem Inneren nicht Ergebende. Das Innere bleibt nicht das über der Wirklichkeit Flatternde, sondern es imprägniert sich, durchdringt sich im eigenen Leiblichen mit dem, was im Leib materielles Dasein hat. Aber alles materielle Dasein enthält geistiges Dasein.

Versuchen wir das in Anlehnung an die musikalische Kunst uns vor Augen zu führen. Während der Mensch musikalische oder andere Vorstellungen entwickelt und im gewöhnlichen Bewußtsein wahrnimmt, gehen in seinem leiblichen Inneren komplizierte Zustände vor sich. Von denen weiß er nichts, aber sie spielen sich ab. Das hellseherische Bewußtsein dringt vor zu diesem innerlichen, komplizierten, wunderbaren leiblichen Erleben. Das Gehirnwasser, in dem das Gehirn sonst eingebettet ist, ergießt sich beim Ausatmen in den Rückenmarksack, dringt hinunter, drängt das Blut zu den Unterleibsvenen, beim Einatmen wird alles hinaufgedrängt. Ein wunderbarer Rhythmus findet statt, der alles das begleitet, was wir vorstellen und wahrnehmen. Dieses Atmen, diese Plastik in ihrer Rhythmik drängt sich herein und heraus im Gehirn. Es findet ein Prozeß statt, der mitwirkt im menschlichen Erleben. Es ist etwas, das im Unterbewußten vor sich geht und von dem die Seele weiß. Die heutige Physiologie und Biologie ist in bezug auf diese Dinge noch fast vollständig unwissend; aber das wird eine ausgebreitete Wissenschaft werden.

In Zeiten, die nicht mehr die unseren sein können, hat man das spirituelle Leben in anderer Art suchen müssen. Dafür aber ist die Zeit vorbei, in orientalisch-indischer Weise Geisteswissenschaft zu suchen; das kann hinterher studiert werden, aber ganz fehl geht der Glaube, daß man auf indische Methoden zurückgehen müsse. Das ist nichts für unsere Zeit, das würde die Menschheit irreführen. Unsere Methoden sind viel intellektueller, doch darf man studierend sehen, was das alte Indertum wollte. Ein großer Teil der Schulung zu höherer Erkenntnis bestand beim Indertum in rhythmisch geordnetem Atmungsverlauf: den Atmungsprozeß regulieren wollten sie. Vergleichen Sie das, was man da suchte, mit dem eben Gesagten, so finden Sie, daß der Yogaschüler durch innerliches Erfühlen des Atmungsweges das in sich erfahren wollte, was ich schilderte. Der Inder erfuhr das dadurch, daß er den Atmungsprozeß, der da auf- und abwogt, zu empfinden versuchte.

Unsere Methoden sind andere. Wer das mit Verständnis verfolgt, findet, daß wir nicht mehr in dieser physischen Weise uns einleben sollen in den Organismus, sondern durch meditierende Art vom Intellekt her zu erfassen versuchen das, was hinunterströmt, und durch Willensübungen das, was heraufströmt, und auf diese Weise versuchen, uns mit unserem Seelenleben dem Strom entgegenzustellen und ihn zu fühlen, indem er hinauf- und hinunterströmt.

Darauf beruht ein gewisser Fortschritt in der Menschheitsentwickelung. Das ist etwas, wovon Wissenschaft und Alltagsbewußtsein nichts wissen, aber die Seele in ihren Tiefen weiß es. Was die Seele da weiß und erlebt, kann unter besonderen Verhältnissen heraufgeholt werden ins Bewußtsein. Heraufgeholt wird es, wenn der Mensch eine Künstlernatur in bezug auf Musik ist. Wodurch geschieht das? – Im gewöhnlichen menschlichen Zustand, den man auch den gutbürgerlichen nennen könnte, ist eine starke Verbindung des Seelisch-Geistigen mit dem Physisch-Leiblichen. Das Seelisch-Geistige ist stark gebunden an die soeben geschilderten Vorgänge. Wenn das Gleichgewicht ein labiles ist, das Geistig-Seelische losgelöst wird, ist man durch diese Konstruktion, die auf innerem Schicksal beruht, musikalisch oder empfänglich dafür. Auf dem labilen Verhältnis beruht die besondere künstlerische Begabung auch auf anderen Gebieten. Derjenige, der diese Begabung hat, ist imstande, das, was sich sonst nur unten in der Seele abspielt – in den Tiefen der Seele sind wir alle musikalische Künstler – heraufzuholen. Das, was sich da abspielt, kann derjenige, der im stabilen Gleichgewicht ist, nicht heraufholen: Er ist kein Künstler. Wer im labilen Gleichgewicht ist – jetzt könnte man als wissenschaftlicher Philister von Degeneration reden –, wer im labilen Gleichgewicht des Seelischen und Leiblichen steht, holt mehr das herauf, dunkler oder heller, was da im inneren Rhythmus spielt, und gestaltet es aus durch das Tonmaterial. Betrachten wir den Strom der Nervenwellen von unten nach oben gegen das Gehirn zu, da begegnen wir zuerst dem, was wir als Musikalisches charakterisieren. Wie sich der Sehnerv im Auge ausbreitet, mit Blutgefäßen in Verbindung steht, das bleibt noch im Unterbewußten. Da geht etwas vor sich, das ausgelöscht wird, wenn der Mensch der äußeren Natur gegenübersteht. Beim Gegenüberstehen der äußeren Sinneswelt löscht der äußere Eindruck aus. Was sich aber zwischen Nervenwellen und Sinnesvorgängen abspielt, das war immer ein Dichter; da lebt in jedem Menschen der Dichter. Und davon, wie das Gleichgewicht zwischen Seele und Leib ist, hängt wieder ab, ob unten bleibt, was sich da abspielt, oder ob man es heraufholt und in Dichtung umgießt.

Betrachten wir wieder den Ausstrahlungsprozeß, die Welle, die nach unten schlägt, an die Verzweigung der Blutwelle anstößt: Da drückt sich aus ein Hineinstellen unseres eigenen Gleichgewichts in das Gleichgewicht der Umwelt. Besonders stark ist da das unterbewußte Erleben, in dem der Mensch vom kriechenden Kind in das aufrechte Gleichgewicht hineintritt. Das ist ein ungeheures unterbewußtes Erlebnis. Daß man das hat, was beim Affen nur karikiert ist, was bedeutsam wird für das Menschtum: daß die Linie durch den Körpermittelpunkt mit der Schwerpunktlinie zusammenfällt, ist ein ungeheures inneres Erleben. Da erlebt man unbewußt das architektonisch-plastische Verhältnis. Indem die Nervenwelle nach unten sich begegnet mit der Blutströmung, wird unbewußt erlebt Architektur, das Bildhauermäßige, und es wird wieder durch labile oder stabile Verhältnisse mehr oder weniger heraufgeholt und zur Gestaltung gebracht.

Die Malerei und was da zum Ausdruck kommt, wird innerlich erlebt, wo Nerven- und Blutwelle sich begegnen. Der künstlerische Prozeß ist bewußt, aber die Impulse sind unbewußt. Das Seherische versenkt sich bewußt in das, was der künstlerischen Phantasie als Impuls zugrunde liegt, als inneres Erleben, das bloß nicht so abstrakt zu charakterisieren ist, wie es heute geschieht, sondern so konkret, daß man jede einzelne Phase wiederfindet in der Konfiguration des eigenen Leibes. Alte Zeiten haben richtig empfunden, daß mit Bezug auf die Architektur, jede Form, jedes Maß im eigenen Sich-Hineinstellen in die Außenwelt vorhanden ist. Die antike Architektur entstammt anderem Erfühlen dieser Maßverhältnisse als die gotische, aber beide entstammen einem Erfühlen der eigenen Gleichgewichtsverhältnisse mit den Verhältnissen des Makrokosmos. Da erkennt man, wie der Mensch in seinem eigenen Bau ein Abbild des Makrokosmos ist. Deshalb hat man den Leib den Tempel der Seele genannt. In solchen Ausdrücken liegt viel Wahrheit. So kann man sagen: Im Grunde sind die Quellen, aus denen der Künstler schöpft, welcher ernst zu nehmen ist und ein Verhältnis hat zur Wirklichkeit, dieselben Quellen, aus denen der Seher schöpft, dem nur das, was in seiner Wirkung Impuls bleiben soll, nun im Bewußtsein erscheint, während, wenn der Impuls im Unterbewußten bleibt, er das heraufholt, was vom Künstler zur Anschauung gebracht wird.

Daraus sieht man, daß diese Gebiete im menschlichen Erleben streng getrennt sind. Daher ist die Ängstlichkeit unbegründet, die glaubt, das Ursprüngliche des Künstlers werde verloren durch das Sehertum. Das Sehertum wird entwickelt an denselben Zuständen, die man abtrennen kann vom künstlerischen Schaffen und Erleben, aber beeinträchtigen können sich die beiden nicht, wenn sie richtig erlebt werden. Im Gegenteil.

Wir stehen im Zeitpunkt, wo die Menschheit immer bewußter und bewußter, immer freier und freier werden muß. Darum muß jenes Licht über die Kunst ausgegossen werden vom Künstler selbst und dadurch wird die Brücke geschlagen werden zwischen dem sich nicht störenden Künstlertum und Sehertum.

Man kann begreifen, daß der Künstler sich gestört fühlt, wenn Kunstwissenschaft sich entwickelt nach dem Muster der neueren Naturwissenschaft oder der verstandeswissenschaftlichen Ästhetik, wie man sie heute auffaßt. Eine Erkenntnis, die sehend in die wirkliche Kunst eindringt, eine solche Wissenschaft ist heute noch nicht vorhanden; sie wird einmal von den Künstlern nicht als störend empfunden werden, sondern als sie befruchtend.

Wer mikroskopiert, der weiß, wie man verfahren muß, damit man die Sache erst sehen lernt. So wie man sich erst von innen durchdringt mit der Fähigkeit, richtig mikroskopieren zu können – da regt das innere das äußere Schauen an, hindert es nicht –, so wird eine Zeit kommen, wo wirkliches Sehertum fördernd imprägniert, durchdringt das elementare Produktionsvermögen des Künstlers.

Zuweilen wird das zwar mißverstanden, was unter Sehertum gemeint ist, weil man die übersinnliche Wissenschaft und Erkenntnis zu sehr nach dem Muster der gewöhnlichen sinnlichen Wissenschaft und Erkenntnis denkt. Die Leute, die an die Geisteswissenschaft herantreten, fühlen sich aber manchmal enttäuscht: sie finden nicht so bequeme Antworten auf ihre hausbackenen Fragen, sondern sie finden andere Welten, die manchmal viel tiefere Rätsel haben als die in der Sinnenwelt. Durch Einführung in die Geisteswissenschaft gehen neue Rätsel auf, die sich nicht theoretisch lösen, sondern versprechen, sich im Lebensprozesse lebendig aufzulösen und so neue Rätsel zu erzeugen. Lebt man sich in diese höhere Lebendigkeit hinein, so bleibt man der Kunst verwandt. Hebbel verlangt Konflikte, die ungelöst stehen bleiben müssen, und er empfindet es bei Grillparzer als philiströs, daß dieser, trotz aller Schönheit, die Sache so macht, daß sich die Konflikte lösen, wenn man nur etwas gescheiter ist als sein Held. – Dahin führt vor allen Dingen das wirkliche Sehertum: Es schafft nicht billige Antworten, sondern Weltanschauungen zu den sinnlich gegebenen hinzu. Gewiß, tiefschürfende Künstler haben das schon empfunden. In seinem eben erschienenen Buch «Stufen» spricht Morgenstern aus, daß wer, wie der Künstler, wirklich an das Geistige heran will, darauf aus sein muß, das in sich aufzunehmen, mit sich zu vereinigen, was man heute schon, durch übersinnliche Erkenntnis durchdringend, von Göttlich-Geistigem begreifen kann. Er sagt: «Wer in das, was vom Göttlich-Geistigen heute erfahren werden kann, nur fühlend sich versenken, nicht erkennend eindringen will, gleicht dem Analphabeten, der ein Leben lang mit der Fibel unterm Kopfkissen schläft.»

Das charakterisiert, an welchem Punkte unserer Kultur wir stehen. Wenn man auf das, was unserer Zeit nottut, eingehen kann, wird man, wie Morgenstern, zum Eindruck kommen müssen: Man darf gegenüber hellseherischer Erkenntnis nicht Analphabet bleiben; man muß als Künstler Beziehungen suchen zum hellseherischen Erkennen. Ebenso wie es bedeutsam ist, wenn das seherische Element in das künstlerische Schaffen Licht gießt, ebenso ist es bedeutsam, wenn das, was als seherisches Philistertum nichts Musisches, höchstens etwas Amusisches heute noch hat, sich befruchten läßt vom künstlerischen Geschmack. Wichtiger als alles pathologische Sehertum ist dem wahren Geisteskenner der Zukunft die Brükke, die geschlagen werden kann zwischen Künstlertum und Sehertum.

Wer das durchschaut, weiß, daß es zum Heil der Menschheit in Gegenwart und Zukunft gedeihen wird, wenn mehr und mehr die geistigen Dinge, die geistige Erkenntnis gesucht werden. Licht des Sehertums muß leuchten in der Kunst, auf daß Wärme und Größe der Kunst befruchtend wirke auf Weite und Größe des Horizontes des Sehertums. Das ist notwendig für die Kunst, die untertauchen will in das wahre Dasein, wie wir es brauchen, um die großen Aufgaben, die immer mehr aus unbestimmten Tiefen an die Menschheit herantreten müssen, bewältigen zu können.

DAS SINNLICH-ÜBERSINNLICHE GEISTIGE ERKENNTNIS UND KÜNSTLERISCHES SCHAFFEN

Wien, 1. Juni 1918

Einige Freunde, die zugegen waren bei meinen Münchner Vorträgen über die Beziehungen von Geisteswissenschaft und Kunst, waren der Ansicht, daß ich auch hier in Wien über die dort geäußerten Gedanken sprechen sollte. Und indem ich dieser Meinung nachkomme, bitte ich Sie, dasjenige, was ich am heutigen Abend sagen werde, durchaus so entgegenzunehmen, daß es in anspruchsloser Form gemeint ist und nur aphoristische Bemerkungen geben will über mancherlei, was zu sagen ist über die Beziehungen dessen, was man modernes Sehertum nennen kann, wie es von der anthroposophisch orientierten Geisteswissenschaft angestrebt wird, zum künstlerischen Schaffen und dem Wesen des künstlerischen Genießens.

Zunächst liegt ja überhaupt gegenüber einer solchen Betrachtung, wie die jetzt anzustellende es sein wird, ein gewisses Vorurteil vor – und Vorurteile sind ja nicht immer unbegründet –, es liegt ein gewisses begründetes Vorurteil vor, das sich auf die Einsicht stützt, daß ja eigentlich künstlerisches Schaffen, künstlerisches Genießen, künstlerisches Empfinden sich nichts zu schaffen machen will mit irgendeiner Anschauung über die Kunst, mit irgendeiner Erkenntnis über die Kunst. Und sehr viele, die im Künstlerischen drinnen stehen, haben die Meinung, daß sie eigentlich dem Elementarischen, das im künstlerischen Schaffen sowohl wie im künstlerischen Genießen liegen soll, schaden, wenn sie gar zu sehr Gedanken, Begriffe, Ideen in irgendeine Beziehung bringen zu dem, was man als Künstler erlebt. Ich glaube allerdings, daß dieses Vorurteil mit Bezug auf alles dasjenige, was man abstrakte, im herkömmlichen Sinne wissenschaftliche Ästhetik nennen kann, begründet ist. Ich meine, daß diese Wissenschaft mit einem gewissen Rechte von der künstlerischen Auffassung geflohen wird, weil wirklich künstlerische Empfindung eigentlich verödet, beeinträchtigt wird von alledem, was irgendwie nach einer im herkömmlichen Sinne gearteten wissenschaftlichen Betrachtung hinlenkt.

Auf der anderen Seite aber leben wir in einem Zeitalter, in dem aus einer gewissen weltgeschichtlichen Notwendigkeit heraus vieles von dem, was bisher unbewußt im Menschen wirken konnte, bewußt werden muß. Ebensowenig wie wir in der Lage sind, die sozialen und gesellschaftlichen Beziehungen von Mensch zu Mensch, wie das in früheren Zeiten der Fall war, in das Licht des Mythos zu rücken, sondern wie wir einfach durch den Gang der Menschheitsentwickelung gezwungen werden, in wirklicher Erfassung dessen, was im geschichtlichen Werden pulsiert, unsere Zuflucht zu suchen, wenn wir erkennen wollen, was soziale Struktur, gesellschaftliches Zusammensein und so weiter unter den Menschen ist, so ist es auch notwendig, daß vieles von dem, was mit Recht in einer mehr oder weniger bewußten oder unbewußten Art gesucht wurde in dem instinktiven Walten der menschlichen Phantasie und dergleichen, ins Bewußtsein heraufgehoben wird. Es würde auch heraufgehoben, selbst wenn wir es nicht wollten. Würde es aber in einer dem Schaffensfortschritt entgegengesetzten Weise heraufgehoben, so würde eintreten, was eben vermieden werden sollte: Beeinträchtigung des Intuitiv-Künstlerischen, welche Beeinträchtigung gerade vom Lebendig-Künstlerischen auszuschließen ist.

Ich rede nicht als Ästhetiker, nicht als Künstler, ich rede als Vertreter geisteswissenschaftlicher Forschung, als Vertreter einer solchen Weltanschauung, welche davon durchdrungen ist, daß man immer mehr und mehr mit der fortschreitenden Menschheitsentwickelung dazu kommen wird, in die wirkliche geistige Welt, welche unserer Sinneswelt zugrunde liegt, erkennend einzudringen. Ich rede nicht von irgendeiner metaphysischen Spekulation, ich rede nicht von irgendeiner Philosophie, sondern von dem, was ich übersinnliche Erfahrung nennen möchte. Ich glaube nicht, daß es lange mehr dauern wird, bis man einsehen wird, daß alle bloß philosophische Spekulation und alles logische oder wissenschaftliche Streben ungeeignet ist, in das geistige Gebiet einzudringen. Ich glaube, daß wir vor der Epoche stehen, welche als etwas Selbstverständliches anerkennen wird, daß in der Menschenseele schlummernde Kräfte sind und daß diese schlummernden Kräfte auf ganz systematisch geregelte Weise herausgeholt werden können aus dieser Seele. Ich habe beschrieben, wie diese in der Menschenseele schlummernden Kräfte herausgeholt werden können, in meinen verschiedenen Büchern, in «Wie erlangt man Erkenntnisse der höheren Welten?», «Von Seelenrätseln» und «Vom Menschenrätsel». Ich verstehe also unter geistiger Erkenntnis etwas, was im Grunde noch gar nicht da ist, was nur von wenigen Menschen heute berücksichtigt wird, was nicht beruht auf der Weiterführung der schon bestehenden Erkenntnis, sei es Mystik oder Naturwissenschaft, sondern auf der Aneignung einer besonderen Art der menschlichen Erkenntnis, welche darauf beruht, daß der Mensch durch methodisches Erwecken gewisser in ihm schlummernder Seelenkräfte einen Bewußtseinszustand herbeiführt, der sich zum gewöhnlichen Wachleben verhält, wie dieses Wachleben zum Schlaf- oder Traumleben. Man kennt heute im Grunde nur diese zwei entgegengesetzten menschlichen Bewußtseinszustände: das dumpfe chaotische Schlafbewußtsein, das nur scheinbar ganz leer ist, das nur herabgedämpft ist, und das Tagesbewußtsein vom Aufwachen bis zum Einschlafen. Wir können die bloßen Bilder des Traumlebens, wenn die Willensnatur des Menschen einschläft, die ihn in Beziehung bringt zu den Dingen der Umwelt, auf die äußere, physische Wirklichkeit beziehen. Ebenso wird die Menschheit, sich weiter entwickelnd, dazu kommen, ein Aufwachen in sich zu bewirken aus diesem Tagesbewußtsein zu dem, was ich das schauende Bewußtsein nenne, wo man nicht äußere Gegenstände und Vorgänge vor sich hat, wo man eine wirkliche geistige Welt vor sich hat, die der unsrigen zugrunde liegt.

Philosophen wollen sie erschließen; man kann sie nicht erschließen, nur erfahren. So wenig, wie man im Traumesleben seine physische Umgebung erfahren kann, kann man im Wachbewußtsein die geistige Umgebung erfahren: Nicht durch Mystik, nicht durch abstrakte Philosophie, sondern dadurch, daß man sich in einen anderen Zustand der Seelenverfassung bringen muß, indem man vom Traumleben in das gewöhnliche Wachbewußtsein übergeht.

So sprechen wir von einer geistigen Welt, aus der das Geistig-Seelische ebenso hervorgeht, wie das Physisch-Leibliche aus der Sinnenwelt hervorgeht. Solch eine Geistesforschung wird selbstverständlich heute durchaus in ihrer Eigentümlichkeit verkannt. Die Menschen sind ja so, daß sie dasjenige, was unter ihnen auftritt, beurteilen nach den Vorstellungen, die sie schon haben, manche sogar nach den Worten, die sie schon haben. Sie wollen an etwas schon Bekanntes anknüpfen. Das ist, soweit es die Ergebnisse des schauenden Bewußtseins betrifft, nicht der Fall, denn es ist nicht das bereits Bekannte. Das schauende Bewußtsein, man könnte, wenn das Wort nicht mißverstanden würde, es das seherische nennen, das hellseherische Bewußtsein, wobei ich nichts Abergläubisches verstehe. Es wird das, was aus dem Seherischen kommt, beurteilt nach dem, was die Menschen schon kennen. Es ist allem möglichen nahegerückt worden, was zweifelhafter Natur ist, wie das visionäre Leben es ist, das halluzinatorische, das mediale und so weiter. Mit all diesem hat das, was ich hier meine, nicht das Geringste zu tun. Alles, was ich zuletzt aufgeführt habe, sind Hervorbringungen des kranken Seelenlebens, jenes Seelenlebens, welches tiefer in den physischen Leib eingesenkt ist und welches aus dem physischen Leib heraus irgendwelche Bilder vor die Seele führt. Gerade den entgegengesetzten Weg macht das, was ich das schauende Bewußtsein nenne. Das halluzinatorische Bewußtsein geht unter die gewöhnliche Seelenverfassung in das Leibliche hinein, das schauende geht über die gewöhnliche Seelenverfassung hinauf, lebt und webt überhaupt nur im Geistig-Seelischen, macht die Seele völlig frei vom Leibesleben. In unserem gewöhnlichen Bewußtsein ist frei vom Leibesleben nur das reine Denken, das daher viele Philosophen leugnen, weil sie nicht glauben, daß der Mensch eine Tätigkeit entfalten kann, die frei vom Leibe ist. Das bildet den Ausgangspunkt: Es läßt sich ein schauendes Bewußtsein ausbilden, das sich hinauf entwikkelt in die geistige Welt, wo nichts Physisches um uns herum ist. Dieses schauende Bewußtsein nun fühlt sich ganz und gar nicht verwandt mit irgendwelchem Medialen oder Visionären, dagegen fühlt es sich sehr verwandt mit wirklichem, echtem künstlerischem Auffassen der Welt. Das ist dasjenige, was ich erhoffen und ersehnen möchte, daß gerade zwischen diesen zwei menschlichen Betrachtungsweisen in einer unpedantischen, künstlerischen Weise die Brücke geschlagen werden könnte zwischen dem wirklichen, echten Sehertum und dem künstlerischen Erleben, sei es im Schaffen, sei es im künstlerischen Genießen.

Es ist ja durchaus für denjenigen, der im Sehertum drinnen lebt, eine Erfahrung, daß die Quelle, die wirkliche Quelle, aus welcher der Künstler schafft, genau dieselbe ist, aus welcher heraus der Seher, der Beobachter der geistigen Welten, seine Erfahrungen macht. Nur ist die Art und Weise, wie der Seher versucht, seine Erfahrungen zu machen und diese Erfahrungen in Begriffe, in Gedanken zu prägen, und zwischen dem Schaffen des Künstlers ein Unterschied, ein beträchtlicher Unterschied, über den wir vielleicht heute sprechen dürfen. Aber die Quelle, das muß betont werden, aus welcher Künstler und Seher schöpfen, ist in Wirklichkeit ein und dieselbe.

Bevor ich auf diese eigentlich prinzipielle Frage eingehe, möchte ich einige Vorbemerkungen machen, die vielleicht manchem trivial erscheinen könnten, die aber nichts anderes beanspruchen, als zu zeigen, daß künstlerische Weltanschauung nicht etwas ist, was nur willkürlich zum Leben hinzugefügt wird. Künstlerische Weltanschauung erscheint für denjenigen Menschen, der nach einer gewissen Totalität, nach einer gewissen Ganzheit des Lebens strebt, als etwas, was ebenso wie die Erkenntnis und das äußere banausische Treiben zum Leben gehört. Ein menschenwürdiges Dasein ist ohne die Durchsetzung unseres Kulturlebens mit künstlerischem Empfinden nicht zu denken.

Es handelt sich darum, wirklich einzusehen, daß, wo wir gehen und stehen, in uns latent der Drang ist, die Welt ästhetisch, künstlerisch aufzufassen. Dazu möchte ich einige Beispiele anführen. Wir bringen uns allerdings oftmals das künstlerische Erleben, das unser Leben, unser Dasein zwischen den Zeilen begleitet, nicht zum Bewußtsein. Es lebt ziemlich unter der Schwelle des Bewußtseins. Wenn ich irgendwo jemand zu besuchen habe und ich komme in sein Zimmer hinein und das Zimmer hat rote Wände, rote Tapeten, und er kommt dann und redet mir von den albernsten Dingen, oder redet vielleicht gar nichts, benimmt sich sehr langweilig, dann fühle ich, daß eine Unwahrheit besteht. Es bleibt ganz im Gefühl, es wird nicht Gedanke, aber ich fühle, daß eine Unwahrheit besteht. So sonderbar, so paradox es erscheinen mag, wenn jemand sein Zimmer rot austapeziert, so enttäuscht er mich, wenn er mir nicht etwas Bedeutungsvolles an Gedanken entgegenbringt in dem roten Raum, in dem er mich empfängt. Dies braucht natürlich nicht in Wahrheit zu sein, es braucht nicht einzutreten, aber es begleitet unser Seelenleben. Wir haben einmal im

Grunde unserer Seele dieses Empfinden. Kommen wir in ein blau ausgeschlagenes Zimmer hinein und irgend jemand sprudelt uns Worte vor, läßt uns nicht zu Worte kommen und betrachtet sich als allein wichtig, finden wir es wieder im Widerspruch mit den blauen oder violetten Wänden seines Zimmers. Die äußere prosaische Wahrheit braucht nicht dem zu entsprechen, aber es gibt eine besondere ästhetische Wahrheit, die so ist, wie ich sie angeführt habe. Wenn ich irgendwo hineingeschneit werde, oder sagen wir nicht hineingeschneit, sondern anständigerweise eingeladen werde zu einem Diner und sehe, daß das Gedeck rot ausgestattet ist, rot bemalt ist, so habe ich das Gefühl, das sind Feinschmecker, die essen, um zu essen, haben Freude am Essen. Finde ich ein blaues Gedeck, habe ich das Gefühl, die essen nicht, um zu essen, sondern die wollen sich etwas erzählen beim Essen, und lassen das Erzählen, das sonstige soziale Zusammensein vom Essen begleitet sein. Das sind reale Gefühle, die im Unterbewußtsein immer leben. Treffe ich auf der Straße eine Dame im blauen Kleide, und sie schießt auf mich los und benimmt sich aggressiv anstatt zurückhaltend, so finde ich das im Widerspruch mit dem blauen Kleide, würde es aber natürlich finden, wenn ich eine Dame im roten Kleide so treffe. Natürlich würde ich es auch finden, wenn eine Dame mit Schneckelhaaren schnippisch ist. Es gibt etwas, was im Grunde der Seele lebt als ein Grundton. Ich will mit diesen trivialen Beispielen nichts anderes sagen, als daß ein ästhetisches Gefühl da ist, auch wenn wir es uns nicht zum Empfinden bringen, welches wir nicht ausschließen können: es hängt unsere Stimmung davon ab; wir sind gut oder schlecht gestimmt. Die gute oder schlechte Stimmung kennen wir, aber die Gründe kann sich nur der zum Bewußtsein bringen, der auf die Dinge näher eingeht. Darin liegt eigentlich das beschlossen, was man die Notwendigkeit nennen könnte, überzugehen vom naturgemäßen ästhetischen Empfinden zum Leben in der Kunst. Die Kunst kommt einfach dem naturgemäßen Leben entgegen, so wie die anderen Betrachtungsweisen der Menschen.

Der Seher, der diese Kräfte, von denen ich gesprochen habe, ausgebildet hat, er hat der Kunst gegenüber eine besondere Art des Erlebens, und ich glaube, daß, wenn auch nicht künstlerisch, so doch in bezug auf die Wertung und Auffassung der Kunst, etwas folgen kann aus dem besonderen Erleben des Sehertums gegenüber der Kunst. Der Seher, der seine Seele so erweckt, daß er eine geistige Welt um sich haben kann, ist immer imstande, sein Seelenleben abzuwenden, abzulenken von alledem, was bloß äußerliche, sinnliche Wirklichkeit ist. Habe ich vor mir – ich spreche typisch, nicht individuell – ein Stück äußeren physischen Gegenstandes oder Vorganges, seherisch bin ich immer in der Lage, in dem Raum, an dem Ort, wo der Gegenstand ist, die Wahrnehmung für mich auszuschließen, so daß ich in dem Raume nichts sehe vom Physischen. Das ist das reale Abstrahieren, das dem Sehertum durchaus möglich ist. Man kann das nur bei Naturgegenständen, man kann das nicht bei dem, was wirklich künstlerisch geschaffen ist. Und das halte ich für etwas Bedeutsames. Keinem Kunstwerk gegenüber ist der Seher imstande, das Objekt, den künstlerischen Vorgang, vollständig auszuschließen, so wie er einen äußeren Vorgang ausschließen kann. Was wirklich künstlerisches Schaffen ist, vom

Geist durchdrungen, bleibt geistig stehen vor dem Bewußtsein des Sehers.

Das ist das erste, was uns bezeugen kann, daß wahrhaft künstlerisches Schaffen und seherisches Anschauen aus derselben Quelle kommen. Aber es gibt noch vieles andere, was in dieser Richtung sehr bedeutungsvoll ist. Sehen Sie, der Seher kommt, wenn er die Mittel anwendet, die seine Seele entwickelt, zu einer ganz anderen Art des Vorstellens wie auch des Wollens. Wenn man die gewöhnlichen Ausdrücke gebraucht, kann man natürlich sagen, sowohl Vorstellen wie Wollen werden innerlich, aber dieses «innerlich» ist eigentlich nicht richtig, weil man doch außen ist, ausbreitet seine ganze Anschauung über eine wirkliche geistige Welt. Ein anderes Vorstellen und ein anderes Wollen tritt auf im Sehertum.

Das Vorstellen verläuft nicht in abstrakten Gedanken. Abstrakte Gedanken sind etwas, was für die physische Welt tauglich ist, um sie in ihren Erscheinungen zu registrieren, Naturgesetze zu finden und so weiter. Der Seher denkt nicht in solchen Gedanken, er denkt nicht in Abstraktionen, er denkt in Gedanken, die eigentlich webende Bilder sind. Das ist in der Gegenwart noch etwas schwierig zu verstehen, weil man noch nicht recht weiß, was gemeint ist mit einer Tätigkeit, die eigentlich ein Denken ist, das aber keine abstrakten Gedanken denkt und den Dingen folgt, in den Formen, Konfigurationen der Dinge lebt. Dieses Vorstellen kann man vergleichen mit dem Bilden von Flächen, Kurven, wie der Mathematiker es tut. Aber es wird innerlich lebendig, wie im elementaren Zustande Goethe es in seiner Metamorphosenlehre versucht hat. Heute kann es viel lebendiger werden, das innerliche, schauende Vorstellen. Dieses schauende Vorstellen ist außerordentlich verwandt mit dem, was bei gewissen Gebieten der schaffenden Kunst zugrunde liegt, nämlich bei der Skulptur und Architektur.

Das Merkwürdige ist, daß in bezug auf dieses neue Denken, das neue Vorstellen, das sich der Seher aneignet, er mit nichts sich verwandter fühlt als mit den Formen, die der wirklich künstlerische Architekt ausbildet, und den Formen, die der Bildhauer seinem Schaffen zugrunde legen muß. Es ist wirklich etwas wie architektonisches Vorstellen, oder wie Vorstellen in Skulpturformen, das geeignet ist, im seherischen Erfassen der Welt den Dingen so zu folgen, daß man sie in ihrer geistigen Innerlichkeit verstehen lernt, sie auch überwinden lernt, sich rein in die geistige Welt erheben lernt. Mit den abstrakten Gedanken kann man nichts über das innere Wesen der Dinge erfahren. Der Seher fühlt sich verwandt mit Bezug auf das, was sein neues Denken ist, mit dem Architekten und dem Bildhauer. Er muß die Welt denken in einer solchen Art der Geistesformung, die unbewußt oder unterbewußt dem Bildhauer und dem Architekten bei seinem Schaffen zugrunde liegt. Das veranlaßte denn darüber nachzuforschen, woher das eigentlich kommt. Man stellt sich da die Frage: Was ist es denn eigentlich, was der Seher da in Anspruch nimmt? – Er nimmt gewisse verborgene Sinne in Anspruch, Sinne, die im gewöhnlichen Leben da sind, die aber nur leise anklingen, nicht voll ausgesprochen im gewöhnlichen Leben wirken. Wir haben zum Beispiel einen Sinn, den man nennen könnte den Gleichgewichtssinn. In dem leben wir, aber wir leben nur anklingend bewußt, nicht voll bewußt darinnen. Indem wir einen

Schritt machen, ist mit diesem Schrittmachen oder mit dem Beugen oder Strecken der Hand, mit alledem, was uns in irgendein Verhältnis mit dem Raum bringt, verbunden eine nicht ganz ins Bewußtsein heraufklingende Wahrnehmung – wie mit dem Sehen und Hören –, nur daß diese viel lautere, deutlicher sich vernehmbar machende Sinne sind. Aber dieser Gleichgewichtssinn und der damit verwandte Bewegungssinn sind deshalb so leise anklingend, weil sie nicht bloß für unser Innenleben bestimmt sind, sondern unser Hineinstellen in den Kosmos vermitteln. Wie ich drinnen stehe im Kosmos, ob ich der Sonne entgegengehe oder von ihr weggehe und mich immer mehr dem Lichte zu nähern empfinde, und bei der Entfernung das Licht sich abdämpfen fühle in irgendeiner Weise, dieses sich Drinnenfühlen in dem Ganzen der Welt ist etwas, was man nicht anders bezeichnen kann als so, daß man sagt: Der Mensch in seiner Bewegung ist als Mikrokosmos herausgebaut aus dem Makrokosmos und erlebt als Mikrokosmos sein Hineingestelltsein in den Makrokosmos durch einen solchen Sinn.

Wenn durch die Skulptur geschaffen wird, ist das nichts anderes, als daß Wahrnehmungen eines gewöhnlich verborgenen Sinnes umgesetzt werden in äußere Flächengestaltung und dergleichen. Was wir als Mensch immer mit uns tragen in unserem Erfühlen zur Welt, gestalten wir unbewußt in Architektur und Skulptur aus. So sonderbar diese Bemerkung zunächst auch ist: Wer wirklich psychisch erforschen kann die Beziehung zwischen einzelnen architektonischen Gestalten zueinander, was in der Phantasie des Bildhauers lebt, wenn er seine Flächen gestaltet, wer das erforschen kann, weiß, daß in diesem Schaffen geheimnisvoll mitwirkt, was ich soeben angedeutet habe. Der Seher tut nichts anderes, als diesen Sinn des Sich-Hineinstellens in die Welt zum vollen Bewußtsein zu bringen. Er entwickelt ihn so, wie der Architekt, der Bildhauer durch das, was er in seinem Leib erfühlt, künstlerisch veranlaßt ist, als Formen in dem äußeren Stoff zu gestalten. Ich möchte sagen, von diesem Gesichtspunkte aus sieht man gewisse Dinge ein; ich könnte in dieser Beziehung nicht nur viele Stunden, ich könnte tagelang fortreden. Wer sich eine Empfindung für die Bildhauerkunst aneignet, weiß, daß alles bloß Imitierende nicht eigentlich das Wirklich-Bildhauerische ist. Derjenige, der versucht, sich empfindend, nicht abstrakt, die Frage zu beantworten: Was liegt denn eigentlich im Bildhauerischen? – der kann nicht sich sagen, eine Fläche ist für ihn nur von Bedeutung, weil sie nachahmt eine in der äußeren Natur vorhandene Fläche im menschlichen Leibe und dergleichen. Das ist es nicht. Was im Bildhauerischen erlebt wird, ist das Eigenleben der Fläche. Wer dahinter gekommen ist, was für ein Unterschied ist zwischen einer Fläche, die nur einmal gekrümmt ist, und einer, die noch einmal gekrümmt ist, weiß, daß keine Fläche, die nur einmal gekrümmt ist, irgendwie in sich bildhauerisch Leben haben kann. Nur eine in der Krümmung wieder gekrümmte Fläche kann das Leben als Fläche ausdrücken. Dieses innere Ausdrücken – nicht symbolisch, sondern künstlerisch –, der innere Ausdruck ist es, um was es sich handelt, nicht das Imitierende, nicht das Sich-Halten an das Modell, das begründet das Geheimnis des Flächenhaften selber.

Das berührt eine Frage, die tatsächlich in der Gegenwart so ungeklärt wie möglich ist. Wir sehen heute zahlreiche Menschen nicht nur Kunst genießen, was ganz richtig ist, sondern wir sehen zahlreiche Menschen fast berufsmäßig Kunst beurteilen. Nun glaube ich, gerade aus den Voraussetzungen, die den heutigen Betrachtungen zugrunde liegen, wirklich nicht ein kritisches Urteil aussprechen zu müssen, sondern einfach aussprechen zu müssen, was einem immer mehr zum Bewußtsein kommt: Ich glaube nicht, daß überhaupt jemand, der niemals Ton geknetet hat, der nur Kritiker ist, je eine Vorstellung davon bekommen kann, was eigentlich das Wesentliche der Bildhauerei ist. Ich glaube zwar, daß jeder Kunst genießen kann, aber ich glaube nicht, daß irgend jemand Kunst beurteilen kann, der nicht jene Versuche gemacht hat, welche ihm gezeigt haben, was innerhalb des Materiales an künstlerischen Formen verwirklicht werden kann. Denn es werden ganz andere Dinge in der Wirklichkeit durch den Stoff realisiert, als bloßes Imitieren des Modells und dergleichen. Bloßes Imitieren des Modells ist also künstlerisch nicht mehr wert als die Nachahmung des Nachtigallenschlags durch irgendwelche Töne. Die wirkliche Kunst fängt dort an, wo nichts mehr nachgeahmt wird, sondern aus einem Neuen, Schöpferischen heraus gehandelt wird. In der Architektur – bei der Musik nicht, bei der Skulptur sehr – lehnen wir uns an das Modell an. Aber das, was irgendwie imitierend sich dem Modell gegenüber verhält, ist etwas anderes als Kunst. Diese fängt erst dort an, wo nicht mehr die Rede sein kann von der Imitation. Und das, was als ein selbständiges, vom Künstler unbewußt, vom Seher bewußt erfaßtes Geistiges wirkt und webt, ist das Gemeinsame in der seherischen Erfassung der Welt und dem künstlerischen Hervorbringen, nur daß es vom Seher auch geistig ausgesprochen wird, und vom Künstler, weil er es nicht aussprechen kann, sondern es nur unbewußt in seinen Händen, in seiner Phantasie hat, dem Stoffe einverleibt werden kann.

Ganz anders fühlt sich verwandt der Seher mit dem Dichterischen und mit der musikalischen Kunst. Besonders bei der musikalischen Kunst ist es interessant, wie der Seher seine Erfahrungen erlebt in einer anderen Form, wenn er sich seherisch in das Kunstgebiet hineinbegibt. Ich muß eine Bemerkung machen, was ich als seherisch bezeichne: ich meine nicht fortwährend, sondern nur in den Momenten, wo man sich in diese Verfassung versetzt. Daher gilt es nicht, daß der Seher in anderen Zeiten als wenn er will, das Musikalische so erlebt, wie es jetzt bezeichnet wird. In anderen Zeiten erlebt er das Musikalische so wie jeder andere Mensch, er kann vergleichen, was er musikalisch erlebt und was er erfährt, wenn er seherisch das musikalische Kunstwerk erlebt. Bei musikalischen Kunstwerken ist es bedeutsam, daß der Seher sich klar ist, das Musikalische so zu erleben, daß es ganz seelisch ist, und zwar so, daß das konkrete Seelische sich gerade mit dem Musikalischen verbunden fühlt. Ich habe früher gesagt: Der Seher bildet ein neues Vorstellungsvermögen aus, er stellt so vor, daß er sich heimisch fühlt im architektonischen und bildhauerischen Schaffen. – Indem der Seher nicht nur vorstellend begreift, sondern auch fühlende und bildende Kräfte ausbildet, aber so, daß sie eine Verbindung eingehen, kann man nicht von einer Trennung von Fühlen und Wollen sprechen; man muß beim Seher sprechen von einem fühlenden Wollen und einem wollenden Fühlen, von einem Seelenerlebnis, welches diese beiden, die im gewöhnlichen Bewußtsein nebeneinander hergehen, zur Totalität des fühlenden Wollens verbindet. Einmal ist dieses fühlende Wollen mehr mit einer Nuance gegen das Wollen hin, das andere Mal mehr mit einer Nuance gegen das Fühlen hin ausgebildet. Wenn der Seher in seiner zur geistigen Welt erhobenen Seelenverfassung sich in das Musikalische versetzt, erlebt er alles das, was in seiner Seele mit der Gefühlsnuance auftritt, im wirklich Musikalischen, im echten Musikalischen. Er erlebt es so, daß er den objektiven Ton und das subjektive Tonerlebnis nicht voneinander trennt, sondern daß diese im seherischen Erleben eins sind, daß die Seele so strömt, wie die Töne ineinanderströmen, nur daß alles vergeistigt ist. Er erlebt seine Seele ausgegossen in das musikalische Element, er weiß, daß das, was er durch das neu gebildete fühlende Wollen erlebt, aus derselben Quelle heraus vom Musiker in den Tonstoff hineingeheimnißt wird. Gerade bei der Musik ist es interessant, nachzuforschen, woher das kommt, daß der schaffende Musiker aus dem Unbewußten herauf das Geistige, welches der Seher erschaut, in seinen Stoff hineinlegt. Beim Musikalischen kommt es zur Offenbarung dessen, was zugrunde liegt.

Bei allem Unbewußten, was im Seelenleben auftritt, spielt in einer ganz anderen Weise der Wunderbau unseres Organismus mit. Man kommt immer mehr darauf, daß unser Organismus nicht so betrachtet werden darf, wie ihn der gewöhnliche Biologe und Physiologe betrachtet, sondern daß er betrachtet werden muß wie ein Abbild vom geistigen Vorbild. Das, was der Mensch in sich trägt, ist das Abbild eines geistigen Vorbildes. Der Mensch tritt durch die Geburt beziehungsweise durch die Empfängnis in das Dasein, und was ihm an Vererbungsgesetzen zukommt, verwendet er, und auch das, was aus einer geistigen Welt herniedersteigt und sich so verhält zu dem Physischen, daß das Physische wirklich ein Abbild des Geistigen ist. Wie das zustande kommt, kann ich heute nicht ausführen. Es besteht die ganz objektive Tatsache, daß in unserem Organismus ein solches Wirken geschieht, das nach geistig abbildlichen Gesetzen vorgeht. Bei der Musik ist das ganz besonders merkwürdig. Wir glauben, daß im Musikgenuß das Ohr beteiligt ist und vielleicht das Nervensystem unseres Gehirns, aber das nur in einer sehr äußerlichen Anschauung. Die Physiologie ist auf diesem Gebiete durchaus im Anfange, sie wird erst zu einer gewissen Höhe kommen, wenn künstlerische Gedanken in dieses physiologische und biologische Gebiet einfließen werden. Es liegt etwas ganz anderes zugrunde als der bloße Gehörvorgang oder dasjenige, was im Nervensystem unseres Gehirns vorgeht. Was dem Musikempfinden zugrunde liegt, läßt sich so darstellen: Jedesmal wenn wir ausatmen, wird das Gehirn, der Kopfraum, der Innenraum des Hauptes, durch das Atmen veranlaßt, sein Gehirnwasser herabsteigen zu lassen durch den Rückenmarksack bis in die Zwerchfellgegend; ein Herabsteigen wird veranlaßt. Dem Einatmen entspricht wieder der umgekehrte Vorgang: Das Gehirnwasser wird gegen das Gehirn getrieben. Es ist ein fortwährendes rhythmisches Auf- und Abwogen des Gehirnwassers vorhanden. Wäre das nicht so, dann würde das Gehirn nicht so viel von seinem Gewichte verlieren, als notwendig ist, damit es die darunterliegenden Blutadern nicht zerdrückt; würde es nicht so viel von seinem Gewicht verlieren, würde es unsere Blutadern zerdrücken. Dieses Gehirnwasser wogt auf und ab im Arachnoidealraum, in Ausweitungen, die elastisch und weniger elastisch sind, so daß beim Herauf- und Herabsteigen das Gehirnwasser über die weniger elastischen Ausweitungen, über manches mehr oder weniger sich Ausweitendes fließt. Das gibt eine ganz wundersame Art des Wirkens innerhalb eines Rhythmus. Der ganze menschliche Organismus, abgesehen vom Haupt und den Gliedern, drückt sich aus in diesem inneren Rhythmus. Was durch das Ohr als Ton einströmt, was als Tonvorstellung in uns lebt, wird zur Musik, indem es sich begegnet mit der inneren Musik, die betrieben wird dadurch, daß der ganze Organismus ein merkwürdiges Musikinstrument ist, wie ich eben beschrieben habe.

Würde ich Ihnen alles beschreiben, so würde ich Ihnen eine wunderbare innere menschliche Musik zu beschreiben haben, die zwar nicht gehört, aber innerlich erlebt wird. Was musikalisch erlebt wird, ist im Grunde nichts als das Entgegenkommen eines inneren Singens des menschlichen Organismus. Dieser menschliche Organismus ist gerade in bezug auf das, was ich jetzt geschildert habe, das Abbild des Makrokosmos: daß wir in konkretesten Gesetzen, strenger als Naturgesetze, diese Leier des Apollo in uns tragen, auf welcher der Kosmos in uns spielt. Nicht das, was die Biologie allein anerkennt, ist unser Organismus, sondern er ist das wunderbarste Musikinstrument.

Man kann ganz grobe Dinge anführen, um zu zeigen, wie der Mensch nach merkwürdiger kosmischer Gesetzmäßigkeit gebaut ist. Um Allertrivialstes anzuführen: Wir haben in der Minute achtzehn Atemzüge im Durchschnitt. Rechnen wir aus, wieviel das ist in einem vierundzwanzig Stunden langen Tag: das sind 25 920 Atemzüge; soviel Atemzüge im ganzen Tag. Rechnen wir einmal einen Menschentag aus. Nicht wahr, wir können einen Menschentag, obwohl viele Leute älter werden, rechnen auf siebzig bis einundsiebzig Jahre: Weltentag des Menschen. Versuchen Sie einmal auszurechnen, wieviel das einzelne vierundzwanzigstündige Tage gibt! 25 920 – soviel als Sie in einem Tag Atemzüge machen! Die Welt atmet uns aus und atmet uns ein, indem wir geboren werden und indem wir sterben. Sie macht ebenso viele Atemzüge während eines Menschentags, wie wir während eines vierundzwanzigstündigen Tages.

Nehmen Sie das platonische Sonnenjahr. Die Sonne geht auf in einem bestimmten Tierkreiszeichen. Der Frühlingspunkt rückt weiter. Die Sonne ging in alten Zeiten auf im Zeichen des Stiers, dann im Widder, jetzt in den Fischen. Die moderne Astronomie schematisiert. Dieser Frühlingspunkt geht ja scheinbar – allerdings scheinbar, darauf kommt es aber nicht an – am ganzen Himmel herum, rückt herum, kommt natürlich wieder nach einer wesentlichen Anzahl von Jahren an demselben Punkt an: nach 25 920 Jahren. Das platonische Sonnenjahr zählt 25 920 Jahre! Nehmen Sie einen Menschentag von einundsiebzig Jahren: er zählt 25 920 einzelne Tage; nehmen Sie einen einzelnen Menschentag von vierundzwanzig Stunden: er zählt im Erleben 25 920 Atemzüge. Sie sehen, wir sind eingegliedert in den Weltenrhythmus. Ich glaube – und man könnte von dieser Art viele Betrachtungen anstellen – es gibt keine abstrakte religiöse Vorstellung, welche so viel Inbrunst hervorrufen könnte, wie das Bewußtsein, selbst mit seinem äußeren physischen Organismus so hineingestellt zu sein in den Makrokosmos, in das kosmische Gefüge. Der Seher versucht dieses Hineingestelltsein in geistiger Art zu durchdringen. Es lebt sich in unserer inneren Musik aus: Was da herauskommt aus dem Organismus, was in die Seele heraufschlägt – das Mittönen der Seele, mit dem Kosmos mittönend –, ist das unbewußte Element des künstlerischen Schaffens. Die ganze Welt tönt mit, wenn wir wirklich künstlerisch schaffen.

Da haben Sie die gemeinsame Quelle zwischen Künstler- und Sehertum: im Künstler unbewußt, indem er die Weltgesetze dem Stoffe einschafft, im Seher bewußt, indem er das rein Spirituelle anzuschauen versucht durch das schauende Bewußtsein.

Dadurch, daß man diese Dinge so studiert, lernt man erkennen, was dem Menschen die Veranlassung ist, daß ins Künstlerische unbewußt das hineinkommt, was dem Stoff anvertraut ist. Wie in unserem Atmungsorganismus die innere Musik lebt, die dann äußere Musik wird in der Kunst, so lebt auch die Dichtung. Da ist die heutige Physiologie noch ganz ganz weit zurück. Denn zu studieren ist, wenn man da ins klare kommen will, nicht die Sinnesphysiologie, nicht die Nervenphysiologie des Gehirns, sondern das Grenzgebiet, wo Gehirn und Nervensystem zusammengrenzen. Da ist, und zwar gerade an der Grenze, dasjenige physiologische Gebiet, wo, wenn der Mensch dazu veranlagt ist – zum Künstlerischen muß man immer veranlagt sein –, die Quelle des dichterischen Schaffens liegt. Und der Seher findet das dichterische Schaffen ganz besonders, wenn er sich in das Gebiet seines inneren Erlebens begibt, wo das fühlende Wollen mehr nach der Willensseite hinneigt. Der Wille drückt sich sonst im ganzen physischen Leibe aus; bei dem, was die Phantasie ist, lebt der Wille da, wo Hirn und Nerven und Sinnesorgane aneinanderstoßen: da werden die dichterischen Bilder erzeugt. Wenn das losgelöst wird vom Leiblichen, ist es das fühlende Wollen, durch das der Seher in die Gebiete eintritt, aus deren gleicher Quelle heraus der Dichter schöpft. Daher fühlt sich durch diesen seinen fühlenden, wollenden Sinn der Seher, wenn er sich die Seelenverfassung aneignet, um das Dichterische mit seiner Seelenverfassung zu genießen, dem Dichterischen gegenüber in einer eigentümlichen Lage. Er muß das schauen, was der Dichter gestaltet. Das führt dazu, daß im Augenblick, wo der Dichter das eine oder das andere hinstellt und nicht aus der Wirklichkeit heraus schöpft, sondern irgend etwas eigentlich bloß Erdachtes, Zusammengestelltes, Unwirkliches, Unkünstlerisches hinstellt, in diesem Augenblick der Seher gestaltenhaft schaut, was da hingestellt wird. Wer nicht Seher ist, empfindet nicht in so derber Weise, wenn der Dramatiker eine unwirkliche Gestalt hinstellt. Der Seher kann zum Beispiel die Thekla aus dem «Wallenstein» nicht anders empfinden als wie aus Papiermaché, so daß er sie, wenn er sie anschaut, fortwährend in den Knien einknicken sieht. Und das bei einem großen Dichter! Jedes Abweichen von der Wirklichkeit, jedes Nicht-Schildern der Wirklichkeit wird so empfunden, daß der Seher sich gerade das, was der Dichter schafft, ins Plastische umschaffen muß und er sein Denken von der Plastik abzieht. Der Seher taucht unter in bezug auf den Dichter in eine innerliche Plastik. Das ist das Eigentümliche, daß hier beim Dichterischen das schauende Bewußtsein Plastik schafft, daher der Seher Karikaturen sieht in dem, was oftmals wahrhaftig gar sehr gerühmt wird. Der Seher kann aber nicht anders, als in mancher dramatischen Leistung, bei der gar nicht bemerkt wird, daß die Figuren nur mit Werg ausgestopfte Puppen sind, solche mit Werg ausgestopfte Puppen über die Bühne hinüber marschieren sehen, oder aber sie entstehen vor ihm, wenn er das Drama liest. Daher kann der Seher Qualen ausstehen durch das, was durch Modetorheit oder sonst in die Höhe gebracht wird, weil er schaut, was gestaltenlos in der bloßen Dichtkunst geschaffen wird.

Einen schönen Ausspruch hat Christian Morgenstern, der nach dem Sehertum hingestrebt hat, gemacht. Er findet sich im letzten Band seiner nachgelassenen Werke, in den «Stufen». Da sagt er, indem er seine eigene Seele charakterisieren will, daß er sich dem Architektonischen, dem Plastiker verwandt fühlt. – Dies ist das Gefühl: Wenn man nach dem Seherischen hinstrebt, verwandelt sich innerlich das Dichterische ins Plastische. Wenn man diese Dinge so ansieht, wird man niemals glauben können, daß wirklich das Seherische mit seiner inneren Beweglichkeit und seinem Eingehen auf geistige Wesenheiten, auf den Künstler wie versengend und lähmend wirken könne, sondern nur als ein guter Freund, ein guter Förderer. Stören können sie einander nicht. Nur Dinge, welche durcheinanderfließen, können einander stören. Niemals aber kann der Seher sein Sehertum störend in sein Künstlertum hineinfließen lassen, er kann es seherisch durchdringen. Sie sind vollständig voneinander getrennt; aus derselben Quelle fließend, können sie sich nie im Leben stören. Das empfindet man nicht mehr genügend.

Der Seher hat es sehr schwer, sich den Menschen verständlich zu machen. Er muß sich der Sprache bedienen. Aber an der Sprache hat man etwas höchst Eigentümliches. Sie ist nur scheinbar eine Einheit, in Wirklichkeit ist sie etwas Dreigliedriges. Man erlebt sie nämlich auf drei Stufen. Zuerst so, wie wir sie haben, indem wir uns von Mensch zu Mensch im alltäglichen Leben verständigen, indem wir unser Philisterleben führen und die Worte sagen, die zur Ausgestaltung dieses Philisterlebens von Mensch zu Mensch fließen müssen. Wer für die Sprache eine lebendige Empfindung hat, wer namentlich vom schauenden Standpunkt die Sprache durchlebt, kann nicht anders, als die eben geschilderte Verwendung als ein Herabdrücken der Sprache zu empfinden. Man wird vielleicht sagen: Der Mensch schimpft über das Leben. – Er sieht bloß ein, daß nicht alles vollkommen sein kann, und unterläßt also, Vollkommenheit zu schaffen auf einem Gebiet, wo notwendigerweise Unvollkommenheit herrschen muß. Im äußeren physischen Leben ist es durchaus so, daß Unvollkommenheiten sein müssen: Bäume müssen auch abdorren, nicht nur wachsen. Es muß im Leben immer Unvollkommenes da sein, damit Vollkommenes entstehen könne. Die Sprache ist von ihrer ursprünglichen Ebene herabgedrückt, ist auf eine untergeordnete Stufe gedrückt. Und so, wie wir die Sprache im Leben verwenden, könnten wir nur zum Schulmeister werden, dann würden wir nur aus einem verdorrten, vertrockneten, philiströsen Zustand ein strohernes Wesen machen, aber sonst würden wir nichts erreichen. Die Worte können nicht die Wertigkeiten haben, die sie durch sich selber haben, denn das, was Sprache ist als Eigentum eines Volkes, lebt auf seiner eigenen Ebene und ist auf der eigenen Ebene ein Kunstgebilde, ist kein prosaisches Gebilde. Sie ist nicht dazu da, im alltäglichen Leben die Verständigung abzugeben; sie ist als Ausdruck des Volksgeistes ein Kunstgebilde. Wir würdigen sie herab, müssen es aber, indem wir dasjenige, was eigentlich eine Kunstschöpfung ist, in die Prosa des Lebens herabdrücken. Sie kommt erst zu ihrem Wesen in den dichterischen Schöpfungen eines Volkes, wenn der Sprachgeist wirklich waltet. Das ist die zweite Art, wie die Sprache lebt.

Die dritte Art erlebt man erst auf dem Gebiet des Sehertums. Man ist in einer sonderbaren Lage: denn will man dasjenige ausdrücken, was geschaut wird, hat man nicht die Worte der Sprache. Sie sind nicht in Wirklichkeit da. So wie man in irgendeiner Sprache sprechen lernt und die Worte anwendet, um das auszudrücken, was man will, kann man das, was man als seherisches Schauen hat, nicht ausdrücken. Die Worte sind nicht geprägt dafür. Daher hat der Seher die Notwendigkeit, manches ganz anders auszudrücken. Er ringt immer mit der Sprache, um sagen zu können, was er sagen will. Er muß den Weg wählen, daß er irgendeine Sache in einen Satz kleidet, der annähernd das ausdrückt, was er sagen will; er muß einen zweiten Satz sagen, der etwas Ähnliches bringt. Er muß auf den guten Willen seiner Zuhörer rechnen, damit der eine Satz den anderen beleuchte. Wenn dieser gute Wille fehlt, dann wollen ihm die Leute verschiedene Widersprüche aufmutzen. Derjenige, der wirklich Seherisches auszudrücken hat, muß in Widersprüchen wirken, und ein Widerspruch muß den anderen beleuchten, da die Wahrheit in der Mitte liegt. Dadurch, daß man sich da hineinversetzt, kommt man in dem Sprachlichen zu etwas, was auch schon auf diesem Gebiet die Beziehung von Künstlerischem und Seherischem zum Ausdruck bringt. Der Seher muß schon auf den guten Willen rechnen, daß man mehr in das einzudringen sucht, wie er die Sache sagt, als was er sagt. Er bemüht sich in dem, wie er die Sache sagt, viel mehr zu sagen, als in dem, was er sagt. Er bringt es allmählich dazu, sich zurückzuversetzen in den sprachschöpferischen Geist, der gewaltet hat, bevor irgendeine Sprache entstanden ist, sich wieder einzuleben in die Laute, in den Lautgenius, mit seinem Gemüte darin unterzutauchen. Er sieht, wie ein Vokal sich einschließt, wie ein Vokal bald in diese oder jene Sprache einfließt. Um in die sprachschöpferische Verfassung namentlich seines Volkes sich zurückzuversetzen, ist der Seher genötigt, sich mehr durch das Wie als durch das Was auszudrücken. Dadurch kann man in der Sprache die Stufen, die nebeneinander stehen, künstlerisch und seherisch unterscheiden. Weil sie abgesondert erfahren werden, können sie sich nicht stören; dagegen können sie sich fördern, weil, wenn sie nebeneinander leben, sie sich da gegenseitig beleuchten. Es kann eine Zeit kommen, in welcher man auf Seite des Künstlertums nicht mehr feindlich gegenüber dem Sehertum stehen wird, und auch nicht auf Seite des Sehertums gegenüber dem Künstlertum. Denn alles das, was falsches Sehertum ist, neigt leider zu sehr nach einem übersinnlichen Banausentum. Alles, was nicht äußerlich sinnlich geschaut wird, einzukleiden in visionäres Schauen, das ist feind dem Künstlertum. Dasjenige aber, was wirklich vom schauenden Bewußtsein von der geistigen Welt erfaßt wird, bei dem ist es schon so, daß es dasselbe ist, was unbewußt im künstlerischen Schaffen und im ästhetischen Empfinden lebt. Man glaubt gewöhnlich, das Hellsehen, das hier gemeint ist, sei etwas, was dem Menschen ganz fremd ist; es steht im Menschenleben darinnen, nur in einem Gebiet, wo man es nicht bemerkt.

Es ist ein großer Unterschied im Gegenüberstehen, ob ich einer Pflanze, einem Mineral, einem Tier oder einem anderen Menschen gegenüberstehe. Die äußeren Dinge wirken auf mich durch das, was sie mit Hilfe meiner Sinnesorgane sind. Wenn ein Mensch einem Menschen gegenübersteht, wirken die Sinne ganz anders. Man ist in unserer Zeit dem Erfassen des Geistigen ganz abgeneigt. Die Leute sagen, daß manche Gebiete den Materialismus überwunden hätten – ja, die Menschen reden heute davon. Sie können solche Auseinandersetzungen schon finden, aber sie sagen: Wenn ich einem Menschen gegenüberstehe, so sehe ich, wie seine Nase geformt ist, und nach einer solchen geformten Nase schließe ich, daß er ein Mensch ist. Ein Analogieschluß. Einen solchen gibt es real nicht. Wer seherisch die Welt wahrnehmen kann, der weiß, wo Schlüsse liegen; diese Schlüsse auf das Analoge gibt es nicht. Die Seele des Menschen wird unmittelbar wahrgenommen; es ist sein Äußerlich-Sinnliches so, daß es sich aufhebt. Dies ist sehr wichtig, zugrunde zu legen bei einer anderen Kunst, weil sie uns anschaulich macht das Nebeneinanderstehen von Sehertum und Künstlertum.

Wenn wir einem Menschen gegenüberstehen, so schauen wir ihn an, und wir wissen nicht, daß dasjenige, was von ihm erscheint, so erscheint, daß es sich selbst aufhebt, daß er sich geistig durchsichtig macht. Jedesmal, wenn ich einem Menschen gegenüberstehe, sehe ich ihn hellseherisch. Der Seher hat da, wo beim Gegenüberstehen der Mensch ihm entgegentritt, ein ganz besonderes Problem: Das ist das geheimnisvolle Inkarnat. Der Seher schaut das Inkarnat, indem ihm ein Mensch gegenübertritt, nicht in Ruhe, sondern in oszillierender Bewegung. Er schaut, indem er einem Menschen gegenübersteht, einen Zustand, wo abblaßt, was sonst am Menschen erscheint, dann wieder, wo der Mensch erwärmend röter wird als er ist. Zwischen diesem Hin und Her pendelt die physische Gestalt, so daß es dem Seher erscheint, als ob die Menschengestalt sich verändert, sich rötet im Schamgefühl und abblaßt im Furchtgefühl, wie wenn er fortwährend seinen normalen Zustand herstellt zwischen Furcht- und Schamgefühl, so wie der Pendel seinen Ruhepunkt zwischen dem Auf- und Abschwingen hat. Das Inkarnat, wie es uns entgegentritt im Äußeren, ist nur ein Mittelzustand. Das geschaute Inkarnat ist gebunden an etwas, was dem Menschen doch unbewußt bleibt: Es ermöglicht das erste unbewußte Schauen hinter die Kulissen. Wie das menschliche Inkarnat von dem Seher so geschaut wird, daß er in demselben ein Seelisches im Sinnlichen sieht – ein Sinnlich-Übersinnliches schaut der Seher im Inkarnat –, so verwandelt sich alles, was an Farbigem, an Formen draußen ist, nach und nach so, daß man das geistig sieht. Er schaut es so, daß er in all dem, was sonst farbig, Formeindruck ist, etwas Inneres wahrnimmt. Das Elementarste davon finden Sie in Goethes sinnlich-sittlichem Teil der «Farbenlehre». Die ganze

Farbenlehre wird zum Erlebnis, aber so, daß der Seher das Geistige dabei erlebt. Er erlebt auch die übrige geistige Welt so, daß er dieselben Erlebnisse hat, die er sonst an Farben hat. In meiner «Theosophie» finden Sie, daß man das Seelische in Form einer Art Aura sieht. Sie wird in Farben beschrieben. Grobklotzige Menschen, die nicht weiter eingehen auf die Sachen, sondern selbst Bücher schreiben, die glauben, daß der Seher die Aura schildert, sie beschreibt, indem er die Meinung hat, daß da wirklich so ein Nebeldunst vor ihm ist. Was der Seher vor sich hat, ist ein geistiges Erlebnis. Wenn er sagt, die Aura ist blau, so sagt er, er hat ein seelisch-geistiges Erlebnis, das so ist, als wenn er blau sehen würde. Er schildert überhaupt alles das, was er in der geistigen Welt erlebt und was analog ist dem, was in der sinnlichen Welt an den Farben erlebt werden kann.

Das gibt eine Hindeutung auf die Art, wie der Seher die Malerei erlebt. Es ist ein anderes Erlebnis als das jeder anderen Kunst gegenüber. Jeder anderen Kunst gegenüber hat man das Gefühl, daß man in das künstlerische Element selber eintaucht. Man hat das Element, geht bis zu einer Grenze, da hört das Sehertum auf. Würde der Seher es fortsetzen, müßte er hier diese, dort jene Farbe hinsetzen; das, was er erlebt, müßte er, wenn er noch weitergehen würde, ganz tingieren in Farben. Erlebt er Malerei, kommt ihm das von der anderen Seite entgegen. Der Maler, indem er das malt, was sich aus Hell und Dunkel heraus formt, bringt, indem er wirklich malerisch schafft, sein künstlerisches Wirken genau bis zu jenem Punkt hin, wo sich Malerei mit Sehertum begegnet, wo das Seherische anfängt. Und genau bis dahin geht das Seherische, wo man, wenn man es nach außen fortsetzen wollte, anfängt zu malen. Wenn man eine konkrete seherische Vorstellung hat, weiß man: da müßte man mit dem Pinsel diese Farbe malen, daneben die andere. Da fängt man an zu begreifen das Geheimnis der Farbe, das zu begreifen, was in meinem Mysteriendrama «Die Pforte der Einweihung» steht, daß die Form der Farbe Werk ist, daß eigentlich Linien zu zeichnen eine künstlerische Lüge ist. Es gibt keine Linie. Das Meer grenzt nicht gegen den Himmel durch eine Linie; wo die Farben aneinandergrenzen, da ist die Grenze. Ich kann mir helfen durch eine Linie, aber es ist nur die Folge der Farben-Ineinander-Wirkung. Die Geheimnisse der Farbe gehen einem auf. Man lernt, daß man eine innere Bewegung vollführt, daß Bewegung lebt in dem, was man malt. Man weiß: Das kannst du nicht anders, als indem du das Blau in einer bestimmten Weise behandelst. – Man lebt mit der Farbe ihr Innerliches mit. Das ist das Besondere in der Malerei, daß Seherisches und Künstlerisches, Schöpferisches sich berühren.

Wird man auf diesem Gebiet verstehen, um was es sich handelt, dann wird man sehen, daß dasjenige, was unter Sehertum gemeint ist, gut Freund sein kann mit künstlerischem Schaffen, daß sie sich gegenseitig anregen, befruchten können. Allerdings, das wird immer mehr und mehr hervortreten, daß der, welcher nie einen Pinsel in der Hand gehabt hat und nichts von dem weiß, was man machen kann, aus abstrakten Grundsätzen heraus nicht urteilen sollte. Kritik außerhalb der Kunst, kritisierende Kritik, wird vielleicht zurücktreten müssen, wenn die Freundschaft zwischen Künstlertum und Sehertum eintreten wird.

Aber gerade das, was unter moderner Geisteswissenschaft hier gemeint ist, ist etwas, was ganz anders ist als dasjenige, was man früher Ästhetik genannt hat und heutzutage so nennt. Künstler haben mir gesagt, daß man solche Leute «ästhetische Wonnegrunzer» nennt. Ästhetisches Wonnegrunzen ist nicht das, was hier gemeint ist, es ist ein Leben in demselben Element, in dem der Künstler auch lebt, nur daß der Seher im rein Geistigen das erlebt, was der Künstler gestaltet. Ich möchte sagen, zu den vielen Dingen, die fördernd an die Menschheit herantreten, scheint mir auch dies zu gehören. Ich glaube, daß die Zeiten aufhören werden, in denen man gemeint hat, das Elementare und Ursprüngliche werde beeinträchtigt durch das, was erforscht wird durch den Geist.

Christian Morgenstern hat gesagt: Wer heute noch glaubt, dasjenige, was als Geistiges in der Welt lebt, nicht in deutlichen Vorstellungen erfassen zu sollen, sondern es nur in einer dunklen, mystischen Versenkung erreichen will, gleicht einem Analphabeten, der mit dem Lesebuch unter dem Schlafkissen sein ganzes Leben hindurch in Analphabetismus verschlafen will. – Wir sind in der Zeit, in welcher manches, was unterbewußt ist, in die Bewußtheit herauf erhoben werden muß. Das Sehertum wird erst dann auf seinem rechten Boden stehen, wenn es über alle Philosophie hinauskommt und sich verwandt fühlt mit dem Künstlertum. Ich glaube, daß auch auf diesem Gebiet etwas liegt, was mit den bedeutsamen Fragen der Menschheitsentwickelung zusammenhängt. Man wird immer mehr begreifen, daß der sinnlichen Welt eine übersinnliche zugrunde liegt. Was durch übersinnliches Schauen erkannt werden kann, das kann keine willkürliche Beigabe zum Leben sein, sondern das Wahre ist, was Goethe aus Lebenserfahrung heraus gesagt hat: «Wem die Natur ihr offenbares Geheimnis zu enthüllen anfängt, der empfindet eine unwiderstehliche Sehnsucht nach ihrer würdigsten Auslegerin, der Kunst.» – Wer durchschauen will, wie die Kunst im ganzen Leben, in der ganzen Weiterentwickelung darinnensteht, wer die Kunst wirklich ihrem Wesen nach empfindend durchschaut, durchschauend empfindet, der muß sich gestehen, daß diese durch das Sehertum gefördert wird, daß das Sehertum etwas sein wird, das in Zukunft mit dem Künstler Hand in Hand neu befruchtend und fördernd dastehen wird.

DER ÜBERSINNLICHE URSPRUNG DES KÜNSTLERISCHEN

Dornach, 12. September 1920

Was die Menschheit nötig hat, in sich aufzunehmen mit Hinblick auf die Entwickelungsnotwendigkeiten, ist eine Erweiterung des Bewußtseins für alle Gebiete des Lebens. Die Menschheit lebt heute so, daß sie das, was sie treibt, was sie tut, eigentlich nur anknüpft an die Geschehnisse zwischen Geburt und Tod. Man frägt bei allem, was geschieht, nur nach dem, was sich abspielt zwischen Geburt und Tod, und es wird wesentlich sein zur Wiedergesundung unseres Lebens, daß nach mehr gefragt werde denn nach dieser Spanne Zeit des Lebens, die wir ja unter ganz besonderen Bedingungen verbringen. Unser Leben schließt in sich dasjenige, was wir sind und tun zwischen Geburt und Tod, und auch dasjenige, was wir sind und tun zwischen dem Tode und einer neuen Geburt. Man wird sich heute in dem materialistischen Zeitalter wenig bewußt, wie hereinspielt jenes Leben zwischen dem Tod und der Geburt, das wir durchlaufen haben, bevor wir zu diesem Leben herabgestiegen sind durch die Geburt beziehungsweise durch die Empfängnis; und man wird sich auch wiederum nicht bewußt, wie in diesem Leben hier im physischen Leib sich schon Dinge abspielen, die wiederum hineinweisen in das Leben, das wir nach dem Tode verbringen. Wir wollen heute auf einiges hinweisen, das zeigen können wird, wie bestimmte Kulturgebiete eine andere Stellung zum ganzen Menschenleben annehmen werden dadurch, daß sich das menschliche Bewußtsein erstrecken wird und muß über das Leben auch in den übersinnlichen Welten.

Ich glaube, eine gewisse Frage könnte dem Menschen aufsteigen, wenn er den ganzen Umfang unseres Kunstlebens betrachtet. Wollen wir heute einmal von dieser Seite aus das übersinnliche Leben ins Auge fassen. Es wird sich uns daraus etwas ergeben, was später auch für das In-das-Auge-Fassen des sozialen Lebens wird verwertet werden können.

Wir kennen ja im wesentlichen als die eigentlichen Hochkünste die Plastik, die Architektur, die Malerei, die Dichtkunst, die Musik und fügen gerade aus gewissen Untergründen des anthroposophischen Lebens und Erkennens so etwas wie die Eurythmie zu diesen Künsten hinzu. Die Frage, die ich meine, die dem Menschen gegenüber dem Kunstleben auftauchen könnte, wäre die: Welches ist die positive, die tatsächliche Veranlassung, daß wir Künste ins Leben herein schaffen? Mit der unmittelbaren Realität, die da verläuft zwischen Geburt und Tod, hat eigentlich die Kunst nur im materialistischen Zeitalter zu tun. In diesem materialistischen Zeitalter ist es allerdings so, daß man den übersinnlichen Ursprung des Künstlerischen vergessen hat und mehr oder weniger bloß darauf ausgeht, dasjenige, was in der äußeren sinnenfälligen Natur ist, nachzuahmen. Allein derjenige, der nur wirklich eine tiefere Empfindung gegenüber der Natur auf der einen Seite und der Kunst auf der anderen Seite hat, wird mit dieser Nachahmung des Naturdaseins in der Kunst, mit dem Naturalismus, ja ganz gewiß nicht einverstanden sein können. Denn die Frage muß man sich doch immer wieder und wiederum aufwerfen: Kann denn zum Beispiel der beste Landschaftsmaler die Schönheit einer natürlichen Landschaft irgendwie auf die Leinwand hinzaubern? Wer nicht verbildet ist, wird selbst gegenüber einer noch so guten naturalistisch aufgefaßten Landschaft die Empfindung haben müssen, die ich in dem Vorspiel zu meinem ersten Mysterium, «Die Pforte der Einweihung», ausgesprochen habe, daß man mit keiner Nachahmung der Natur die Natur jemals wird erreichen können. Der Naturalismus wird für den Besserempfindenden sich eben empfindungswidrig erweisen müssen. Es wird also ein solcher doch ganz gewiß als berechtigt nur dasjenige in der Kunst ansehen können, was in irgendeiner Weise über das Natürliche hinausgeht, was den Versuch macht, wenigstens in der Art der Darstellung etwas anderes zu geben, als was die bloße Natur dem Menschen vorstellen kann. Aber wie kommen wir dazu als Menschen, Kunst überhaupt auszubilden? Warum gehen wir in der Plastik, in der Dichtkunst über die Natur hinaus?

Wer sich einen Sinn erwirbt für die Weltzusammenhänge, der wird sehen, wie zum Beispiel in der Plastik in einer eigentümlichen Weise daran gearbeitet wird, die menschliche Form festzuhalten, wie der Versuch gemacht wird, in der Formgestaltung das Menschliche zum Ausdrucke zu bringen; wie wir nicht einfach die menschliche Form, so wie sie uns am natürlichen Menschen entgegentritt, durchhaucht von innerer Beseelung, vom Inkarnat, von dem, was wir außer der Form sehen am natürlichen Menschen, der Form einverleiben können, da wir an einem plastischen Kunstwerke gestalten, wenn wir einen Menschen bilden. Aber ich glaube, der Plastiker, der Menschen bildet, wird allmählich zu einer ganz besonderen Empfindung aufsteigen. Und zweifellos ist mir, daß der griechische Plastiker die Empfindung, von der ich jetzt sprechen will, hatte, und daß nur im naturalistischen Zeitalter diese Empfindung verlorengegangen ist.

Mir scheint, daß der Plastiker, der die menschliche Gestalt bildet, eine ganz andere Art des Empfindens im Gestalten hat, wenn er plastisch das Haupt gestaltet, und wenn er den übrigen Körper gestaltet. Diese zwei Dinge sind eigentlich im Arbeiten grundverschieden voneinander: Haupt-Gestaltung plastisch gestalten, und den übrigen Körper plastisch gestalten. Wenn ich mich etwas drastisch ausdrücken dürfte, so möchte ich sagen: Wenn man an der plastischen Gestaltung des menschlichen Hauptes arbeitet, so hat man das Gefühl, daß man fortwährend von dem Material aufgesogen wird, daß das Material einen in sich hineinziehen möchte. Wenn man aber an dem übrigen menschlichen Leibe plastisch künstlerisch gestaltet, dann hat man das Gefühl, daß man überall eigentlich in den Leib hinein unberechtigterweise sticht, drückt, daß man von außen hineinstößt. Man hat das Gefühl, daß man den übrigen Leib von außen gestaltet, sich die Formen von außen bildet. Man hat so das Gefühl, daß man, wenn man den Leib gestaltet, eigentlich hineinarbeitet, und man hat das Gefühl, wenn man den Kopf gestaltet, daß man herausarbeitet.

Das scheint mir ein eigentümliches Gefühl bei der plastischen Gestaltung zu sein, welches dem griechischen Künstler ganz gewiß noch eigen war, und das eben nur in der naturalistischen Zeit, wo man begonnen hat, Sklave des Modells zu sein, verlorengegangen ist. Man frägt sich: Woher rührt denn eigentlich gerade solch ein Gefühl, wenn man mit Hinorientierung auf das Übersinnliche die menschliche Gestalt zu bilden beabsichtigt?

Das alles hängt zusammen mit viel tieferen Fragen, und ich möchte, bevor ich zu diesem übergehe, noch eines erwähnen. Bedenken Sie doch nur, wie stark man der Plastik und der Architektur gegenüber das Gefühl hat einer gewissen Innerlichkeit des Erlebens, trotzdem Plastik und Architektur scheinbar im äußeren Material äußerlich bilden: Man erlebt bei der Architektur innerlich die Dynamik, man erlebt innerlich, wie die Säule den Balken trägt, wie die Säule sich ins Kapitäl hinein ausgestaltet. Man erlebt dasjenige, was äußerlich gestaltet ist, innerlich mit. Und in einer ähnlichen Weise ist es bei der Plastik der Fall.

Solches ist nicht bei der Musik, und solches ist namentlich nicht bei der Dichtung der Fall. Bei der Dichtung scheint es mir ganz deutlich zu sein, daß in der Gestaltung des dichterischen Materials es so ist, ich will es wieder drastisch ausdrücken, als ob einem dann, wenn man beginnt, die Worte – die man noch zur Not in seinem Kehlkopf hält, wenn man Prosa redet – in Jamben oder Trochäen zu gestalten, wenn man sie in Reime bringt, davonlaufen würden und man nachlaufen müßte. Sie bevölkern mehr die Atmosphäre, die einen umgibt, als das Innere. Dichtkunst empfindet man viel äußerlicher als zum Beispiel Architektur und Plastik. Und so ist es wohl auch beim Musikalischen, wenn man das Gefühl darauf richtet. Auch die musikalischen Töne beleben einem die ganze Umgebung. Man vergißt eigentlich Raum und Zeit, oder wenigstens den Raum, und man lebt sich aus sich heraus im moralischen Erleben. Man hat nicht so wie bei der Dichtkunst das Gefühl, daß man den Gestalten, die man schafft, nachlaufen muß; aber man hat das Gefühl, daß man in ein unbestimmtes, überall hin sich ausbreitendes Element hineinschwimmen muß und bei diesem Schwimmen sich selber auflöst.

Da, sehen Sie, beginnt man gegenüber dem ganzen Wesen des Künstlerischen gewisse Empfindungen zu nuancieren. Man gibt diesen Empfindungen ganz bestimmte Charaktere. Was ich Ihnen jetzt geschildert habe, und was, wie ich glaube, der feiner künstlerisch Empfindende nachfühlen kann, das kann man nicht glauben, wenn man einen Kristall oder irgendein anderes mineralisches Naturprodukt ansieht oder eine Pflanze oder ein Tier oder einen physisch wirklichen Menschen. Der ganzen äußeren physisch-sinnlichen Natur gegenüber empfindet und fühlt man anders, als dasjenige Empfinden und Fühlen ist, das ich eben jetzt einzelnen Zweigen des künstlerischen Erlebens gegenüber geschildert habe.

Man kann von übersinnlichem Erkennen sprechen als von einem Verwandeln des gewöhnlichen abstrakten Erkennens in ein schauendes Erkennen und kann in ein erlebendes Erkennen hineinweisen. Es ist unsinnig, zu verlangen, daß man auf höheren Gebieten in derselben Weise logisch pedantisch philiströs beweisen soll, wie man im grob Naturwissenschaftlichen oder dergleichen oder im Mathematischen beweist. Lebt man sich ein in das, was die Empfindungen werden, wenn man das Kunstgebiet betritt, dann kommt man allmählich in merkwürdige innere Seelenzustände hinein. Ganz bestimmt nuancierte Seelenzustände ergeben sich, wenn man nun wirklich das Plastische, das Architektonische innerlich erlebt, wenn man mitgeht mit der Dynamik, Mechanik und so weiter bei der Architektur, wenn man mitgeht mit der Rundung der Form in der Skulptur. Es ergibt sich da ein merkwürdiger Weg, den die innere Empfindungswelt macht: Man bewegt sich hier gegenüber einem seelischen Erleben, das sehr ähnlich ist dem Gedächtnis. Wer das Erlebnis des Erinnerns, das Erlebnis des Gedächtnisses hat, der merkt, wie das architektonische und das Skulptur-Empfinden dem inneren Vorgang des Erinnerns ähnlich wird. Aber doch wiederum ist das Erinnern auf einer höheren Stufe. Mit anderen Worten: Man kommt allmählich auf die Weise des architektonischen und des Skulptur-Fühlens jenem Seelenempfinden, jenem Seelenerleben nahe, das der Geistesforscher kennt als das Erinnern an vorgeburtliche Zustände. Und in der Tat, die Art und Weise, wie man lebt zwischen dem Tode und einer neuen Geburt im Zusammenhange mit dem ganzen Weltenall, indem man fühlt, man bewegt sich als seelischer Geist oder geistige Seele in Richtungen, man kreuzt sich mit Wesenheiten, man ist gegenüber anderen Wesenheiten im Gleichgewichte, was man also erfährt und erlebt zwischen dem Tode und einer neuen Geburt, das wird zunächst unterbewußt erinnert, und das wird in der Tat nachgebildet in der architektonischen Kunst und in der Plastik.

Und wenn wir dieses Eigentümliche mit unserem inneren Dabeisein nacherleben bei der Plastik und bei der Architektur, dann entdecken wir, daß wir eigentlich in der Plastik und in der Architektur nichts anderes wollen, als die Erlebnisse, die wir vor unserer Geburt, beziehungsweise vor unserer Empfängnis in der geistigen Welt hatten, irgendwie hereinzuzaubern in die physisch-sinnliche Welt. Wenn wir nicht rein nach dem Prinzip der Utilität Häuser bauen, sondern wenn wir Häuser architektonisch schön bauen, so gestalten wir die dynamischen Verhältnisse so aus, wie sie uns aufsteigen aus der Erinnerung heraus an Erlebnisse, an Gleichgewichtserlebnisse, an schwingende Formerlebnisse und so weiter, die wir hatten in der Zeit zwischen dem Tode und dieser Geburt.

Und man entdeckt auf diese Weise, wie der Mensch eigentlich dazu gekommen ist, Architektur und Plastik als Künste auszubilden. Es rumorte in seiner Seele das Erleben zwischen dem Tode und der neuen Geburt. Er wollte es irgendwie herausbringen und vor sich hinstellen, und er schuf die Architektur, und er schuf die Plastik. Daß die Menschheit in ihrer Kulturentwickelung Architektur und Plastik hervorgebracht hat, ist im wesentlichen darauf zurückzuführen, daß nachwirkt das Leben zwischen Tod und Geburt, daß dies der Mensch aus seinem Innern heraus will: Wie die Spinne spinnt, so möchte er das, was er da erlebt zwischen dem Tod und dieser Geburt, herausstellen, gestalten. Er trägt die Erlebnisse vor der Geburt in das physisch-sinnliche Leben herein. Und das, was wir in der Überschau über die architektonischen und plastischen Kunstwerke der Menschen vor uns sehen, ist nichts anderes, als die realisierten unbewußten Erinnerungen an das Leben zwischen dem Tode und dieser Geburt.

Jetzt haben wir eine reale Antwort auf die Frage, warum der Mensch Kunst gestaltet. Wäre der Mensch nicht ein übersinnliches Wesen, das durch die Empfängnis beziehungsweise durch die Geburt hereinkommt in dieses Leben, er würde ganz gewiß keine

Plastik und ganz gewiß keine Architektonik ausüben.

Und wir wissen, welcher eigentümliche Zusammenhang besteht zwischen zwei aufeinanderfolgenden oder, sagen wir, drei aufeinanderfolgenden Erdenleben: Das, was Sie heute als Kopf haben, das ist ja in den Formkräften der umgestaltete kopflose Leib der vorigen Inkarnation, und was Sie heute als Leib haben, das wird sich bis zu der nächsten Inkarnation zu Ihrem Kopfe umgestalten. Das Haupt des Menschen hat eine ganz andere Bedeutung: Es ist alt; es ist der umgewandelte vorige Leib. Die Kräfte, die man erlebt hat zwischen dem vorigen Tod und dieser Geburt, die haben diese äußere Form des Kopfes gebildet; der Leib, der trägt in sich gärend die Kräfte, die im nächsten Erdenleben sich herausgestalten werden.

Da haben Sie den Grund, warum der Plastiker dem Kopf gegenüber anders als dem übrigen Leib gegenüber empfindet. Bei dem Kopfe fühlt er so etwas wie: Der Kopf möchte ihn einsaugen, weil der Kopf gebildet ist aus der vorigen Inkarnation durch Kräfte, die in seinen heutigen Formen sitzen. Bei dem übrigen Leibe findet er so etwas wie: Er möchte hinein, also drücken und dergleichen, indem er ihn plastisch ausbildet, weil da drinnen sitzen die geistigen Kräfte, die durch den Tod führen und hinüberführen bis zu der nächsten Inkarnation. Diese radikale Verschiedenheit des Vergangenen und Zukünftigen im menschlichen Leibe fühlt gerade der Plastiker besonders deutlich heraus. Dasjenige, was die Formkräfte des physischen Leibes sind, wie sie hinüberwirken von Inkarnation zu Inkarnation, das kommt in der plastischen Kunst zum Ausdrucke. Was nun tiefer im Ätherleib sitzt, der unser Gleichgewichtsträger ist, der Träger unserer

Dynamik, das kommt mehr in der architektonischen Kunst heraus.

Sie sehen, man kann eigentlich das menschliche Leben in seiner Ganzheit gar nicht erfassen, wenn man nicht auf das übersinnliche Leben auch einen Blick wirft, wenn man nicht sich ganz ernsthaftig die Frage beantwortet: Wie kommen wir dazu, Architektur und Plastik auszubilden? – Daß die Menschen nicht hinschauen wollen auf die übersinnliche Welt, das rührt ja davon her, weil sie die Dinge dieser Welt nicht in der richtigen Weise ansehen wollen.

Im Grunde genommen, wie stehen die meisten Menschen vor den Künsten, die eine geistige Welt enthüllen? Eigentlich wie der Hund vor der Menschensprache. Der Hund hört die Menschensprache, er hält sie vermutlich für Bellen. Er vernimmt nicht das, was als Sinn in den Lauten drinnen liegt, wenn er nicht gerade der «Mannheimer Rolf» ist. Dies war ein gelehriger Hund, der vor einiger Zeit viel Aufsehen gemacht hat bei Leuten, die sich mit solch unnützen Künsten befassen. So steht der Mensch vor den Künsten, die eigentlich sprechen von der übersinnlichen Welt, die der Mensch durchlebt hat: Er schaut nicht in diesen Künsten das, was diese Künste eigentlich offenbaren.

Blicken wir zum Beispiel auf die Dichtkunst. Die Dichtkunst geht deutlich hervor für den, der sie durchfühlen kann – nur muß man, wenn man solche Dinge charakterisiert, eben immer im Auge behalten, daß mit einiger Variante das Lichtenbergsche Wort dafür gilt, daß neunundneunzig Prozent mehr gedichtet wird, als die Menschheit unseres Erdballs zu ihrem Glück nötig hat, und als überhaupt wirkliche Kunst ist –, die wirkliche Dichtkunst geht aus dem ganzen Menschen hervor. Und was tut sie? Sie bleibt nicht bei der Prosa stehen: Sie gestaltet die Prosa, sie bringt Takt, Rhythmus in die Prosa hinein. Sie macht etwas, was der prosaische Nüchtling eben überflüssig für das Leben findet. Sie gestaltet noch extra dasjenige, was – schon ungestaltet – den Sinn, den man damit verbinden will, geben würde. Wenn man sich an einer Rezitation, die wirkliche Kunst ist, eine Empfindung verschafft von dem, was der dichterische Künstler erst aus dem Prosainhalt macht, dann kommt man wiederum zu einem eigentümlichen Charakter der Empfindungen. Man kann ja nicht den bloßen Inhalt, den Prosainhalt eines Gedichtes als Gedicht empfinden. Man empfindet als Gedicht, wie die Worte in Jamben oder in Trochäen oder in Anapästen rollen, wie die Laute sich wiederholen in Alliterationen, Assonanzen oder in anderen Reimen. Man empfindet vieles andere, was in dem Wie der Gestaltung des prosaischen Stoffes liegt. Das ist dasjenige, was in die Rezitation hinein muß. Wenn man so rezitiert, daß man lediglich den Prosainhalt, wenn auch noch so scheinbar tief, herausholt aus dem Innern, dann glaubt man «künstlerisch» zu rezitieren! Wenn man nun diese eigentümliche Empfindungsnuance wirklich sich vorhalten kann, welche die Empfindung des Dichterischen einschließt, dann kommt man dazu, sich zu sagen: Das geht eigentlich über das gewöhnliche Empfinden hinaus, denn das gewöhnliche Empfinden haftet an den Dingen des sinnlichen Daseins, die dichterische Gestaltung haftet nicht an den Dingen des sinnlichen Daseins. Ich habe es vorhin dadurch ausgedrückt, daß ich sagte: Es lebt dann das dichterisch Gestaltete mehr in der Atmosphäre, die einen umgibt; oder man möchte aus sich herausstürmen, um die Worte des Dichters außer sich eigentlich richtig zu erleben.

Das kommt davon her, weil man etwas aus sich herausgestaltet, was man zwischen der Geburt und dem Tode gar nicht erleben kann. Ein Seelisches gestaltet man heraus, das man auch, wenn man nur leben will zwischen Geburt und Tod, lassen kann. Man kann ganz gut bis zum Tode leben und sterben, ohne daß man etwas anderes tut, als den nüchternen Prosainhalt zum Inhalte des Lebens zu machen. Aber warum empfindet man ein Bedürfnis, in diesen nüchternen Prosainhalt noch extra hinein Rhythmus und Assonanz und Alliteration und Reime zu legen? Nun, weil man mehr in sich hat, als man braucht bis zum Tode, weil man das, was man mehr in sich hat, als man braucht bis zum Tode, auch noch während dieses Lebens herausgestalten will. Es ist Voraussicht des Lebens, das auf den Tod folgt: Weil man das schon in sich trägt, was nach dem Tode folgt, deshalb fühlt man sich gedrängt, nicht bloß zu reden, sondern dichterisch zu reden. Und so, wie zusammenhängen Plastik und Architektur mit dem vorgeburtlichen Leben, mit den Kräften, die in uns sind von dem vorgeburtlichen Leben, so hängt die Dichtung zusammen mit dem Leben, das nach dem Tode sich abspielt, vielmehr mit den Kräften in uns, die schon jetzt in uns sind für das Leben nach dem Tode. Und es ist mehr das Ich, wie es lebt hier zwischen der Geburt und dem Tode, wie es durch die Todespforte geht und dann weiterlebt, das jetzt schon in sich trägt die Kräfte, die die Dichtkunst ausdrücken.

Und es ist der astralische Leib, der schon jetzt hier in der Tonwelt lebt, der die Tonwelt in Melodie und Harmonie formt, die wir im Leben draußen in der physischen Welt nicht finden, weil das schon in unserem astralischen Leib ist, was er nach dem Tode erlebt. Sie wissen, dieser astralische Leib, den wir in uns tragen, lebt nur eine Zeitlang mit nach dem Tode, dann legen wir ihn auch ab. Dennoch hat dieser astralische Leib das eigentlich musikalische Element in sich. Aber er hat es so in sich, wie er es hier zwischen Geburt und Tod in seinem Lebenselemente, der Luft, erlebt. Wir brauchen die Luft, wenn wir ein Medium haben wollen für das musikalische Empfinden.

Wenn wir nun angekommen sind bei der Station nach dem Tode, wo wir unseren astralischen Leib ablegen, dann legen wir auch alles dasjenige ab, was uns vom Musikalischen erinnert an dieses Erdenleben. Aber in diesem Weltmomente verwandelt sich das Musikalische in die Sphärenmusik. Wir werden unabhängig von dem, was wir als Musikalisches in der Luft erleben und leben uns hinauf in ein Musikalisches, das Sphärenmusik ist. Denn dasjenige, was hier als Musik in der Luft erlebt wird, das ist oben die Sphärenmusik. Und nun lebt sich die Spiegelung in das Luftelement hinein, wird dichter, wird dasjenige, was wir als Erdenmusik erleben, was wir in unseren astralischen Leib einprägen, was wir ausgestalten, was wir, solange wir unseren astralischen Leib haben, nacherleben. Nach dem Tode legen wir unseren astralischen Leib ab: dann – verzeihen Sie den banalen Ausdruck – schnappt unser Musikalisches hinauf in die Sphärenmusik. So daß wir in Musik und in Dichtung ein Vorleben desjenigen haben, was nach dem

Tode unsere Welt ist, unser Dasein ist. Nach zwei Richtungen hin erleben wir das Übersinnliche. So stellen sich uns diese vier Künste dar.

Und die Malerei? Es gibt noch eine geistige Welt, die hinter unserer Sinneswelt liegt. Der grob-materialistische Physiker oder Biologe redet von Atomen und Molekülen hinter der Sinneswelt. Es sind keine Moleküle und Atome. Dahinter sind geistige Wesenheiten. Da ist eine Geistwelt, die Welt, die wir zwischen Einschlafen und Aufwachen durchleben. Diese Welt, die wir herüberbringen aus dem Schlafe, die ist es, die uns eigentlich befeuert, wenn wir malen, so daß wir die räumlich uns umgrenzende geistige Welt auf die Leinwand oder auf die Wand überhaupt bringen. Deshalb muß man sehr darauf bedacht sein, beim Malen aus der Farbe heraus zu malen, nicht aus der Linie, denn die Linie lügt in der Malerei. Die Linie ist immer etwas von der Erinnerung an das vorgeburtliche Leben. Wenn gemalt werden soll im über die Geisteswelt hin erweiterten Bewußtsein, so müssen wir dasjenige malen, was aus der Farbe herauskommt. Und wir wissen, daß in der astralischen Welt die Farbe erlebt wird. Wenn wir hineinkommen in die Welt, die wir durchleben zwischen dem Einschlafen und Aufwachen, dann erleben wir dieses Farbige. Und wie wir die Farbenharmonie bilden wollen, wie wir die Farben auf die Leinwand bringen wollen, es ist nichts anderes als das, was uns drängt: wir stoßen hinein, wir lassen hineinfließen das, was wir zwischen Einschlafen und Aufwachen erlebt haben, in unseren wachen Leib. Das ist da drinnen, und das will der Mensch auf die Leinwand in der Malerei bringen. Wiederum ist das, was in der Malerei hervortritt, die

Wiedergabe eines Übersinnlichen. So daß die Künste eigentlich überall auf das Übersinnliche hinweisen. Die Malerei wird für den, der sie in der richtigen Weise empfinden kann, eine Offenbarung der uns im Raume umgebenden und aus dem Raume heraus uns durchdringenden geistigen Welt, in der wir uns befinden zwischen dem Einschlafen und Aufwachen. Die Skulptur und Architektur werden Zeugen für die geistige Welt, die wir durchleben zwischen dem Tod und einer neuen Geburt vor der Empfängnis, vor der Geburt; die Musik und Dichtkunst Zeugen dafür, wie wir das Leben post mortem, nach dem Tode durchleben. So dringt herein dasjenige, was unser Anteil ist an der geistigen Welt, in unser gewöhnliches physisches Erdenleben.

Und wenn wir dasjenige, was der Mensch als Künste hinstellt ins Leben, banausisch anschauen als nur zusammenhängend mit dem, was sich zwischen Geburt und Tod abspielt, dann nehmen wir eigentlich dem künstlerischen Schaffen allen Sinn. Denn das künstlerische Schaffen ist durchaus ein Hineintragen geistig-übersinnlicher Welten in die physisch-sinnliche Welt. Und nur weil den Menschen dasjenige preßt, was er aus dem vorgeburtlichen Leben in sich trägt, weil ihn im wachen Zustande preßt, was er aus dem übersinnlichen Leben während des Schlafes in sich trägt, weil ihn preßt, was jetzt schon in ihm ist und was ihn gestalten will nach dem Tode, stellt er Architektur, Skulptur, Malerei, Musik und Dichtkunst in die Welt des sinnlichen Erlebens hinein. Daß die Menschen gewöhnlich nicht von übersinnlichen Welten sprechen, rührt lediglich davon her, daß sie auch nicht die sinnliche verstehen, vor allen Dingen das nicht einmal verstehen, was einstmals die spirituelle Menschenkultur gekannt hat, was aber verlorengegangen ist und was zur Äußerlichkeit geworden ist: Kunst.

Lernen wir die Kunst verstehen, so ist sie ein wahrer Beweis für die menschliche Unsterblichkeit und für das menschliche Ungeborenwordensein. Und das brauchen wir, damit das Bewußtsein sich hinaus erweitert über den Horizont, der begrenzt ist durch Geburt und Tod, damit wir anknüpfen dasjenige, was wir darinnen haben in unserem physischen Erdenleben, an das überphysische Leben.

Schaffen wir nun aus einer Erkenntnis heraus, die wie die anthroposophisch orientierte Geisteswissenschaft direkt darauf losgeht, die geistige Welt zu erkennen, die geistige Welt in das Vorstellen, in das Denken, in das Fühlen, das Empfinden, das Wollen auch aufzunehmen, dann wird da der Mutterboden liegen für eine Kunst, die gewissermaßen synthetisch zusammenfaßt Vorgeburtliches und Nachtodliches.

Und betrachten wir die Eurythmie. Wir bringen den menschlichen Körper selber in Bewegung. Was bringen wir in Bewegung? Wir bringen in Bewegung den menschlichen Organismus, so daß sich seine Glieder bewegen. Die Gliedmaßen sind dasjenige, was vorzugsweise sich hinüberlebt ins folgende Erdenleben, was auf die Zukunft, was auf das Nachtodliche verweist. Aber wie gestalten wir denn dasjenige, was wir an Gliederbewegungen in der Eurythmie hervorbringen? Wir studieren sinnlich-übersinnlich, wie sich aus dem Haupte heraus – durch die intellektualistischen Anlagen und durch die Empfindungsanlagen der Brust – der Kehlkopf und die ganzen Sprachorgane aus dem früheren Leben herüber gebildet haben. Wir knüpfen direkt Vorgeburtliches an Nachtodliches an. Wir nehmen gewissermaßen dasjenige nur vom Erdenleben, was nun das physische Material ist: den Menschen selbst, der das Werkzeug ist, das Instrument für die Eurythmie. Aber wir lassen erscheinen am Menschen das, was wir innerlich studieren, was in ihm vorgebildet ist von früherem Leben, und wir übertragen das auf seine Gliedmaßen, das heißt auf dasjenige, worin sich vorbildet das nachtodliche Leben. Wir liefern in der Eurythmie eine solche Gestaltung und Bewegung des menschlichen Organismus, die unmittelbar ein äußerer Beweis sind für das Mitleben des Menschen in der übersinnlichen Welt. In einer direkten Weise knüpfen wir den Menschen an die übersinnliche Welt an, indem wir ihn eurythmisieren lassen.

Überall, wo aus wahrer künstlerischer Gesinnung Kunst herausgebildet wird, ist die Kunst ein Zeugnis für das Zusammenhängen des Menschen mit den übersinnlichen Welten. Und wenn in unserer Zeit der Mensch dazu aufgerufen wird, gewissermaßen die Götter in seine eigenen Seelenkräfte aufzunehmen, so daß er nicht bloß gläubig wartet, daß ihm die Götter das oder jenes bringen, sondern daß er handeln will, wie wenn die Götter in seinem handelnden Willen lebten, dann ist das der Zeitpunkt, wenn ihn die Menschheit erleben will, wo gewissermaßen der Mensch von den äußerlich gestalteten objektiven Künsten übergehen muß zu einer Kunst, die noch ganz andere Dimensionen und Formen in der Zukunft annehmen wird: zu einer Kunst, die das Übersinnliche unmittelbar darstellt. Wie sollte es auch anders sein?

Geisteswissenschaft will ja auch das Übersinnliche unmittelbar darstellen, also muß sie gewissermaßen auch eine solche Kunst aus sich heraus schaffen.

Und die pädagogisch-didaktische Anwendung wird nach und nach Menschen erziehen, die durch die Erziehung nach dieser Richtung hin es selbstverständlich finden, daß sie übersinnliche Wesen sind, weil sie ihre Hände, ihre Arme, ihre Beine so bewegen, daß da drinnen die Kräfte der übersinnlichen Welt tätig sind. Es ist ja die Seele des Menschen, die übersinnliche Seele, die in der Eurythmie in Bewegung übergeht. Es ist ja das lebendige Ausleben des Übersinnlichen, das in den eurythmischen Bewegungen zutage tritt.

Alles, was durch Geisteswissenschaft gebracht wird, stimmt wirklich innerlich zusammen. Auf der einen Seite ist es deshalb gebracht, damit das Leben, in dem wir drinnenstehen, tiefer, intensiver durchschaut werde, damit man den Blick hinlenken lernt auf die lebendigen Beweise, die da sind für Ungeborensein und Unsterblichsein; und auf der andern Seite wird hereingestellt in das menschliche Wollen das, was übersinnliches Element im Menschen ist.

Das ist die innerliche Konsequenz, welche der geisteswissenschaftlichen Bestrebung, wenn sie anthroposophisch orientiert ist, zugrunde liegt. Dadurch wird Geisteswissenschaft das Bewußtsein des Menschen erweitern. Der Mensch wird nicht mehr so durch die Welt gehen können, wie er im materialistischen Zeitalter gegangen ist, daß er eigentlich nur einen Überblick hat über dasjenige, was zwischen Geburt und Tod lebt, und etwa noch einen Glauben an irgend etwas, was außerdem noch vorhanden ist, was ihn selig macht, was ihn erlöst, wovon er sich aber keine

Vorstellung machen kann, wovon er sich immer nur in sentimentaler Weise predigen läßt, wovon er eigentlich nur einen ausgeleerten Inhalt noch hat. Durch Geisteswissenschaft soll der Mensch wiederum einen wirklichen Inhalt bekommen von den geistigen Welten. Die Menschen sollen erlöst werden von dem Leben im Abstrakten, von jenem Leben, das nur stehenbleiben will bei dem Wahrnehmen, dem Denken zwischen Geburt und Tod, und das höchstens in Worten noch aufnimmt irgendwelche unbestimmten Hinweise auf eine übersinnliche Welt. Geisteswissenschaft wird ein Bewußtsein in den Menschen hineinbringen, wodurch sein Horizont erweitert wird und wodurch er, wenn er hier in der physischen Welt wirkt und lebt, die übersinnliche Welt empfindet. Wir gehen heute zwar durch die Welt, wenn wir dreißig Jahre alt geworden sind, und wissen, daß das, was wir mit dreißig Jahren haben, uns anerzogen worden ist mit zehn, mit fünfzehn Jahren: daran erinnern wir uns. Wir erinnern uns, daß, wenn wir mit dreißig Jahren lesen, sich da unser Lesenlernen vor zweiundzwanzig oder dreiundzwanzig Jahren verknüpft mit dem jetzigen Augenblick. Aber wir beachten nicht, daß jederzeit zwischen Geburt und Tod in uns vibriert, in uns pulst, was wir durchlebt haben zwischen dem letzten Tode und dieser Geburt. Wenden wir den Blick auf das, was aus diesen Kräften heraus in Architektur und in Skulptur geboren worden ist: Wenn wir das im rechten Sinne verstehen, dann werden wir es auch im rechten Sinne auf das Leben übertragen und werden auch wiederum erringen eine Empfindung für jene, dem philiströsen prosaischen Leben gegenüber überflüssige Gestaltung der Prosa in Rhythmus und Takt und Reim, in Alliteration und Assonanz der Dichtung. Dann werden wir diese Empfindungsnuance mit dem unsterblichen Wesenskern in uns, den wir durch den Tod tragen, in richtige Verbindung bringen. Wir werden sagen: Kein Mensch könnte zum Dichter werden, wenn nicht in allen Menschen steckte, was im Dichter eigentlich schafft: die Kraft, die erst äußerlich lebendig wird nach dem Tode, die aber jetzt schon in uns ist.

Das ist Hereinbeziehen des Übersinnlichen in das gewöhnliche Bewußtsein, das wieder erweitert werden muß, wenn die Menschheit nicht weiter versinken will in demjenigen, in das sie hineingesaust ist dadurch, daß das Bewußtsein sich so zusammengezogen hat und nur eigentlich noch lebt in dem, was zwischen Geburt und Tod abläuft, und nur höchstens sich Worte vorpredigen läßt von dem, was in der übersinnlichen Welt vorhanden ist.

Sie sehen, überall kommt man auf Geisteswissenschaft, wenn man von den wichtigsten Kulturbedürfnissen der Gegenwart spricht.

DIE PSYCHOLOGIE DER KÜNSTE

Dornach, 9. April 1921

Wie man über die Künste reden soll, mit dieser Frage, ich darf es wohl sagen, ringe ich eigentlich mein ganzes Leben hindurch, und ich werde mir gestatten, den Ausgangspunkt von zwei Etappen zu nehmen, innerhalb welcher ich versucht habe, mit diesem Ringen etwas haltzumachen. Es war zum erstenmal, als ich Ende der achtziger Jahre des 19. Jahrhunderts vor dem Wiener Goetheverein meinen Vortrag zu halten hatte: «Goethe als Vater einer neuen Ästhetik.» Mit demjenigen, was ich damals sagen wollte über das Wesen der Künste, kam ich mir vor wie ein Mensch, der reden wollte, aber eigentlich stumm ist und durch Gebärden ausdrücken muß, worauf er eigentlich hinzudeuten hat. Denn es war mir damals aus gewissen Lebensvoraussetzungen heraus nahegelegt, durch philosophische Urteile über das Wesen der Künste zu sprechen. Ich hatte mich durchgearbeitet aus dem Kantianismus zu dem Herbartianismus in der Philosophie, und dieser Herbartianismus trat mir in Wien in einer für den Herbartianismus repräsentativen Persönlichkeit, in dem Ästhetiker Robert Zimmermann entgegen. Robert Zimmermann hatte seine große «Geschichte der Ästhetik als philosophische Wissenschaft» vor damals ziemlich langer Zeit vollendet. Er hatte auch schon der Welt vorgelegt seine systematische Schrift über «Ästhetik als Formwissenschaft», und ich hatte mich treulich durchgearbeitet durch dasjenige, was Robert Zimmermann, der Herbartische Ästhetiker, auf diesem Gebiet der Welt mitzuteilen hatte.

Und dann hatte ich in den Vorlesungen der Wiener Universität diesen repräsentativen Herbartianer Robert Zimmermann vor mir. Als ich Robert Zimmermann persönlich kennen lernte, da war ich ganz erfüllt von der geistvollen, beseelten, ausgezeichneten Persönlichkeit dieses Mannes. Dasjenige, was in dem Menschen Robert Zimmermann lebte, das konnte einem nur außerordentlich und tief sympathisch sein. Ich muß sagen, trotzdem die ganze Gestalt Robert Zimmermanns etwas außerordentlich Steifes an sich trug, gefiel mir in dieser Steifheit sogar manches, weil die Art und Weise, wie diese Persönlichkeit in jener eigentümlichen Färbung, welche die deutsche Sprache bei denjenigen gewinnt, die sie sprechen aus dem Deutschböhmischen, aus dem Prager Deutsch heraus, aus dieser Sprachnuance heraus, ganz besonders sympathisch war. Das Prager Deutsch Robert Zimmermanns machte mir in einer seltenen Art es außerordentlich sympathisch, wenn er mir, der ich mich schon dazumal mit Goethes «Farbenlehre» intensiv beschäftigte, sagte: Ach, Goethe ist als Physiker doch nicht ernst zu nehmen! Ein Mann, der nicht einmal Newton verstehen konnte, der ist als Physiker nicht ernst zu nehmen! – Und ich muß sagen, was der Inhalt dieses Satzes enthält, verschwand mir völlig hinter der kokett-graziösen Art, durch die sich so etwas bei Robert Zimmermann dem andern mitteilte. Ich hatte eine solche Gegnerschaft außerordentlich lieb.

Ich lernte aber dann auch, oder vielleicht vorher schon, Robert Zimmermann kennen, wenn er nun als Herbartianer vom Katheder heruntersprach. Und ich muß sagen, da hörte der liebenswürdige, sympathische Mensch ästhetisch vollständig auf, da wurde aus dem Menschen Robert Zimmermann ganz und gar ein Herbartianer. Ich war mir anfangs nicht ganz klar, was es zu bedeuten hatte, wie dieser Mann hereintrat schon durch die Türe, hinaufstieg auf das Podium, seinen feinen Spazierstock ablegte, merkwürdig seinen Rock auszog, merkwürdig dem Stuhl zuschritt, merkwürdig sich setzte, merkwürdig die Brille abnahm, merkwürdig eine Weile innehielt, merkwürdig mit den seelenvollen Augen, nachdem sie entbrillt waren, den Blick nach links, nach rechts, nach der Tiefe über die sehr geringe Anzahl vorhandener Zuhörer schweifen ließ, und es war zunächst etwas Frappierendes darin gelegen. Da ich aber mich schon seit längerer Zeit in intensiver Weise mit der Lektüre Herbartscher Schriften beschäftigt hatte, so ging mir gleich nach dem ersten Eindruck ein Licht auf und ich sagte mir: Ach ja, da wird hereingetreten zur Türe auf Herbartisch, da wird der feine Spazierstock Herbartisch abgelegt, da wird der Rock Herbartisch ausgezogen, da schweift man Herbartisch über die Zuhörerschaft hin mit den entbrillten Augen. – Und nun fing Robert Zimmermann auch in seiner außerordentlich sympathischen, vom Prager Dialekt durchfärbten Mundart an zu sprechen über praktische Philosophie, und siehe da, dieses Prager Deutsch kleidete sich in die Form herbartischer Ästhetik.

Das erlebte ich, und dann verstand ich vom subjektiv Zimmermannschen Standpunkte aus gut, was es eigentlich bedeutete, daß als Motto der Zimmermannschen Ästhetik auf dem ersten Blatte der Schillersche Ausspruch stand, der ja allerdings bei Robert Zimmermann ins Herbartische umgesetzt war: In der Vertilgung des Stoffes durch die Form liegt das wahre

Kunstgeheimnis des Meisters – denn ich hatte gesehen, wie der liebenswürdige, sympathische, durch und durch graziöse Mensch als Inhalt vertilgt erschien und in Herbartischer Form auf dem Katheder wieder auftauchte. Es ward ein für die Psychologie der Künste außerordentlich bedeutungsvoller Eindruck.

Und wenn Sie verstehen, daß man eine solche Charakteristik machen kann auch dann, wenn man liebt, so werden Sie auch den Ausdruck nicht schief nehmen, den ich jetzt gebrauchen will, daß mir Robert Zimmermann, den ich sehr verehrt habe, verzeihen möge, daß ich das Wort «Anthroposophie», welches er verwendet hat in einem Buche, um eine aus logischen, ästhetischen und ethischen Abstraktionen zusammengefügte Pappendeckelfigur zu kennzeichnen, daß ich dieses Wort verwendet habe, um den durchgeistigten und beseelten Menschen wissenschaftlich zu behandeln. Robert Zimmermann hat sein Buch, in dem er diese Prozedur, die ich eben geschildert habe, verrichtete, eben «Anthroposophie» genannt.

Von diesem Erlebnis, durch das sozusagen Künstlerisches in eine inhaltslose Form umgegossen erschien, hatte ich mich zu befreien, als ich meinen Vortrag über «Goethe als Vater einer neuen Ästhetik» hielt. Ich konnte aufnehmen das Vollberechtigte der Zimmermannschen Anschauung, daß man es in der Kunst durchaus zu tun habe nicht mit den Inhalten, nicht mit dem Was, sondern mit dem, was aus dem Inhalte des Beobachteten und so weiter durch die Phantasie, durch das Schöpferische des Menschen gemacht wird. Und von Schiller sahen wir auch Herbart die Form nehmen. Ich konnte durchaus das Tiefberechtigte dieser Tendenz einsehen, aber ich konnte mich doch nicht entbrechen, dem gegenüberzusetzen, daß das, was so von der wirklichen Phantasie als Form erreicht werden kann, heraufgehoben werden muß und nun so erscheinen müsse im Kunstwerke, daß wir aus dem Kunstwerke heraus einen ähnlichen Eindruck bekommen wie sonst nur aus der Ideenwelt. Durchgeistigen, was der Mensch wahrnehmen kann, hinauftragen das Sinnliche in die Sphäre des Geistes, nicht Vertilgen des Stoffes durch die Form, das war es, wovon ich mich dazumal zu befreien suchte von dem, was ich aufgenommen hatte in einem treulichen Durcharbeiten der Herbartschen Ästhetik.

Es waren allerdings auch noch andere Elemente eingeflossen. Ein Philosoph der damaligen Zeit, den ich ebenso gern hatte wie Robert Zimmermann, der mir als Mensch außerordentlich teuer ist, Eduard von Hartmann, er hat auf allen Gebieten der Philosophie geschrieben, und er hat gerade in jener Zeit auch über Ästhetik geschrieben, über Ästhetik aus einem zum Teil ähnlichen, zum Teil anderen Geiste heraus als Robert Zimmermann geschrieben hatte. Und wiederum werden Sie die Objektivität, die ich versuche, nicht so deuten, als ob ich lieblos werden wollte deshalb. Die Eduard von Hartmannsche Ästhetik kann man ja charakterisieren dadurch, daß Eduard von Hartmann den Künsten, die ihm eigentlich ziemlich fernstanden, etwas abzog, das er dann den ästhetischen Schein nannte. Er zog das den Künsten ab, was er den ästhetischen Schein nannte, so wie man ungefähr verfahren würde, wenn man einem lebendigen Menschen die Haut abzöge. Und dann machte Eduard von Hartmann nach dieser Prozedur, nachdem er sozusagen den Künsten, den lebendigen Künsten die Haut abgezogen hatte, daraus seine Ästhetik. Und die abgezogene Haut – ist es wunderbar, daß sie zu Leder wurde unter der harten Bearbeitung, welche ihr dann widerfuhr durch den den Künsten so fernstehenden Ästhetiker? – Das war das zweite, wovon ich mich dazumal zu befreien hatte. Und ich versuchte als Stimmungsgehalt in meinen Vortrag dazumal aufzunehmen, was ich nennen möchte: Es muß der Philosoph, wenn er über die Künste reden will, die Entsagung haben, stumm zu werden in einer gewissen Beziehung und nur durch keusche Gebärden hindeuten wollen auf dasjenige, in das Philosophie sprechend eigentlich doch niemals ganz eindringen kann, vor dem sie uneindringlich stehenbleiben und auf das Wesentliche wie ein stummer Betrachter hindeuten muß.

Das war die Stimmung, psychologisch charakterisiert, aus der ich dazumal in meinem Vortrag über «Goethe als Vater einer neuen Ästhetik» sprach.

Dann trat an mich später die Aufgabe heran, einen zweiten Halt zu machen auf dem Wege jener Frage, die ich eingangs meiner heutigen Betrachtung charakterisierte. Es war, als ich vor Anthroposophen über das «Wesen der Künste» sprach. Und jetzt konnte ich, nach der damaligen Stimmung des ganzen Milieus, nicht in derselben Art sprechen. Jetzt wollte ich so sprechen, daß ich innerhalb des künstlerischen Erlebens selbst stehenbleiben konnte. Jetzt wollte ich künstlerisch über Kunst sprechen. Und ich wußte wiederum, jetzt bin ich auf der anderen Seite des Ufers, jenseits welchem ich dazumal mit meinem Vortrage «Goethe als Vater einer neuen Ästhetik» gestanden habe. Und jetzt sprach ich so, daß nun sorgfältig vermieden wurde das Hineingleiten in philosophische

Formulierung. Denn ich empfand es wie etwas, was sofort das eigentliche Wesen der Kunst aus den Worten hinwegnimmt, wenn man hineingleitet in philosophische Charakteristik. Das Unkünstlerische des bloßen Begriffes durchwühlte dazumal die Kräfte, aus denen die Rede kommt. Und ich versuchte aus jener Stimmung heraus nunmehr psychologisch über die Künste zu sprechen, welche im strengsten Sinne vermeidet, bis zur philosophischen Formulierung hinzugleiten. Heute soll ich nun wieder über die Psychologie der Künste sprechen.

Es ist eigentlich nicht besonders leicht, nachdem man die beiden anderen Etappen innerlich lebendig durchgemacht hat, an irgendeiner anderen Stelle Halt zu machen. Und da konnte ich denn nicht anders, als mich mit der Betrachtung an das Leben wenden. Ich suchte irgendeinen Punkt, durch den ich mit der Betrachtung über das Künstlerische ins Leben hineinkommen könnte. Und siehe da, ich fand wie etwas selbstverständlich Gegebenes den liebenswürdigen Romantiker Novalis. Und wenn ich mir nun nach diesem Blicke auf Novalis die Frage aufwerfe: Was ist poetisch? Was ist in dieser besonderen Form des künstlerischen Erlebens in dem poetischen Leben eigentlich enthalten? – da steht lebendig die Gestalt des Novalis vor mir. Merkwürdig, Novalis wird hereingeboren in diese Welt mit einer eigentümlichen Grundempfindung, die ihn hinweghob über die äußere prosaische Wirklichkeit durch seinen ganzen physischen Lebensgang hindurch. Es ist etwas in dieser Persönlichkeit, was wie mit Flügeln behaftet in poetischen Sphären hinwegschwebt über dasjenige, was die Prosa des Lebens ist. Es ist etwas, was unter uns Menschen so gelebt hat, wie wenn es einmal an einer Stelle des Weltengeschehens ausdrücken wollte: So steht es dem äußerlich Sinnlich-Wirklichen gegenüber mit dem Erleben des wahrhaft Poetischen. Und diese Persönlichkeit des Novalis lebt sich herein in das Leben, und sie beginnt ein geistig durch und durch wirkliches Liebesverhältnis zu einem zwölfjährigen Mädchen, Sophie von Kühn. Und die ganze Liebe zu dem noch geschlechtlich unreifen Mädchen ist in herrlichste Poesie gekleidet, so in Poesie gekleidet, daß man niemals versucht wird, bei der Betrachtung dieses Verhältnisses an irgend etwas Sinnlich-Wirkliches zu denken. Aber alle Inbrunst der menschlichen Empfindung, welche durchgemacht werden kann, wenn die menschliche Seele wie in poetischen Sphären frei über der prosaischen Wirklichkeit schwebt, alle Inbrunst dieser Empfindung lebt in dieser Liebe des Novalis zu Sophie von Kühn. Und dieses Mädchen stirbt zwei Tage nach Vollendung des vierzehnten Lebensjahres, in derjenigen Zeit, wo die anderen Menschen die Wirklichkeit des physischen Lebens so stark berührt, daß sie heruntersteigen in die Geschlechtlichkeit des physischen Leibes. Bevor dieses Ereignis eintreten konnte bei Sophie von Kühn, wird sie hinaufentrückt in geistige Welten, und Novalis beschließt aus einem stärkeren Bewußtsein heraus, als das instinktivische-poetische bei ihm bisher war, Sophie von Kühn in seinem lebendigen Seelenerleben wie nachzusterben. Er lebt mit derjenigen, die nicht mehr in der physischen Welt ist. Und diejenigen Menschen, die mit innigstem Menschenempfinden nach jener Zeit an Novalis herangetreten sind, sagen, daß er lebendig auf der Erde herumwandelnd, wie ein in die Geisteswelten Entrückter war, der mit irgend etwas redet, was nicht auf dieser Erde ist, nicht dieser Erde in Wirklichkeit angehört. Und er selbst kommt sich innerhalb dieser prosaentrückten poetischen Wirklichkeit so vor, daß ihm dasjenige, was andere Menschen nur in der Beherrschung der äußeren Kräfte sehen, der vollste, in die Wirklichkeit übergehende Ausdruck des Willens, schon erscheint innerhalb der poetisch-idealen Welt, und er von «magischem Idealismus» spricht, um seine Lebensrichtung zu kennzeichnen.

Versucht man dann, alles dasjenige, was aus dieser wunderbar gestalteten Seele, die also ohne die Wirklichkeit, die äußere Wirklichkeit zu berühren lieben konnte, die also mit dem leben konnte, was ihr wirklich entrissen war, bevor eine gewisse Etappe der äußeren Wirklichkeit erreicht war, zu verstehen, läßt man sich ein auf all dasjenige, was dieser Novalis-Seele dann entflossen ist, dann bekommt man den reinsten Ausdruck des Poetischen. Und es löst sich eine Frage, die psychologisch ist, einfach dadurch, daß man sich vertieft in den künstlerischen Strom des Poetisierens, der aus Novalis' poetischen und prosaischen Schriften fließt.

Dann aber hat man einen merkwürdigen Eindruck. Man hat den Eindruck, wenn man sich in dieser Weise psychologisch in das Wesen des Poetischen vertieft an einer Lebenswirklichkeit, an der des Novalis, daß man dann hinter dem Poetischen etwas schweben hat, was durch alles Poetische hindurchtönt. Man hat den Eindruck, als ob dieser Novalis aus geistig-seelischen Sphären hervorgegangen wäre, sich mitgebracht hätte, was mit poetischem Glanz überschüttet das äußerlich prosaische Leben. Man hat den Eindruck, daß sich da eine Seele in die Welt begeben hat, welche sich das Geistig-Seelische in seiner reinsten Form so mitgebracht hat, daß es den ganzen Körper durchseelte und durchgeistigte, und daß es in die Seelenverfassung, die geistig und seelisch war, Raum und Zeit so aufnahm, daß Raum und Zeit, ihr äußeres Wesen abstreifend, in der Seele des Novalis poetisch wieder erschienen. Wie ein Verschlingen von Raum und Zeit ist es in der Poesie des Novalis.

Man sieht, mit starker Seele und starkem Geiste tritt die Poesie in die Welt herein, und aus ihrer Stärke heraus gliedert sie sich ein Raum und Zeit. Aber sie überwältigt Raum und Zeit, Raum und Zeit zerschmelzend durch die Kraft der menschlichen Seele, und in diesem Zerschmelzen von Raum und Zeit durch die Kraft der menschlichen Seele liegt die Psychologie der Poesie. Aber hindurch tönt bei Novalis durch diesen Prozeß des Zerschmelzens von Raum und Zeit etwas, was wie ein tiefes Grundelement darinnen war. Man konnte es überall, man kann es überall durch dasjenige hindurch hören, was Novalis der Welt geoffenbart hat, und man kann dann nicht anders, als sich sagen: Was Seele, was Geist ist, es trat da zutage, um poetisch zu bleiben, um durch das Sich-Aneignen von Raum und Zeit poetisch Raum und Zeit zu zerschmelzen. Aber es blieb zunächst etwas als Untergrund dieses Seelischen, etwas, was am tiefsten drinnenliegt in der menschlichen Seele, so tief drinnenliegt, daß es als Gestaltungskraft entdeckt werden kann, indem es die tiefsten inneren Verhältnisse des menschlichen Organismus selber gestaltet, indem es im Innersten des Menschen als Seele schaffend lebt. Es lebte als Grundelement in allem Poetischen des Novalis das Musikalische, das Musikalische, die tönende künstlerische Welt, die sich offenbart aus der Weltenharmonie heraus und die das auch im Intimsten an der Menschenwesenheit künstlerisch aus dem Kosmos heraus Schaffende ist.

Versucht man hineinzukommen in diejenige Sphäre, wo Geistig-Seelisches im Menschen am intimsten schafft, dann kommt man an ein musikalisches Gestalten in dem Menschen, und dann sagt man sich: Ehe der Musiker hinaustönt in die Welt seine Töne, hat das musikalische Wesen selbst das Wesen des Musikers ergriffen und zuerst eingekörpert, eingestaltet in sein menschliches Wesen das Musikalische, und der Musiker offenbart dasjenige, was erst die Weltenharmonie in die Untergründe seines Seelischen unbewußt hineingelegt hat. Und darauf beruht die geheimnisvolle Wirkung der Musik. Darauf beruht mit, daß man dem Musikalischen gegenüber rednerisch eigentlich nur sagen kann: Das Musikalische drückt das innerste menschliche Empfinden aus. – Und indem man sich mit den entsprechenden Erlebnissen zur Anschauung vorbereitet, in diese Novalische Poesie begibt, erfaßt man etwas, was ich nennen möchte die Psychologie der Musik.

Und dann wird der Blick hingelenkt auf des Novalis Lebensende, das im neunundzwanzigsten Lebensjahr eintrat. Novalis ging schmerzlos aus dem Leben heraus, aber hingegeben dem Elemente, das sein ganzes Leben hindurch sein Poetisches durchtönte. Der Bruder mußte ihm auf dem Klavier vorspielen, während er starb, und dasjenige Element, das er mitgebracht hatte, um es hindurchklingen zu lassen durch seine Poesie, das sollte ihn wieder aufnehmen, als er hinüberstarb aus der prosaischen Wirklichkeit in die geistige Welt. Unter den Klängen des Klaviers starb der neunundzwanzigjährige Novalis. Er suchte nach jener musikalischen Heimat, die er im vollen Sinne des Wortes verlassen hatte bei seiner Geburt, um aus ihr das Musikalische der Poesie zu holen.

So lebt man sich ein, denke ich, aus der Wirklichkeit in die Psychologie der Künste. Der Weg muß ein zarter, der Weg muß ein inniger sein, und er darf nicht durchskelettiert werden durch abstrakte philosophische Formen, weder von solchen, die im Herbartschen Sinne entnommen sind dem Vernunft-Denken, noch von solchen, die im Gustav Fechnerschen Sinne ein Knochen sind der äußeren Naturbeobachtung.

Und Novalis, so steht er vor uns: Von dem Musikalischen entlassen, das Musikalische hineinklingen lassend in das Poetische, mit dem Poetischen zerschmelzend Raum und Zeit, im magischen Idealismus nicht berührt habend die äußere prosaische Wirklichkeit von Raum und Zeit, und wiederum hineinziehend in die musikalische Geistigkeit.

Und die Frage kann vor einem stehen: Wenn nun Novalis physisch organisiert gewesen wäre länger zu leben, wenn aus dem, was da in innerer wirksamer Psychologie von Menschenseele und Menschengeist musikalisch durchgeklungen und poetisch gesprochen hat, wenn das nicht mit neunundzwanzig Jahren wiederum zur musikalischen Heimat zurückgekehrt wäre, sondern durch eine robustere körperliche Organisation weitergelebt hätte, wo hinein hätte sich diese Seele gefunden? Wo hinein hätte sich diese Seele gefunden, wenn sie hätte länger bleiben müssen innerhalb der prosaischen Wirklichkeit, aus der sie sich hinwegbegeben hat in der Zeit, in der es noch Zeit war, ohne Berührung mit dem äußeren Raum und der äußeren Zeit in die musikalische raumlose Welt zurückzukehren?

Es liegt mir nichts daran, diese Antwort theoretisch zu geben. Ich möchte auch da wiederum den Blick auf die Wirklichkeit wenden, und sie ist da; auch sie hat sich ausgelebt im menschlichen Entwikkelungsgange. Als Goethe das Alter erreicht hatte, in dem Novalis aus seiner musikalisch-poetischen Stimmung hinwegzog aus der physischen Welt, da entstand in der Goethe-Seele die tiefste Sehnsucht, hineinzudringen in diejenige künstlerische Welt, welche es am höchsten gebracht hat in der Ausgestaltung derjenigen Wesenheit, die in Raum und Zeit sich äußern kann. In diesem Lebensalter wurde in Goethe die Sehnsucht brennend, hinunterzuziehen nach dem Süden, und in Italiens Kunstwerken im Raum und in der Zeit etwas zu vernehmen von dem, aus dem eine Kunst herausgeschaffen hat, die gerade es verstand, in die Raum- und Zeitformen das echt Künstlerische hineinzutragen, vor allen Dingen in die Raumformen. Und als Goethe dann vor den italienischen Kunstwerken stand und dasjenige, was aus dem Raume heraus nicht nur zu den Sinnen, sondern zu der Seele sprechen konnte, da entrang sich seiner Seele der Gedanke: hier gehe ihm auf, wie die Griechen, deren Schaffen er in diesen Kunstwerken wieder zu erkennen glaubte, so geschaffen haben, wie die Natur selber schafft, welchen naturschaffenden schöpferischen Gesetzen er glaubte auf der Spur zu sein. Und es entrang sich ihm gegenüber dem Seelischen und Geistigen, das da in den Formen des Raumes ihm entgegentrat, die religiöse Empfindung: Da ist Notwendigkeit, da ist Gott. – Er hatte, bevor er nach dem Süden gezogen war, mit Herder zusammen in der Lektüre Spinozas Gott gesucht in der geistig-seelischen Äußerung des Übersinnlichen in der äußeren sinnlichen Welt. Die Stimmung war geblieben, die ihn hingetrieben hatte, seinen Gott zu suchen in Spinozas Gott, mit Herder zusammen. Die Befriedigung war ihm nicht erstanden. Was er gesucht hat in Spinozas Philosophie über Gott, das lebte auf in seiner Seele, als er vor den Kunstwerken stand, in denen er die griechische Raumeskunst wiederum zu erahnen glaubte, und es entrang sich ihm da die Empfindung: Da ist Notwendigkeit, da ist Gott.

Was hat er empfunden? Er hat offenbar empfunden, wie an den griechischen Kunstwerken der Architektur und der Plastik dasjenige geschaffen hat, was im Menschen als Geistig-Seelisches lebt, was da hinaus will schöpferisch in den Raum, und was sich hingibt an den Raum, und wenn es malerisch wird, auch räumlich an die Zeit. Und Goethe hat das andere psychologisch dargelebt, was auf der polarischen Seite des Novalisschen Erlebens liegt. Novalis hat erlebt, wie, wenn der Mensch in sein Innerstes hineindringt in Raum und Zeit und poetisch-musikalisch bleiben will, Raum und Zeit im menschlichen Erfassen zerschmelzen. Goethe hat erlebt, wenn der Mensch sein Geistig-Seelisches hineinarbeitet, hineinmeißelt in das Räumliche, wie dieses Geistig-Seelische nicht zerschmilzt das Räumliche und Zeitliche, wie es sich hingibt in Liebe an das Räumliche und Zeitliche, so daß aus dem Räumlichen und Zeitlichen verobjektiviert das Geistig-Seelische wieder erscheint. Wie der Geist und die Seele des Menschen, ohne stehenzubleiben bei der sinnlichen Auffassung, ohne sitzen zu bleiben im Auge, herausdringt, um unter die Oberfläche der Dinge zu dringen und aus den Kräften, die da walten unter der Oberfläche der Dinge, die Architektur herauszuschaffen, die Plastik herauszugestalten, das erlebte Goethe in jenen Augenblicken, die ihn führten zu dem Ausspruche: Da ist Notwendigkeit, da ist Gott. Da ist all dasjenige darinnen, was aus göttlich-geistigem Dasein in des Menschen Unterbewußtsein liegt, was der Mensch der Welt mitteilt, ohne daß er Halt macht an jener Kluft, die seine Sinne bilden zwischen ihm und der Welt. Da ist dasjenige, was der Mensch künstlerisch erlebt, wenn er das Geistig-Seelische hineinzuprägen, hineinzumeißeln, hineinzukraften vermag in die Kräfte, die unter der Oberfläche des physischen Daseins liegen. – Was ist es bei Novalis, was ihn psychologisch macht zum Musikalisch-Poetisch-Schöpferischen? Was ist es bei Goethe, was ihn dazu antreibt, die vollste Notwendigkeit des Naturschaffens an den bildenden Künsten zu empfinden, zu empfinden die völlig unfreie Notwendigkeit des Naturschaffens an den räumlichen, an den materiellen Kunstwerken? Was ist es, was ihn da drängt, trotz der Empfindung der Notwendigkeit sich zu sagen: da ist Gott?

An beiden Polen, bei Novalis und bei Goethe, wo auf dem einen Pol der Zielpunkt liegt, den der Weg in das psychologische Verständnis des Poetischen und Musikalischen nehmen muß, wo auf dem anderen Pol der Zielpunkt liegt, den das psychologische Verständnis nehmen muß, wenn es ergreifen will das Plastisch-Architektonische, an beiden Polen liegt ein Erlebnis, das auf dem Gebiete der Kunst innerlich erlebt wird, und dem gegenüber es seine größte Wirklichkeitsaufgabe ist, es auch äußerlich in die Welt hineinzutragen: das Erlebnis der menschlichen Freiheit.

Im gewöhnlichen geistig-physisch-sinnlichen Erleben dringt das Geistig-Seelische bildend vor bis zu der Organisation der Sinne; dann läßt es in die Sinne hereinscheinen, was äußere physisch-materielle Wirklichkeit ist, und in den Sinnen begegnet sich äußere physisch-materielle Wirklichkeit mit innerem geistig-seelischem Dasein und geht jene geheimnisvolle Verbindung ein, die der Physiologie und der Psychologie so viel Sorge macht. Dann, wenn jemand in das Leben herein geboren wird mit der urpoetisch-musikalischen Anlage, die so sich in sich selber erhält, daß sie noch hinaussterben will unter den Klängen der Musik, dann dringt dieses Geistig-Seelische nicht bis zu den Sinnesgolfen vor, dann durchseelt und durchgeistigt es den ganzen Organismus, ihn wie ein totales Sinnesorgan gestaltend, dann stellt es den ganzen Menschen so in die Welt hinein, wie sonst nur das einzelne Auge oder das einzelne Ohr in die Welt hineingestellt ist. Dann macht das Geistig-Seelische Halt im Innern des Menschen, und dann wird, wenn dieses Geistig-Seelische sich äußerlich mit der materiellen Welt auseinandersetzt, nicht aufgenommen in prosaischer Wirklichkeit Raum und Zeit, dann wird Raum und Zeit zerschmolzen in der menschlichen Anschauung. So ist es an einem Pol. Da lebt die Seele poetisch-musikalisch in ihrer Freiheit, weil sie so organisiert ist, daß sie die Wirklichkeit des Raumes und der Zeit zerschmilzt in ihrer Anschauung. Da lebt die Seele, ohne zu berühren den Boden des physisch-prosaischen Daseins, in Freiheit, in einer Freiheit allerdings, die nicht herunterdringen kann in diese prosaische Wirklichkeit hinein.

Und auf dem anderen Pol, da lebt die Seele, das Geistige des Menschen so, wie sie etwa in Goethe gelebt haben. Dieses Seelische und Geistige ist ja so stark, daß es nicht nur das Leiblich-Physische des Menschen bis zu den Sinnesgolfen hin durchdringt, sondern daß sie durchdringt diese Sinne und noch über die Sinne hinaus sich erstreckt. Es ist, ich möchte sagen, in Novalis eine so zarte seelische Geistigkeit, daß sie nicht vordringt bis zum vollen Durchorganisieren der Sinne; es ist in Goethe eine so starke seelische Geistigkeit, daß sie die Organisation der Sinne durchbricht und über die Grenzen der menschlichen Haut hinaus in das Kosmische sich einsenkt, daher vor allen Dingen Sehnsucht hat nach einem Verständnis derjenigen Kunstgebiete, welche das Geistig-Seelische in das Räumlich-Zeitliche hineintragen. Darum ist diese Geistigkeit so organisiert, daß sie mit dem, was über die Grenzen der menschlichen Haut hinausragt, untertauchen will in den beseelten Raum in der Plastik, in die durchgeistigte Raumeskraft in der Architektur, in die Andeutung derjenigen Kräfte, die sich bereits verinnerlicht haben als Raumes- und Zeitenkräfte, die aber doch in dieser Form äußerlich ergriffen werden können in der Malerei.

So ist es auch hier eine Befreiung von der Notwendigkeit, eine Befreiung von dem, was der Mensch dann ist, wenn sein Geistiges und Seelisches Halt machen in den Golfen der Sinnessphäre. Befreiung im Poetisch-Musikalischen: da drinnen lebt Freiheit, aber sie lebt so, daß sie nicht berührt den Boden des Sinnlichen. Befreiung im plastischen, im architektonischen, im malerischen Erleben: aber Freiheit durch solche Stärke, daß wenn sie sich anders ausdrücken wollte als künstlerisch, sie das äußere physisch-sinnliche Dasein zertrümmern würde, weil es unter seine Oberfläche hinuntertaucht.

Das empfindet man, wenn man mit richtigem Verständnisse eingeht auf dasjenige, was Goethe so eindringlich, sagen wir in «Wilhelm Meisters Wanderjahren» über seine sozialen Ideen gesagt hat. Was man nicht der Wirklichkeit anvertrauen kann, wenn es gestaltet werden soll in Freiheit, das wird zum Musikalisch-Poetischen, was man in der Anschauung nicht bis zu der Wirklichkeit des sinnlichen physischen Vorstellens bringen darf, wenn es nicht die äußere Wirklichkeit zerstören soll, was man lassen muß in dem Geformten der räumlichen und zeitlichen Kräfte, was man lassen muß in der bloßen Nachbildung des Holzklotzes, weil es sonst zerstören würde das Organische, dem es Tod ist, das wird zum Plastischen, das wird zur Architektur.

Niemand kann die Psychologie der Künste verstehen, der nicht das Mehr von Seele verstehen kann, das in dem Plastiker, das in dem Architekten leben muß, als im normalen Leben. Niemand kann verstehen das Poetisch-Musikalische, der nicht hindringt zu dem Mehr, das im Geistig-Seelischen eines Menschen lebt, der dieses geistige Mehr, dieses geistige Überragen der physischen Organisation nicht hinlassen kann bis zum Physisch-Sinnlichen, sondern es in Freiheit dahinterhalten muß. Befreiung, das ist das Erlebnis, welches im wahrhaften Erfassen der Künste vorhanden ist, Erleben der Freiheit nach ihren polarischen Gegensätzen hin.

Im Menschen ruht, was seine Gestalt ist. Diese Gestalt ist in der menschlichen Wirklichkeit durchsetzt mit dem, was seine Bewegung wird. In der menschlichen Gestalt durchdringt sich von innen der Wille, von außen die Wahrnehmung, und die menschliche Gestalt ist zunächst der äußere Ausdruck für diese Durchdringung. Gebunden lebt der Mensch, wenn sein Wille, sein innerlich entwickelter Wille, der in die Bewegung hinein will, Halt machen muß vor der Sphäre, in die die Wahrnehmung aufgenommen wird. Und sobald sich der Mensch auf seinen ganzen Menschen besinnen kann, da wird in ihm die Empfindung lebendig: Mehr lebt in dir, als du mit deiner Nerven-Sinnes-Organisation im Verkehre mit der Welt in dir lebendig machen kannst. – Dann entsteht die Nötigung, die ruhende menschliche Gestalt, die der Ausdruck dieses normalen Verhältnisses ist, in Bewegung überzuführen, in solche Bewegungen, welche die Form der menschlichen Gestalt selber hinaustragen in Raum und Zeit. Wieder ist es ein Ringen des menschlichen Inneren mit Raum und Zeit. Versucht man es künstlerisch festzuhalten, so entsteht daraus zwischen dem Musikalisch-Poetischen und dem Plastisch-Architektonisch-Malerischen das Eurythmische.

Ich glaube, daß man in einer gewissen Weise innerlich in den Künsten stehenbleiben müsse, wenn man es versucht, was ja immer noch ein Stammeln bleibt, über die Künste und über das Künstlerische zu reden. Ich glaube, daß nicht nur außen zwischen Himmel und Erde vieles liegt, was sich die menschliche Philosophie, so wie sie zumeist auftritt, nicht träumen lassen kann, sondern daß im menschlichen Inneren liegt, was im Eingehen der Verhältnisse mit dem Physisch-

Leiblichen die Befreiung hervorbringt zuerst innerhalb des Künstlerischen nach den beiden Polen hin. Und ich glaube, daß man das Künstlerische psychologisch nicht verstehen kann, wenn man es erfassen will in dem normal Seelischen, sondern daß man es nur erfassen kann in dem über dieses normal Seelische hinausgehenden, für übersinnliche Welten veranlagten höheren Geistig-Seelischen des Menschen.

Sieht man hin auf zwei solche eminent künstlerische Naturen, wie Novalis und Goethe es sind, so offenbaren sich uns phänomenalistisch, aus der Wirklichkeit heraus, wie ich glaube, die Geheimnisse der Psychologie der Künste. Schiller hat es besonders einmal tief empfunden, als er im Anblicke Goethes die Worte sprach: Nur durch das Morgenrot des Schönen dringst du in der Erkenntnis Land. – Mit anderen Worten: Nur durch das künstlerische Einleben in die menschliche Vollseele ringst du dich hinauf in die Gebiete der Sphäre, nach welcher die Erkenntnis strebt. Und ein schönes, ich glaube ein Künstlerwort ist es, wenn gesagt wird: Bilde, Künstler, rede nicht – aber ein Wort, gegen das man sich, weil der Mensch nun einmal ein sprechendes Wesen ist, versündigen muß. Aber so wahr es ist, daß man sich gegen ein solches Wort: Bilde, Künstler, rede nicht – versündigen muß, so wahr ist es auch, glaube ich, daß man diese Sünde immerdar sühnen muß, daß man immerdar versuchen muß, wenn man über die Künste reden will, im Reden zu bilden. Bilde, Künstler, rede nicht; und bist du als Mensch genötigt, über die Künste zu reden, so versuche es, bildend zu reden, redend zu bilden.

NACHWORT ZU DIESER AUSGABE

Günter Metken

Rudolf Steiners Ästhetik in Theorie und Praxis

Gibt es biomorphe Landschaften? Sicherlich, wenn man sich Anmutungen überläßt, Gewußtes in die Natur hineinsieht, sie formal belebt, wie dies Leonardo da Vinci in seinem Malereitraktat beschrieben hat. Wer in Dornach zum Goetheanum hinaufwandert, erlebt etwas anderes. Der Hügel ist mit Bauten besetzt, welche die Landkrone des Goetheanums wie Satelliten oder eine Kolonie umgeben, so daß der Eindruck einer profanen Wallfahrt entsteht, wie ihn auch andere Orte der Jahrhundertwende vermitteln: Bayreuth, die Darmstädter Mathildenhöhe, Hellerau oberhalb Dresden, der Monte Verità bei Ascona. Doch was Dornach davon abhebt, ist bei aller stimmigen Durcharbeitung und Funktionalität der Bauten ihr organischer Charakter. Nicht im Sinne des Jugendstils, der botanische Wachstumskurven in Konstruktion übertrug, um das Werden, das in ständiger Veränderung Befindliche von Architektur zu betonen. Vielmehr fühlt man sich hier an die Tektonik von Kopf und Körper erinnert.

Rudolf Steiner lehnt in diesem Zusammenhang jede symbolische und allegorische Ausdeutung, die er als Un- bzw. Widerkunst bezeichnet, ab:

«In Dornach ist kein einziges Symbol, keine einzige Allegorie zu sehen, sondern alles das, was künstlerisch zur Darstellung gekommen ist, ist eben im künstlerischen Anschauen, im Formgestalten, im Schaffen aus dem Farbig-Malerischen heraus entstanden; ist entstanden, indem die Anschauung eine durchaus künstlerische war, die nichts zu tun hatte mit demjenigen, was gewöhnlich so ausgedrückt wird, daß die Leute kommen und sagen: Was bedeutet das? Was bedeutet jenes? – In Dornach soll keine einzige Form in diesem Sinne etwas bedeuten, sondern eine jede Form soll im echt künstlerischen Sinne etwas *sein*, das heißt sich selber bedeuten, sich selber aussprechen.»

Rudolf Steiner, der diese Baulichkeiten zumeist selbst geformt oder doch inspiriert hat, faßte Architektur anthropomorph auf. Verglichen etwa mit dem Bären in seinem Pelz, so argumentierte er, steht der Mensch nackt in der Welt da. Es entsteht das Bedürfnis, ihn durch «bildhaft Geistiges» zu umhüllen. In frühen Zeiten umkleidete eine gewölbte Grabesarchitektur die Seele, wenn sie den Körper verlassen hat und «durch regelmäßige Raumformen sich in die Welt ausdehnen» wollte. Solche Grabmonumente waren, wie Steiner in seinem grundlegenden Vortrag «Anthroposophie und Kunst» vom 18. Mai 1923 in Kristiania (Oslo) ausführt, Schutz und Orientierung zugleich. An der Weise, wie das Universum die Seele empfängt, zeichnet sich die künstlerische Form von Architektur ab, längs der Berührungslinie zwischen aufnehmendem All und dem ihm entgegenstrebenden Menschen. Seine Kopfbildung – auch hier greift er archaische Vorstellungen auf – gibt die Himmelswölbung als Kalotte wieder.

Und das hat Konsequenzen für den Plastiker, der als vornehmste Aufgabe der Kunst die menschliche Gestalt bildet. Denn diese steht oder bewegt sich ja nicht nur im dreidimensionalen, euklidisch-geometrischen Raum. Sie hat nach Ansicht des Anthroposophen auch den kosmischen Raum gleich einer Hohlkugel um sich, aus der geistige Kräfte auf den Menschen einwirken. Solche Vorstellungen findet man in alten Kulturen; ein «instinktives Hellsehen» ist als Rest davon noch bei den Heutigen vorhanden, was sich aber nur bildhaft andeuten läßt, daher die Schlüsselstellung der Kunst:

«Wie der Mensch in seinem Kopf ist, es kommt eigentlich nur in der Schädeldecke, die in bezug auf die Gestalt ein Abdruck des Kosmos ist, zum Ausdruck. Wie der Mensch selber reagiert auf den Kosmos, indem er nicht bloß den Sauerstoff hereinnimmt und sich passiv verhält, sondern wie er den eigenen Anteil am Stoffe hat, wie er in der Brust sein eigenes Wesen dem Kosmos entgegenbringt, das kommt durch die Augen- und Nasenbildung bildhauerisch zum Ausdruck.

Und indem wir den Mund formen – oh, indem wir den Mund formen, formen wir eigentlich schon den ganzen inneren Menschen in seinem Sich-Entgegenstellen, in seiner Opposition gegen den Kosmos. Da formen wir die Art und Weise, wie der Mensch aus seinem Stoffwechselsystem heraus auf die Welt reagiert. Da bilden wir in der Mundbildung, in der Kinnbildung, in alledem, was zur Mundbildung gehört, den Gliedmaßen-Stoffwechsel-Menschen, aber in seiner Vergeistigung, in seinem nach außen wirkenden Bilde.»

Die Steinersche Denkweise leitet sich von Goethes Naturanschauung her. Da selbst eine Künstlerin, ist der Natur mit empirisch-logischer Wissenschaft allein ebenso wenig beizukommen wie Kunstwerken mit gelehrten Kommentaren; beide sind für unseren Denker Särge des Künstlerischen, insbesondere die philosophische Ästhetik des 19. Jahrhunderts, die er, darin Friedrich Nietzsche verwandt, überwinden will.

«Die Kunst ist eine Manifestation geheimer Naturgesetze, die ohne sie niemals offenbar würden», heißt seine von Goethe übernommene Devise, als er seit 1882 in Wien für «Kürschners Deutsche National-Literatur» Goethes Naturwissenschaftliche Schriften neu herausgibt, sie für die Gegenwart und die eigene Erkenntnis fruchtbar macht. «Man muß aufhören, in Ideen zu erleben. Man muß anfangen, in Bildern selbst zu denken, um die Natur begreifen zu können», folgert Steiner. Als Architektur, heißt es bei ihm folgerichtig, sei das Goetheanum «ganz ideenlos» entstanden, bloß indem die Formen aus dem Geist heraus «gefühlt» wurden. Denn dieser Bau, so der Vortragende während einer Führung, «ist zum Anschauen da, nicht zum Erklären». Formen und Bilder sollen auf den Besucher wirken; laut Steiner kann man geistig nicht nur in Worten, sondern auch in Farben und Tönen sowie den Rhythmen der Musik und des Tanzes sein.

Solche Äußerungen lassen unwillkürlich an Wassily Kandinsky und seine Schrift «Über das Geistige in der Kunst» von 1912 denken, desgleichen an den Spiritualismus Piet Mondrians. Beide Maler waren ja parallel zur Musik des Wiener Schönbergkreises vom Gegenständlichen über eine persönliche Symbolik zur freien Linien- und Farbenwelt jenseits, jedoch nicht außerhalb, des Ikonographischen gelangt und standen den Anschauungen Steiners nicht fern. Allerdings sind auch die Unterschiede deutlich.

Besonders prägnant im Fall von Piet Mondrian, der als Begründer der Gruppe «De Stijl» erklärte, sein Neoplastizismus sei die wahre theosophische Kunst – er selbst war Mitglied der holländischen Theosophischen Gesellschaft. Doch faßte er die Theosophie offenbar begrifflich auf, als rationale Abstraktion der Welt und ihrer gitterförmig wiedergegebenen Materienstruktur. Kein Wunder, daß die Verständigung mit Rudolf Steiner sich schwierig gestaltete. Bevor dieser im Sommer 1921 die Niederlande besuchte, schrieb ihm Mondrian einen Brief und legte sein Buch über den Neoplastizismus bei. Beides blieb unbeantwortet, worüber sich der Maler bei Theo van Doesburg beschwerte.

Es hat aber vielleicht doch eine Reaktion gegeben, wie Konrad Oberhuber vermutet, und zwar im dritten der sechs Vorträge, die Steiner im April 1922, also einige Monate nach Mondrians Sendung, in Den Haag hielt. Er ist «Die bildende Kunst» überschrieben und handelt von der Notwendigkeit, die Grenzen des dreidimensionalen Raums und des persönlichen Gesichtspunkts zu überwinden. Für Steiner bezeichnen die trennende Linie wie die quantifizierende Messung das sterile und abgestorbene Denken der Vergangenheit, das den Bezug zum Kosmos als dynamischer Entwicklung in Licht und Farbe eingebüßt hat, so daß seine Opposition zum statischen, exakt ausbalancierten Bildraster des Neoplastizismus verständlich wird. Wie ein solcher funktioniert, hat der russische Dichter Velimir Chlebnikow, den Veit Loers zitiert, im Blick auf die Avantgarde des eigenen Landes in folgende Metapher gefaßt: «Wenn Chemiker Wasser in Oxygen und Hydrogen teilen, so haben Künstler die Malerei in ihre konstituierenden Bestandteile gefällt, indem sie das Element der Farbe und jenes der Linie isolierten.»

Rudolf Steiner aber hielt auch nach dem Ersten Weltkrieg, als der Nationalismus die Kunst allenthalben wieder parzellierte, an der flutenden Abstraktion als Weltsprache fest.

Wo es den Künstlern um einen erweiterten, vom Figurativen losgelösten Kunstbegriff geht, ist es Steiner um Erkenntnis zu tun. Daß Kunst und Wissenschaft nach der Goethezeit getrennte Wege gingen, betrachtet er als Sündenfall der positivistischen Ära. Doch nicht Schönheitskult und sich abkapselndes *L'art pour l'art* sind seine Antwort, sondern das erneute Zusammenführen beider Bereiche im Sinne ganzheitlicher Erkenntnis.

Bezeichnend, wie Steiner 1898 auf Leo Tolstois Schrift «Was ist Kunst?» reagiert. Der Russe polemisiert darin gegen die Unnatur der Oper und die angebliche Sinnlichkeit des Balletts. Er gesteht der Kunst allenfalls eine soziale Rolle zu, nämlich «Mittel zum Verkehr der Menschen untereinander» zu sein. Steiner verwirft diesen platten Moralismus als «verwässertes Christentum». Kunst ist kein Mittel, damit die Menschen einander verstehen, lieben und fördern, sondern Selbstzweck: «Ich bin nicht zufrieden mit der Gestalt, welche die Natur und das Menschenleben für mich haben, wenn ich sie bloß als passiver Zuschauer betrachte. Ich will Bilder machen, die ich selbst erfinde oder die ich doch – wenn ich sie auch von außen aufnehme – in meiner Weise wiedergebe. Der Mensch will nicht bloßer Betrachter, er will nicht reiner Zuschauer den Weltereignissen gegenüber sein. Er will auch aus Eigenem etwas zu dem hinzu erschaffen, das von außen auf ihn eindringt.»

Wie, das wird am 28. Oktober 1909 in Berlin als Fabel vorgetragen. Keine Analyse, nichts Abstraktes oder Lehrhaftes, vielmehr eine Art Kunstmärchen:

«Vor uns sei ausgebreitet eine weite schneebedeckte Fläche; einzelne Flüsse und Seen seien darin, vereist. Zum großen Teil vereist auch ein angrenzender Meeresstrand mit mächtigen schwimmenden Eisblöcken, da und dort niedrige Bäume und Gehölz, ganz bedeckt mit Schneemassen und Eiszapfen. Es ist Abend. Die Sonne ist bereits untergegangen und hat noch zurückgelassen ihren goldenen Glanz der Abendröte.

Innerhalb unserer Gegend stehen zwei weibliche Gestalten. Und aus der Abendröte heraus wird geboren ein Sendbote, sozusagen herausgeschickt wird ein Sendbote der höheren Welten, der sich hinstellt vor die beiden Frauen, und der gespannt hinhorcht auf dasjenige, was ausdrückt ihr Mund über ihre eigensten Gefühle, über ihre eigensten Erlebnisse.

Die eine der Frauen, die da steht, preßt ihre Glieder an den Leib; sie hält sich in sich selbst zusammen, und sie spricht die Worte: ‹Mich friert!› – Die andere der Frauen sendet hin den Blick über die schneebedeckte Fläche, auf die vereisten Wasser, auf die mit Eiszapfen überdeckten Bäume, und von ihren Lippen pressen sich die Worte, in völliger Selbstvergessenheit ihres eigenen Gefühls, in völliger Selbstvergessenheit dessen, was sie selbst durch das äußere Physische der Landschaft an Frost spüren kann: ‹Wie wunderschön ist die Landschaft rings herum!› – Wärme fühlt man in ihr Herz einströmen, denn sie vergißt alles, was sie fühlen könnte durch physischen Frost und physischen Einfluß. Sie ist überwältigt in ihrem Innern ganz von der ungeheueren Schönheit dieser so frostigen Landschaft.

Und die Sonne sinkt tiefer hinunter, und die Abendröte entfärbt sich, und die beiden Frauengestalten entschlummern in einen tiefen Schlaf. In einen Schlaf, der ihr schier zum Tode werden könnte, versinkt die eine, die den Frost vorher so sehr im eigenen leiblichen Selbst gespürt hat; und in einen Schlaf versinkt die andere, dem man ansieht, daß die Nachwirkung der Empfindung, die in die Worte gefaßt war: ‹Ach wie schön!› nachklingt und die Glieder durchwärmt und sie innerlich lebensfrisch erhält im Schlafe noch. Und gehört hat diese letztere Frauengestalt von dem Jüngling, der aus dem Glanz der Abendröte herausgeboren worden ist, gehört hat sie die Worte: ‹Du bist die Kunst!›»

Deutlich ist die Nähe dieser Szenerie zu Gemälden des späteren Symbolismus, der bereits *Art-nouveau*-artig in Stromlinien fließt. Der Holländer Jan Toorop kommt einem in den Sinn, das unkörperliche Personal bei Ferdinand Hodler, Giovanni Segantinis Engel, die ihrerseits von Edward Burne-Jones und den englischen Präraffaeliten abstammen.

Die vom Jüngling angesprochene Frau versinkt in einen traumartigen Zustand. Sie erlebt Bilder, «in denen das imaginative Erkennen» spricht, Steiners Hauptforderung an die Kunst. Nacheinander erscheinen ihr Geister, geometrisch-kristalline Wesen. Sie bestehen aus drei sich überschneidenden Kreisen, aus einer Fläche mit Mehrfachansicht, aus einer Linienbewegung. Wer will, kann hier an die Prismatik der Bilder Paul Cézannes oder die gläsernen Phantasien in den Dichtungen Paul Scheerbarts denken, den Steiner aus dem Hartlebenschen Kreis in Berlin kannte.

Indem die Frau sich geistig mit der seraphischen Erscheinung vereinigt, wird sie zur Ausführenden, zunächst des Tanzes, dann der mimischen Kunst, der Plastik und Architektur, schließlich der malerischen Phantasie. Übrigens erinnert das hier geschilderte In-Gang-Kommen des Tanzes: «Und sie setzte den einen Fuß vor den andern, verwandelte die Ruhe in Bewegung, und verwandelte die Bewegung in den Reigen, und schloß den Reigen in der

Form ab», an die eurythmischen Kreisenden bei Hodler. Die Beispiele aus Plastik und Baukunst – Venus von Milo und Laokoon, Pyramide und Dom – entsprechen eher einer konventionellen Typologie.

Die malerische Phantasie wird von einem Erzengel namens Intuition erläutert. Dank ihrer vermag der Künstler mittels Farben, seelische Bewegung in die leblose Natur hineinzutragen und die Außenwelt als Landschaft, Ereignis – Leonardos Abendmahl – und Porträt zu vergegenwärtigen. Steiner ist dabei gegen vordergründigen Naturalismus. Nur was dahinter steht, ist kunstwürdig. In der Natur sind «intensive Unendlichkeiten» verzaubert, die es herauszuholen gilt. Aus seiner Sicht bewegt sich die Kunst der Gegenwart seit einiger Zeit «in die Richtung, hinter solche Geheimnisse zu kommen». Nicht nur das Verstandesbewußte, sondern vor allem das Empfinden gelte es, immer mehr zu erweitern – Wilhelm Worringers Kategorien «Abstraktion und Einfühlung» stehen dem nicht fern.

Was Vision werden will, es aber in der «gesunden Menschennatur» nicht werden darf, erklärt Steiner, «das wird immer mehr oder weniger zur expressionistischen Kunstform werden, wenn man auch auf das Schlagwort nicht viel zu geben braucht». Bei aller Notwendigkeit des Expressionismus – das Unbehagen am Modischen, Grellen und Explosiven dieser Kunstrichtung ist hier unverkennbar. Seine Suche nach schreitender Gehaltenheit läßt Steiner Beispiele eher da finden, wo das beim Abmalen Erstarrte wieder zum Leben erweckt wird, indem der Künstler «ihm eine Gebärde gibt, die nun das, was im einzelnen ertötet ist, wiederum zusammenbringt mit dem übrigen Naturzusammenhang und ihm dadurch ein neues Leben gibt. Solche Dinge hat Hodler versucht.»

Wenn es um Gruppen geht, scheint ihm also das menschheitlich Symbolische und Überindividuelle des Stehens und Gehens bei Ferdinand Hodler exemplarisch. Ist der Einzelne und sein Abbild gemeint, schwebt ihm Gustav Klimt vor. Steiner bereitet dem «jüngst verstorbenen» Künstler am 15. Februar 1918 in München eine richtiggehende Hommage; angesichts der wenigen Namen, die überhaupt fallen, ist hier wie bei Hodler künstlerische Wahlverwandtschaft zu vermuten. Wer, wie Klimt, «eine hübsche Frau» konterfeit, tötet sie gleichsam geistig ab, nimmt ihr in der flächigen Illusion die Tiefendimension, so wie beim Bildzauber der Naturvölker, die sich deswegen anfangs gegen die seelenraubende Photographie gesträubt haben. Der Porträtist muß dann in der Lage sein, «soviel Humor» aufzubringen, um das Modell innerlich wieder zu beleben.

Was hier unter «Humor» zu verstehen ist, wird in der frühen Abhandlung «Über das Komische und seinen Zusammenhang mit Kunst und Leben» (um 1890/91) dargelegt. Wenn das Komische sich aus den Widersprüchen der Existenz ergibt, so entspricht es der Grundstimmung des Humors, der an eine tiefere Harmonie glaubt, diese Widersprüche nur oberflächlich zu nehmen. «Der Humorist», heißt es wörtlich, «kann ohne Sorge über die Verkehrtheit lachen, denn ... er hat einen Sinn für die Dinge auf dem Grunde des Weltendaseins». Fast dreißig Jahre später und auf den Künstler übertragen, mag dies bedeuten, daß er den vordergründigen Anschein durchstößt, um zum *principium individuationis* vorzudringen. Bei Gustav Klimt geschieht dies durch Stillegung und Stilisierung, durch mosaikhaftes Schimmern – eine formalisierte Aura.

Die oben angeführte Parabel zielt auch auf ein Initiations- oder Schwellenerlebnis ab. Ihre Einkleidung entspricht den Mysteriendramen Steiners, aber wohl auch Gemälden englischer Provenienz: Watts, Burne-Jones, Walter Crane, vielleicht der erste Edvard Munch. Worum es geht, ist, «ein Übersinnliches zu erlösen» oder freizusetzen. Das geschieht im Sinne Steiners nicht über Figürlichkeit oder Ikonographie, eher durch Spiritualisierung, wie sie Farbe und Licht bewirken. An Goethes Farbenlehre war ihm aufgegangen, daß «keine Farbe ohne Licht» existiert und «jede Farbe durch Licht modifizierte Finsternis» ist. Von daher Goethes Einsicht in die «sinnlich-sittliche Wirkung der Farbe», die für Steiners Ästhetik konstituierend wird – Licht und Finsternis nicht als physikalische Eigenschaften aufgefaßt, sondern als geistige Prinzipien.

Wie ein solches Farbkunstwerk konkret funktioniert, wird am Beispiel der *Assunta* von Tizian in der Frarikirche zu Venedig erklärt: «Erleben Sie einmal diese ‹Himmelfahrt Mariä› von Tizian. Wenn Sie sie sich anschauen, so können Sie sagen, da schreit das Grün, da schreit das Rot, das Blau. Ja, aber dann sehen Sie das einzelne an. Wenn Sie das Zusammensprechen, möchte ich sagen, der einzelnen Farben selbst bei Tizian nehmen, so haben Sie noch eine Empfindung davon, wie er in dem Farbigen lebte und wie er wirklich in diesem Falle alle drei Welten aus dem Farbigen heraus bekommt. Sehen Sie sich nur die wunderbare Stufenfolge der drei Welten an. Unten die Apostel, die das Ereignis der Himmelfahrt Mariä erleben. Sehen Sie sich an, wie er sie aus der Farbe heraus schafft. Man sieht in den Farben, wie sie an die Erde gefesselt sind, aber man empfindet keine Schwere der Farben, sondern man empfindet nur das Dunkle der Farben an dem unteren Teile des Tizianischen Bildes, und im Dunkel erlebt man das an die Erde Gefesseltsein der Apostel. In der ganzen Farbenbehandlung der Maria erlebt man das Zwischenreich. Sie hängt noch nach unten mit der Erde zusammen. Sehen Sie auf dem Bilde einmal nach, wenn Sie Gelegenheit dazu haben, wie sich das dumpf Dunkle von unten hineinlebt als Farbe in die Färbung der Maria, und wie dann das Licht überwiegt, wie das oberste, das dritte Reich schon im vollen Lichte empfängt, möchte ich sagen, das Haupt der Maria, mit vollem Lichte überglänzend, hinaufhebend das Haupt, währenddem Füße und Beine noch nach unten durch die Farbe gefesselt sind. Sehen Sie sich an, wie unteres Reich, Zwischenreich und himmlisches Höhenreich, dieser Empfang der Maria durch Gott Vater, im inneren Erleben der Farbe wirklich abgestuft ist. Sie können sich sagen, um dieses Bild zu verstehen, muß man eigentlich alles andere vergessen und nur auf die Farbe hin die ganze Sache anschauen, denn aus der Farbe heraus ist hier die Dreistufigkeit der Welt geholt, nicht gedanklich, nicht intellektualistisch, sondern ganz künstlerisch.»

Stets wird dies Aufsteigen aus einer unteren, erdhaften in die geistige Sphäre betont. Der Weg führt vom Opaken, Undurchsichtigen zur Transparenz, schließlich zur farbig-spirituellen Vibration in den oberen Regionen. Die Dreistufigkeit, die Steiner an Tizians *Assunta* hervorhebt, leitet zurück zur Plastik als der umfassenden, Malerei und Architektur einschließenden Kunst. Und deren Gegenstand ist der ebenfalls im Dreitakt aufgebaute Mensch, dessen Gestalt für den monistisch denkenden Steiner das Universum zusammenfaßt: «Wir haben davon eine Empfindung, wenn wir die menschliche Gestalt betrachten mit dem bildhauerischen Blicke.

Zum Haupte brauchen wir alle Kräfte des Kosmos, brauchen wir gewissermaßen die ganze Sphäre, wenn wir dasjenige, was in so wunderbarer Weise ausgedrückt ist in der Hauptesbildung, verstehen wollen. Wenn wir verstehen wollen dasjenige, was in der Brustbildung zum Ausdruck kommt, da brauchen wir dasjenige, was gewissermaßen in der Äquatoriallage die Erde umströmt. Wir kommen zum Umkreis. Wollen wir verstehen namentlich das untere Gliedmaßensystem des Menschen mit dem sich daranschließenden Stoffwechselsystem, so müssen wir uns an die Kräfte der Erde halten. In dieser Beziehung ist der Mensch an die Kräfte der Erde gebunden. Kurz, wir bekommen einen Zusammenhang des ganzen lebendigen, lebendig gedachten Weltenraumes mit der menschlichen Gestalt.»

Zeichnung und Farbe, Figur und Bewegung

«Im Farbigen leben», lautet also der Tenor, nicht etwa «symbolisch malen», so als bedeute «diese Farbe das und jene ... das andere». Für Steiner drückt sich das «Zeitbedürfnis» der Moderne nach Geistigem in der Freilichtmalerei seit dem Impressionismus und bei Cézanne aus, den er ausdrücklich nennt: «Welche unendliche Bedeutung gewinnt alles dasjenige, was die Maler der neueren Zeit versucht haben, um die verschiedenen Farben, um das Licht in seinen verschiedenen Tönungen wirklich zu studieren», allerdings immer noch als Naturnachahmung – stereotypes Beispiel die Bilder von Paul Signac. Vielmehr kommt es darauf an, «was für Gefühlswirkungen bei den einzelnen Farben in der Seele aufleben.» Farben haben immer etwas zu sagen, sie besitzen in der Steinerschen Terminologie «eine Seele ..., die übersinnlich ist», obschon sie dem Sinnlichen verhaftet bleiben.

Der Zeichnung dagegen, die das Figurale und die Form umreißt, eignet aus dieser Sicht etwas Abstraktes. Sie sollte nicht für sich auftreten, sondern ein «Werk der Farbe» sein. Konkret bedeutet das, «die Farbengebung in Bewegung umzuführen ... Das Blau, das Violett sind Farben, welche durchaus das Bild von dem Ausdrucksvollen in das innerlich Perspektivische überführen.» Das Blau vor allem, mit dem Gelb und Rot nuanciert werden, wenn eine Gestalt in Emotion oder im Flug gezeigt werden soll. Nur bei solchen Prozessen entstehen auch Linien, denn streng genommen ist «Linien zu zeichnen eine künstlerische Lüge». Es gibt in der Natur keine Linie oder Abgrenzung, alles befindet sich im Übergang. So sollte auch der gestaltende Mensch aus der Farbe leben. Man begreift nun besser, warum Tizians dynamischer, nicht mehr an Gegenstandsfarben gebundener Kolorismus Steiners Vorbild ist. Man begreift auch, wieso die schwedische Malerin Hilma af Klint nach Aufenthalten in Dornach in den zwanziger Jahren die linear umrandete Einfärbung ihrer theosophisch-okkulten «Tempel»-Malerei aufgibt und sich dem Fluten der Farbe überläßt.

Andererseits liegen hier, wie an der Fenstergestaltung des Goetheanums abzulesen, die Schwierigkeiten der Künstler, wenn es eine geistige Aufwärtsbewegung zu suggerieren gilt. Figuren sind ohne ein Lineament, eine wie immer geartete «Einkleidung» nicht denkbar, was der angestrebten Zeitlosigkeit anthroposophischer Kunst und ihrem immateriellen Farbenfluß widerspricht.

Wie situieren sich Steiners eigene bildnerische Versuche in diesem Umfeld? Daß seine Architekturentwürfe in Parallele zu Gaudí, van de Velde, Lauweriks oder Hugo Kaldenbach stehen, ist von Wolfgang Pehnt betont worden. Allerdings erreicht kaum eines ihrer Ensembles das Metamorphosenhafte, wie bauplastisch Wachsende, das der Anblick des Hügels von Dornach bietet, wobei sich die Geste des Heizhauses geradezu schachtelhalmartig als «Urpflanze» präsentiert.

Und die Bilder? Für das Westfenster des Goetheanums liegen zwei Entwürfe vor. Der erste, «Im Schlaf Gewußtwerden ...» betitelt, wurde mit Bleistift in ein Notizbuch des Jahres 1913/14 eingetragen. Es ist ein klassisch umrissener Kopf, bestimmten Zeichnungen Goethes ähnlich. Die zweite Skizze in Deckweiß auf blauem Papier stellt einen Kopf mit einem offenen und einem verbundenen Auge dar, das Ganze um Tiersymbole, kleine Engelsgestalten und emblematische Zeichen angereichert – eine figurierte Kalligraphie, wie sie damals auch bei Paul Klee und Marc Chagall auftritt, von dem einen ironisch-attributiv, vom anderen als erinnerndes Verschmelzen von Außen und Innen, Rußland und Frankreich eingesetzt.

Ikonen und Glasmalerei nachfühlend präsentiert sich das Temperabild *Lichtesweben* von 1911. Es ist Steiners Bestreben, aus dem richtungslosen Fluten der Farben Figuren erscheinen zu lassen. Hier mag als Anregung das Werk Richard Wagners hineinspielen, beispielsweise der Beginn des «Rheingold». Steiner hat dem Komponisten am 10. November 1906 in seinem Geburtsort Leipzig einen jener Vorträge gewidmet, in denen er Zusammenhänge zwischen Farbenwelt und tönender Welt herstellt. Die Vermutung ließe sich vielleicht durch die noch motivlose farbige Kuppelgrundierung im Modell des Ersten Goetheanums (1911/12) erhärten. Sie scheint nicht nur ein Fließen und Wogen, sondern auch die Biegung eines Flusses zu zeigen, alles schwingend und kurvenlinear, so daß man sich an einen Vorläufer des Jugendstils, den Zeichner und selbsternannten Propheten William Blake erinnert fühlt.

Zu verwirklichen scheinen sich Steiners Vorstellungen in jenen «Improvisationen» und «Kompositionen», die Kandinsky kurz vor dem Ersten Weltkrieg, nicht ohne anthroposophische Anregung, in München malt, erinnert sei an die Rolle des Blau als «Grundton des Übersinnlichen» wie als Namengeber des Blauen Reiter. Zu denken wäre auch an Jawlensky und die Spiritualisierung des Ikonenbildes zur christologischen Chiffre. Neben Cimabue repräsentiert auch für Steiner die russische Ikonenmalerei jene Stufe, «wo man noch aus dem Weltall herausgemalt hat», vor dem «Naturalismus», der mit Giotto beginnt und in Raffael gipfelt. «Ja, wir sitzen zwischen zwei Stühlen, zwischen der Ikone und der Madonna», gesteht sich Steiner 1923 in seinem Vortrag über «Die schwerelose Farbe als Forderung der neuen Malentwicklung» ein, «aber wir müssen aufstehen». Es gilt, die «Farbe loszubekommen von der Schwere», man muß zur schwerelosen Farbe gelangen, «zur Realität von Farbe, von dem Gebundensein selbst schon im musikalischen Naturalismus zu der freien musikalischen Kunst». Es ist, vorausgreifend, als ob man die vibrierenden Farbflächen eines Mark Rothko vor sich hätte oder die musikalischen Klangwände des frühen György Ligeti.

Die große Holzskulptur

Das bedeutendste Kunstwerk Rudolf Steiners ist die große Holzskulptur, die in den Jahren 1917 bis 1924 entstand. Sie sollte das Goetheanum als Gesamtkunstwerk aus Architektur, Plastik und Malerei vollenden. Die Aufstellung war im kleinen Kuppelraum unter einem Baldachin geplant, der die Ornamentierung der Holzsäulen und Architrave zusammenfaßte und zur Deckenmalerei überleitete. Diese griff die Gestalten und das Thema der Plastik, nämlich die geistige Entwicklung des Menschen im Medium der Farbe wieder auf. Weil noch unvollendet, überdauerte die Plastik im Atelier den Brand des Goetheanums und ist somit das einzige künstlerische Zeugnis des ersten Baus.

Heute ist die neuneinhalb Meter hohe Skulptur im Obergeschoß des Goetheanums installiert. Auf Bänken und Treppen sitzend, gewahrt man sie wie in einem Andachtsraum. Der Abstand ist notwendig; es gilt, sowohl das Ganze wie seine Teile zu erfassen, an denen der Blick entlangwandert. Tatsächlich schrieb Steiner dem Auge einen «geheimnisvollen Tastsinn» zu – erinnert sei hier an Alois Riegls Begriffspaar «optisch-haptisch» –, der im gewöhnlichen Leben unterdrückt, vom Plastiker aber in Gebärde überführt werde, die den seelischen Prozeß in uns offenlege. Die Asymmetrie des Dornacher Werks steht für das sinnlich-übersinnliche Wesen des Menschen. Sein gestischer Naturalismus wird auf höherer Ebene durch Humor versöhnt und zur Ruhe gebracht.

Wir haben es mit einem theatralischen Wechselspiel von Freiplastik und Relief, vor- und zurückspringenden Formen zu tun. Für Rudolf Steiner erlaubte nur das

Holz ein fühlendes «Drinnenstehen» und das Herausarbeiten geistiger Kämpfe. Zum Inhalt hat er sich verschiedentlich geäußert. Christus als erhabenster Vertreter der Menschheit steht übergroß und statuarisch vor einer Art Felsen. Mit ausgestreckten Händen hält er die widerstrebenden Kräfte des Alls im Gleichgewicht. Dem erhobenen linken Arm entspricht ein herabstürzendes Wesen, dessen Flügel gebrochen sind. Es ist Luzifer, der die von Christus ausstrahlende Reinheit ebenso wenig erträgt wie der von Goldadern umschnürte und sich in Pein windende Ahriman in seiner Höhle, zu dem der rechte Arm hinunterweist. Beide wirken als Isolierte zerstörend. Ahriman verkörpert die «alternden Kräfte, die sklerotischen, die verkalkenden Kräfte, dasjenige, was den Menschen zum Philister, Pedanten, Materialisten macht, was in ihm liegt, indem er ein intellektualisierendes Wesen ist. Hätte er eben gar kein Herz zu seinem Seelenleben, sondern nur Verstand, dann würde er diese Physiognomie darbieten.» Luzifer, das sind «die Kräfte, die uns verweichen, verjüngen, die uns zur Phantasie bringen ..., damit wir nicht wie ein lebender Leichnam werden».

Diese entgegengesetzten Mächte müssen versöhnt werden durch den reinen Menschen, Christus, der jedoch nicht gekämpft, sondern als kosmische Liebe wirkt. «Der alles egoistisch aufsaugende und sich selbst genießende Luzifer wird erlöst, der machtgierige Ahriman – in ohnmächtiger Empörung gefesselt – auf sich zurückgewiesen. Auch ihm steht Erlösung in ferner Zukunft bevor» (Dietrich Hagen).

Schon 1912 hatte Rudolf Steiner, künstlerisch ein Autodidakt mit originellem Gestaltungswillen, in Vorträgen das «große» Problem angesprochen, die

Christusgestalt zeitgemäß darzustellen. Im gleichen Jahr schloß sich die akademisch ausgebildete englische Bildhauerin Edith Maryon der anthroposophischen Bewegung an und kam nach Dornach, wo sie zunächst an den Architekturmodellen für das Goetheanum arbeitete, dann aber zusammen mit Rudolf Steiner Vorstufen der großen Holzgruppe entwickelte. Ihr herkömmlicher anekdotischer Aufbau zeigt zunächst den Einfluß Edith Maryons, der aber zunehmend durch den unkonventionellen Form- und Wirkungssinn Steiners belebt wird. Er spricht von der «doppelten Biegung der Fläche» – nach innen und außen – und verläßt den anatomischen Realismus der Anfangsstadien in Richtung auf halborganische, kantige, segelförmige oder schlingernde Formen, Stege und Rispen. Die beiden Widersacher werden aus ihrer Wesenheit entwickelt. Ahriman, ganz intellektuelle Kopfgeburt, besteht tatsächlich nur aus spitzen, flatternden Judas-Mephisto-Zügen, dürren Fledermausflügeln und spitzigen Andeutungen unterer Extremitäten. Luzifer, mit heißem, lyrischem Herzen und fühlender Brust begabt, scheint vom Thorax, den wulstigen Rippen, dem Atmen her geformt, um dann in Flügelschultern und muschelförmige Wirbel überzugehen. Für die Ausführung wurde ein Modell in Originalgröße erstellt. Rudolf Steiner selbst bearbeitete den Christus und Teile Ahrimans, die übrigen Figuren einschließlich der gezipfelten Maske links oben und einem weiteren Ahriman seitlich gegenüber wurden von Edith Maryon und acht Helfern geschnitzt.

Das Werk bündelt Anregungen aus verschiedenen Zeiten, Stilstufen und Glaubensvorstellungen. Die Aufwärtsbewegung ist diejenige alter Altäre mit der Auferstehung Christi im Zentrum und den Armen Seelen im unteren Läuterungsort. Dieser Predella entspricht in Dornach die Höhlung, in der Ahriman gefangen ist. Darüber der Vertreter der Menschheit. Antike Siegerpose, der Gestus des am Ostermorgen auferstehenden Christus und die Armhaltung der Freiheitsstatue in New York von Bartholdi – *la Liberté éclairant le monde* – verschmelzen in dieser großen Figur, die den Typus des *Beau Dieu* vom Mittelportal der Kathedrale in Amiens aufgreift, gleichsam Christus, der über den Versucher, oder der heilige Antonius, der über seine Versuchungen triumphiert.

Aber auch die androgynen Engel der gotischen Kathedralen mögen als Anregung gedient haben, was das hohe, längliche Gesicht, die dünnen Rippen, den scharfen Nasenrücken angeht. Ähnliche Assoziationen stellen sich bei dem gerippeartigen Ahriman im Loch ein, der an die entfleischlichten Liegenden (*gisants*) im Unterteil der Königsgräber von Saint-Denis erinnert. Die ausgehöhlten, sich einrollenden Pflanzenformen der Grotte haben eine zeitgenössische Parallele im vegetabilischen Eisendekor der Pariser Métrostationen von Hector Guimard.

Die von Rudolf Steiner an Tizians *Assunta* hervorgehobene Dreistufigkeit kehrt bei dieser Holzgruppe wieder. Auch an die Stationen von Mysterienspielen wäre zu denken. Im einzelnen orientiert sich die Schnitzarbeit am Narren- und Groteskenwesen – die geflügelte Maske links oben –, wie man es von den Wangen spätgotischer Chorgestühle, den phantastischen Bestiarien der Kapitelle und Gewände her kennt. Falten, Rippen und die sich vom Grund lösenden Schlingformen des späten Mittelalters werden in expressiven Jugendstil überführt. In der Gegenwart scheint das künstlerische

Einzugsgebiet von Rodin bis zum frühen Ernst Barlach zu reichen. Der Synkretismus dieser Skulptur ist zumindest in der Tendenz mit dem zeitgleichen mystischen Werk des tschechischen Bildhauers Františ ek Bilek vergleichbar.

Was Rudolf Steiner mit seiner Skulptur zum Ausdruck bringen wollte, hat er im Vortrag vom 15. Februar 1918 so formuliert: «Es ist dann plastisch hier angestrebt worden, das, was in der gewöhnlichen menschlichen Gestalt niedergehalten wird – nicht die Gebärde, die man aus der Seele heraus macht, sondern jene, die nur in der Seele ertötet ist, die niedergehalten ist durch das Leben der Seele – diese Gebärde wachzurufen, dann wieder zur Ruhe zu bringen.»

Die Zitate sind folgenden Werken Rudolf Steiners entnommen:
«Mein Lebensgang»
«Einleitungen zu Goethes naturwissenschaftlichen Schriften»
«Das Wesen der Farben»
«Das Wesen des Musikalischen»
«Damit der Mensch ganz Mensch werde»
«Kunst und Kunsterkenntnis»

QUELLENNACHWEIS

Notizbucheintragung, um 1888: Aus Notizbuch Archiv-Nr. 465.

«Goethe als Vater einer neuen Ästhetik». Autoreferat eines Vortrages im Wiener Goethe-Verein am 9. November 1888: In «Deutsche Worte», Heft 4, Wien 1889 (ohne Vorwort und Bemerkungen); Berlin 1909; 1917; 1919; 1921.

«Das Schöne und die Kunst»: In «Das Magazin für Litteratur» 1898, 67. Jg., Nr. 2.

«Graf Leo Tolstoi. Was ist Kunst?»: In «Das Magazin für Litteratur» 1898, 67. Jg., Nr. 17.

«Über Wahrheit und Wahrscheinlichkeit der Kunstwerke»: In «Dramaturgische Blätter» 1898, I. Jg., Nr. 34.

Berlin 28. Okt. 1909: «Das Wesen der Künste», Berlin 1910; 1918; 1921.

Zu den Textunterlagen: Der im Wiener Goethe-Verein am 9. November 1888 gehaltene Vortrag «Goethe als Vater einer neuen Ästhetik» wurde 1889 als Autorreferat von Rudolf Steiner selbst herausgegeben.

Auch der am 28. Oktober 1909 in Berlin vor Mitgliedern der Deutschen Sektion der Theosophischen Gesellschaft gehaltene Vortrag war von Rudolf Steiner noch selbst herausgegeben worden.

Die Münchner Vorträge vom Februar und Mai 1918 hatten stattgefunden in dem von Alexander von Bernus in München begründeten Kunsthaus «Das Reich». Die Stenografen sind namentlich nicht bekannt.

Unbekannt ist auch der Stenograf des im Wiener Atelier der Kandinsky-Schülerin Maria Strakosch-Giesler gehaltenen Vortrages vom 1. Juni 1918, an dem etwa 60 geladene Künstler anwesend waren. Die Mitschrift weist einige Mängel und Lücken auf.

Die beiden Dornacher Vorträge wurden von der Berufsstenografin Helene Finckh mitstenografiert. Der Vortrag vom 9. April 1921 war im Rahmen des zweiten öffentlichen Hochschulkurses am Goetheanum gehalten worden.

Zu Seite

15 *Galilei, Galileo,* 1564–1642, Mathematiker, Philosoph, Physiker.

«*Wär' nicht das Auge sonnenhaft* ...»: Goethe (1749–1832), «Naturwissenschaftliche Schriften», herausgegeben und kommentiert von Rudolf Steiner in Kürschners «Deutsche National-Litteratur», 3. Band, S. 88, Nachdruck Dornach 1975, 5 Bände, GA 1a-e.

16 *Baumgarten, Alexander Gottlieb,* 1714–1762, Philosoph; «Aesthetica», 2 Bände, 1750, 1758.

17 *Winckelmann, Johann Joachim,* 1717–1768, Archäologe; «Geschichte der Kunst des Altertums», 1764.

Lessing, Gotthold Ephraim, 1729–1781, Schriftsteller, Kritiker, Philosoph; «Laokoon: oder über die Grenzen der Malerei und Poesie», 1766.

Aristoteles, 384–322 v. Chr., griechischer Philosoph.

20 *Plato,* um 428 – um 347 v. Chr., griechischer Philosoph.

Plato erklärte ja die bildende Kunst und die Dramatik einfach für schädlich: Plato «Ion» und «Der Staat», 3. und 10. Buch in «Sämtliche Dialoge», Band 3 und 5, Leipzig 1916, S. 124, 407 f. (Stephanus-Numerierung 540/541 «Ion», und 411/412 und 607/608 «Der Staat»).

21 «*Natur! Wir sind von ihr umgeben und umschlungen*»: Goethe, «An die Natur!» – in «Naturwissenschaftliche Schriften», siehe Hinweis zu S. 15, 2. Band, S. 5 f.

«*Wenn die gesunde Natur ...*»: Goethe, «Winckelmann und sein Jahrhundert», in Briefen und Aufsätzen herausgegeben von Goethe.

22 «*Die Eigenheit ...*»: Goethe, «Winckelmann» (Eintritt).

22/23 *Goethes Aufsatz «Anschauende Urteilskraft»:* In «Naturwissenschaftliche Schriften», siehe Hinweis zu S. 15, 1. Band, S. 115.

23 *Schiller, Friedrich,* 1759–1805, Dichter.

Am 23. August 1794: Goethe antwortet am 27. August und schreibt u. a. «... Ihr Brief, in welchem Sie mit freundlicher Hand die Summe meiner Existenz ziehen ...».

25 *Goethe – im Buch über Winckelmann:* Vgl. Hinweis zu S. 21.

26 *Kant, Immanuel,* 1724–1804, Philosoph.

Vischer, Friedrich Theodor, 1807–1887, Schriftsteller und Philosoph.

Vischer . . . «Ästhetik liegt noch in den Anfängen»: Wörtlich: «Die Ästhetik, wie sie jetzt eine fertige Welt abschließt, muß nur den Ausblick in diese Zukunft der Kunst sowohl als ihrer Wissenschaft, wie oben schon bemerkt wurde, offen halten und dies wird einst ihre Probe sein.» Siehe «Ästhetik oder Wissenschaft des Schönen», Reutlingen und Leipzig 1846, Einleitung S. 41, letzter Satz.

27 *«Briefen über ästhetische Erziehung»:* Schiller, «Über die ästhetische Erziehung des Menschen in einer Reihe von Briefen», 1795.

28 *Kant ... «interesseloses Wohlgefallen»:* Wörtlich: «Geschmack ist das Beurteilungsvermögen eines Gegenstandes oder einer Vorstellungsart durch ein Wohlgefallen oder Mißfallen, ohne alles Interesse. Der Gegenstand eines solchen Wohlgefallens heißt schön.» Siehe «Kritik der Urteilskraft», 1. Teil, §§ 5 und 17.

30 *«Der Mensch ist nur da ganz Mensch . . .»:* Schiller, «Über die ästhetische Erziehung des Menschen . . .», Brief 15.

Schelling, Friedrich Wilhelm Joseph von, 1775–1854, Philosoph.

31 *Hartmann, Eduard von,* 1842–1906, Philosoph.

Eduard von Hartmann findet: Siehe «Ästhetik», 1. Teil (Kap. «Schelling», S. 42–44), Leipzig 1886.

Hegel, Georg Friedrich Wilhelm, 1770–1831, Philosoph.

31 f. *Hegel-Zitate:* Von Rudolf Steiner wiedergegeben nach Eduard von Hartmann in «Die deutsche Ästhetik seit Kant», Leipzig o. J., S. 120; bei Hegel siehe «Vorlesungen über die Ästhetik», 1. Kap. «Begriff des Schönen» (10. Band der vollständigen Ausgabe, herausgegeben von H. G. Hotho, S. 141), Berlin 1842.

32 *Theodor Vischer nennt die Schönheit:* Siehe «Ästhetik oder Wissenschaft des Schönen», (1. Teil «Die Metaphysik des Schönen», § 13 S. 53, § 19 S. 72., § 24 S. 80) Reutlingen und Leipzig 1846.

33 *Fechner, Gustav Theodor,* 1801–1887, Physiker, Psychologe, Philosoph; «Vorschule der Ästhetik»: 2 Teile, Leipzig 1876.

Merck, Johann Heinrich (Pseudonym: Johann Heinrich Reimhardt d. J.), 1741–1791, Schriftsteller, Publizist.

33 f. *Merck-Zitat:* Siehe Goethe, «Dichtung und Wahrheit», 4. Teil, 18. Buch.

34 *«Das Was bedenke ...»:* «Faust» II, 2. Akt, Laboratorium.

35 *Goethe ... «Ich raste nicht»:* In «Bedeutende Fördernis durch ein einziges geistreiches Wort» in «Naturwissenschaftliche Schriften», siehe Hinweis zu S. 15, 2. Band, S. 34.

um mit einem Goetheschen Worte zu reden: Siehe «An die Natur!», vgl. Hinweis zu S. 21.

36 f. *«Das Schöne ist eine Manifestation ...» / «Wem die Natur ihr offenbares Geheimnis ...» / «Der Dichter ist angewiesen ...» / «In den Blüten tritt das vegetabilische Gesetz ...»:* je in Goethe, «Sprüche in Prosa» (11. Abt.: Kunst), «Naturwissenschaftliche Schriften», siehe Hinweis zu S. 15, Bd. 5.

«Es ist in der Natur nichts schön . . .»: Goethe, «Gespräche mit Eckermann», Bd. 3, S. 82, 5. Juni 1825.

37 *Eckermann, Johann Peter,* 1792–1854, Schriftsteller.

Als die höchste Aufgabe der Kunst bezeichnet Goethe: Siehe «Dichtung und Wahrheit», 3. Teil, 11. Buch.

39 *Goethe «Die Würde der Kunst»:* «Sprüche in Prosa», siehe Hinweis zu S. 36 f.

Eduard von Hartmann . . . «Philosophie des Schönen»: «Philosophie des Schönen. 2. system. Theil der Ästhetik», 1885–1887.

40 *Goethe «Die hohen Kunstwerke . . .»:* In «Italienische Reise», Rom den 6. September 1787. Siehe Hinweis zu S. 277.

41 *Walther von Goethe,* 1818–1885, Enkel von Johann Wolfgang von Goethe.

42 *Thales von Milet,* um 625 – um 547 v. Chr., griechischer Philosoph und Mathematiker.

51 *Goethe . . . «Da ist Notwendigkeit . . .»:* Siehe Hinweis zu S. 277.

59 *Vischer, Robert,* 1847–1933, Kunsthistoriker; «Das Schöne und die Kunst – Zur Einführung in die Ästhetik», Stuttgart 1898.

Vischer, Theodor: Siehe Hinweis zu S. 26.

Weiße, Christian Hermann, 1801–1866, Philosoph; «System der Ästhetik als Wissenschaft von der Idee der Schönheit», Leipzig 1830.

Carrière, Moriz, 1817–1895, Philosoph und Ästhetiker; «Ästhetik. Die Idee des Schönen und ihre Verwirklichung im Leben und in der Kunst», Leipzig 1885; «Die Kunst im Zusammenhange der Kulturentwickelung und die Ideale der Menschheit», Leipzig 1863–1873.

Schasler, Max, 1819–1903, Philosoph und Ästhetiker; «Ästhetik. 1. Teil: Die Welt des Schönen», 2. Teil: «Das Reich der Kunst», Leipzig 1886; «Kritische Geschichte der Ästhetik», Berlin 1871/77.

Lotze, Rudolf Hermann, 1817–1881, Physiologe und Philosoph; «Über Bedingungen der Kunstschönheit», Göttingen 1847; «Geschichte der Ästhetik in Deutschland», München 1868.

Zimmermann, Robert: Siehe Hinweis zu S. 264.

Jean Paul (Johann Paul Friedrich Richter), 1763–1825, Dichter; «Vorschule der Ästhetik», Berlin 1879.

63 *Tolstoi, Leo Nikolajewitsch Graf,* 1828–1910, russischer Dichter; «Was ist Kunst?», Studie, übersetzt von Alexis Markow, 1898.

68 *Aufsatz Goethes in Gesprächsform:* «Über Wahrheit und Wahrscheinlichkeit der Kunstwerke – Ein Gespräch» (Propyläen. Ersten Bandes erstes Stück. 1798).

94 *Leonardo da Vinci,* 1452–1519, italienischer Maler, Bildhauer, Baumeister, Zeichner und Naturforscher.

Abendmahl. Wandmalerei, 1495–1497, Mailand, Santa Maria delle Grazie.

102 *Nur durch das Morgenrot des Schönen:* Aus Schillers Gedicht «Die Künstler». In den Schiller-Ausgaben heißt es: «Nur durch das Morgentor des Schönen . . .». Dazu äußerte Rudolf Steiner im Vortrag Stuttgart 4. Dezember 1922 in «Geistige Zusammenhänge in der Gestaltung des menschlichen Orga-

nismus», GA 218: «. . . Schiller hat Recht, wenn er sagt: ‹Nur durch das Morgenrot des Schönen dringst du in der Erkenntnis Land›, was gewöhnlich in den Büchern so gedruckt steht: ‹Nur durch das Morgentor des Schönen . . .›. Wenn einmal ein Künstler einen Schreibfehler macht, so wird natürlich von der Nachwelt dieser Schreibfehler weiter überliefert. Es heißt natürlich: ‹Nur durch das Morgenrot des Schönen . . .›. Das heißt mit anderen Worten: Alles Wissen ist aus der Kunst genommen. Es gibt im Grunde genommen kein Wissen, das nicht mit der Kunst innig verwandt wäre.»

103 *Goethe «Wem die Natur . . .»:* Siehe Hinweis zu S. 36 f.

112 *Goethes Metamorphosenlehre:* «Naturwissenschaftliche Schriften», siehe Hinweis zu S. 15, 1. Band.

116 *Bau . . . in Dornach bei Basel.* Rudolf Steiner, «Der Baugedanke des Goetheanum», ein Lichtbildervortrag, gehalten in Bern am 29. Juni 1921, mit zahlreichen Abbildungen des ersten Goetheanum, Dornach 1932, Stuttgart 1958.

119 *Raffael,* (Raffaello Santi), 1483–1520, italienischer Maler und Baumeister.

Cézanne, Paul, 1839-1906, französischer Maler.

Hodler, Ferdinand, 1853–1918, schweiz. Maler.

122 *Geheimnis der Farbe:* Siehe Rudolf Steiner, «Das Wesen der Farben», GA 291.

Signac, Paul, 1863–1935, französischer Maler und Graphiker.

127 *Klimt, Gustav,* 1862–1918, österreichischer Maler und Zeichner.

130 *Goethe ... «Die Musik ...»:* Siehe Hinweis zu S. 36 f.

131 *Goethe selbst hat ja diesen Ausdruck «Sinnlich-Übersinnliches» geprägt:* In «Geschichte meines botanischen Studiums» (siehe Hinweis zu S. 15, Goethe, «Naturwissenschaftliche Schriften», Band 1, S. 79 f.) schreibt Goethe: Wie sich die Pflanzen «nun unter einen Begriff sammeln lassen, so wurde mir nach und nach klar und klärer, daß die Anschauung noch auf eine höhere Weise belebt werden könnte: eine Forderung, die mir damals unter der sinnlichen Form einer übersinnlichen Urpflanze vorschwebte». Auf dieses bezieht sich Rudolf Steiner in seiner Einleitung zu diesem Band (S. LXX), wenn es heißt: «Die ideelle Form, der Typus der Organismen hat eben das Charakteristische, daß er aus räumlich-zeitlichen Elementen besteht, er erschien deshalb auch Goethe als eine *sinnlich-übersinnliche* Form.»

131 f. *Goethe ... «Ich will Ihnen etwas sagen ...»:* Wörtlich: «... ich will Ihnen etwas vertrauen, das Ihnen sogleich über vieles hinaushelfen und das Ihnen lebenslänglich zugute kommen soll. Meine Sachen können nicht populär werden; wer daran denkt und dafür strebt, ist in einem Irrtum. Sie sind nicht für die Masse geschrieben, sondern nur für einzelne Menschen, die etwas Ähnliches wollen und suchen, und die in ähnlichen Richtungen begriffen sind.» «Gespräche mit Eckermann», Bd. 2., S. 25, 11. Oktober 1828.

133 *«Wem die Natur ...»:* Siehe Hinweis zu S. 36 f.

134 *geistreicher Mann:* Richard Wahle, 1857–1935; «Die Tragikomödie der Weisheit», Wien und Leipzig 1915, S. 132.

153 *Gruppe, die in Holz ausgeführt werden soll:* Siehe Hinweis zu S. 116.

176 *Morgenstern, Christian,* 1871–1914, Schriftsteller, Dichter.

176 *Morgenstern-Zitate:* Wörtlich: «Alles Schwätzen hat zur Grundlage die Unwissenheit um Sinn und Wert des einzelnen Wortes. Für den Schwätzer ist die Sprache etwas Verschwommenes. Aber sie gibt's ihm genugsam zurück: dem ‹Verschwommenen›, dem ‹Schwimmer›.» «Stufen», München 1918, (Sprache, 1913). «Die Sehnsucht meines Lebens ist eine oft übermächtige Sehnsucht nach praktischem Schaffen im Großen. Plastik wäre (und Architektur) mein höchster Fall. Meine höchste Liebe galt immer dem Gegenständlichen, der Linie, der Farbe, dem Ton an sich. Schon er allein vermochte mich zu entrücken, wieviel mehr erst seine organischen Verbindungen.» «Stufen» (In me ipsum, 1897).

178 *Du Bois-Reymond, Emil,* 1818–1896, deutscher Physiologe.

Du Bois-Reymond ... wo im Raum die Materie spukt: In «Über die Grenzen des Naturerkennens», Leipzig 1872, S. 12., heißt es: «Nie werden wir besser als heute wissen, was, wie Paul Erman zu sagen pflegte, ‹hier›, wo Materie ist, ‹im Raume spukt›.»

184 *Morgenstern-Zitat:* Aus «Stufen» (Weltbild: Am Tor, 1912).

197 *Goethes «Farbenlehre»:* «Naturwissenschaftliche Schriften», siehe Hinweis zu S. 15, 3. Band.

201 *Morgenstern-Zitate:* Siehe Hinweis zu S. 176.

204 *Du Bois-Reymond ... was im Raume spukt:* Siehe Hinweis zu S. 178.

211 *Hebbel, Christian Friedrich,* 1813–1863, Dichter.

Grillparzer, Franz, 1818–1896, österreichischer Dichter.

Morgenstern-Zitat: Siehe Hinweis zu S. 184.

222 *Goethes Metamorphosenlehre:* «Naturwissenschaftliche Schriften», siehe Hinweis zu S. 15, 1. Band.

234 *Morgenstern-Zitat:* Siehe Hinweis zu S. 176.

242 *Morgenstern-Zitat:* Siehe Hinweis zu S. 184.

«Wem die Natur ...»: Siehe Hinweis zu S. 36 f.

253 *Lichtenberg, Georg Christoph,* 1742–1799, Physiker und Schriftsteller.

Lichtenbergsche Wort: Wörtlich: «Es sind zuverlässig in Deutschland mehr Schriftsteller, als alle vier Weltteile überhaupt zu ihrer Wohlfahrt nötig haben.» Siehe «Aphorismen», ausgewählt und eingeleitet von Albert Leitzmann, Insel Verlag Leipzig o. J., S. 30.

264 *Zimmermann, Robert,* 1824–1898, Ästhetiker und Philosoph. Einer der bedeutendsten Vertreter der Herbartschen Schule. «Ästhetik», 1. Band: «Geschichte der Ästhetik als philosophische Wissenschaft», 1858; 2. Band: «Allgemeine Ästhetik als Formwissenschaft», 1865. «Studien und Kritiken zur Philosophie und Ästhetik», 1870.

Herbart, Johann Friedrich, 1776–1841, Philosoph.

265 *Newton, Isaak,* 1643–1727, englischer Mathematiker, Physiker und Philosoph.

266 *Schillersche Ausspruch:* Wörtlich: «Darin also besteht das wahre Kunstgeheimnis des Meisters, daß er den Stoff durch die Form vertilgt . . .», «Über die ästhetische Erziehung des Menschen in einer Reihe von Briefen», 22. Brief.

267 *Robert Zimmermann hat sein Buch . . . «Anthroposophie» genannt.* «Anthroposophie im Umriß. Entwurf eines Systems idealer Weltansicht auf realistischer Grundlage», Wien 1882.

268 *sich entbrechen:* Veraltet für: sich enthalten.

268 *Eduard von Hartmann:* «Ästhetik», 2. Auflage, Leipzig 1882.

270 *Novalis* (Friedrich von Hardenberg), 1772–1801, Dichter.

271 *Kühn, Sophie Wilhelmina von,* 1782–1797. Das (inoffizielle) Verlöbnis zwischen Novalis und Sophie von Kühn war am 15. März 1795.

275 *Im Gustav Fechnerschen Sinne:* Gustav Theodor Fechner, «Zur experimentalen Ästhetik», Leipzig 1871; «Vorschule der Ästhetik», Leipzig 1876.

277 *Goethe: Da ist Notwendigkeit, da ist Gott:* Wörtlich: «Die hohen Kunstwerke sind zugleich als die höchsten Naturwerke von Menschen nach wahren und natürlichen Gesetzen hervorgebracht worden. Alles Willkürliche, Eingebildete fällt zusammen: da ist die Notwendigkeit; da ist Gott.» «Italienische Reise», Rom, den 6. September 1787.

Herder, Johann Gottfried, 1744–1803, Philosoph und Dichter.

Spinoza, Baruch (Benedictus de Bento Despinoza), 1632–1677, holländischer Philosoph.

283 *Nur durch das Morgenrot des Schönen:* Siehe Hinweis zu S. 102.

Bilde, Künstler, rede nicht. «Bilde Künstler! Rede nicht! Nur ein Hauch sei dein Gedicht!» Motto zur Abteilung «Kunst» in Goethes Gedichten.

PERSONENREGISTER

(* = ohne Namensnennung)

SACHREGISTER

AUSFÜHRLICHE INHALTSANGABEN

I

SCHRIFTEN UND AUFSÄTZE

Aus einem Notizbuch, um 1888 — 9

Goethe als Vater einer neuen Ästhetik — 12

Goethe als Kulturfaktor; seine Denkungsart als bleibende Errungenschaft. Zur Geschichte der Ästhetik. Die Welt der Kunst als ein drittes Reich neben dem Reich der sinnlichen Wirklichkeit und dem Reich der Vernunft (Idee). Die Aufgabe der Ästhetik. Schillers ästhetische Anschauung in seinen «Briefen über ästhetische Erziehung». Die verfehlten ästhetischen Anschauungen Schellings, Hegels, Friedrich Theodor Vischers, Fechners, Eduard von Hartmanns. Goethes Kunstanschauung als die Ästhetik der Zukunft. Die kosmische Sendung des Künstlers.
Wien, 9. November 1888 (Autoreferat)

Über das Komische und seinen Zusammenhang mit Kunst und Leben — 44

Die Ästhetiker unterscheiden sinnenfälliges Bild und Idee. Bei Harmonie zwischen beiden wird von Schönheit gesprochen. Erscheint die Idee größer, wird Erhabenes bewundert. Ist die Anschauung gewaltiger als die Idee, wird Häßliches empfunden. Das Komische fehlt in dieser Ästhetik. – Die Idee darzustellen ist Aufgabe der Wissenschaft; die Kunst hat es dem Inhalt nach mit dem Sinnlichen, der Form nach mit dem Ideellen zu tun. Wird Wirklichkeit der *Vernunft* folgend umgestaltet, stellt die Kunst eine höhere Wirklichkeit vor. Wirklichkeit vom *Verstande* so umgeformt, daß sich ein verstandesgemäßer Widerspruch ergibt, bringt Ko-

mischès. Die Erkenntnis solchen Widerspruches und Zusammenhänge zu Satire, Ironie, zu Torheit, Humor, Frivolität und Melancholie.
Aufsatz aus dem Nachlaß, um 1890/91

Das Schöne und die Kunst 59

Bei Goethe, Schiller, Jean Paul waren Begriffe über Kunst aus ihr selbst geboren. Für Vischer, Carrière, Schasler, Lotze und Zimmermann war die Kunst eine philosophische Angelegenheit. Vischers Grundfrage: Wie verwirklicht der Künstler das Göttliche im sinnlichen Stoffe? – Für Vischer lebt sich ein über dem Menschen stehendes Grundwesen in Natur, Geschichte und Kunst aus. Ihm ist der Künstler vom göttlichen Geiste erfüllt, den er in seinen Werken verkörpert. – 1898 glauben Künstler nicht, Geist verkörpern zu sollen, sie wollen Dinge schaffen, die ihrer Phantasie entsprechen. Der Vischers Ausführungen zugrundeliegende religiöse Zug wird nicht mehr verstanden.
Aufsatz aus dem Jahre 1898

Graf Leo Tolstoi. Was ist Kunst? 63

Tolstoi fragt: Was ist Kunst? Er verweist zunächst auf die für ein Kunstwerk erforderliche menschliche Arbeitskraft. Sodann fragt er nach dem Zweck der Kunst und danach, was sie zur Kulturentwicklung beiträgt. Bei den Ästhetikern erkennt er zur Schönheit: sie ist etwas für sich Bestehendes, und sie ist ein empfundenes Vergnügen, welches keine persönlichen Vorteile zum Zwecke hat. Nach Tolstoi soll Kunst – durch das Wahrnehmen der Gefühle des anderen – das Zusammenleben der Menschen fördern. – Tolstoi übersieht den Ursprung der Kunst: In der Kunst will der Mensch nicht bloßes Betrachten, er will etwas zu dem hinzu erschaffen, was von außen auf ihn eindringt. Die Berechtigung der Kunst ist, unabhängig von ihrer Wirkung, in einem

stigen Welt. Die eurythmische Kunst: lebendiges Ausleben des Übersinnlichen, als Zeugin des Zusammenhanges des Menschen mit der übersinnlichen Welt. Die Kunst der Zukunft: unmittelbare Darstellung des Übersinnlichen.

Dornach, 9. April 1921

Das Ringen mit der Frage, wie man über die Künste reden soll. Der Vortrag «Goethe als Vater einer neuen Ästhetik» (1888) und der Vortrag «Das Wesen der Künste» (1909) als zwei Etappen dieses Ringens. Novalis und Goethe als zwei Pole für das psychologische Verständnis des Poetisch-Musikalischen und des Plastisch-Architektonisch-Malerischen. Das Erleben der menschlichen Freiheit nach diesen polarischen Gegensätzen hin. Die Entstehung des Eurythmischen zwischen dem Musikalisch-Poetischen und dem Plastisch-Architektonischen.

RUDOLF STEINER GESAMTAUSGABE

herausgegeben von der Rudolf Steiner-Nachlaßverwaltung,
erschienen im Rudolf Steiner Verlag Dornach/Schweiz

ERSTE ABTEILUNG: DIE SCHRIFTEN

I. Werke. 28 Bände (GA 1–28)
II. Gesammelte Aufsätze. 8 Bände (GA 29–36)
III. Veröffentlichungen aus dem Nachlaß
ca. 7 Bände (GA 38–46)

ZWEITE ABTEILUNG: DAS VORTRAGSWERK

I. Öffentliche Vorträge. Ca. 30 Bände (GA 51–84)
II. Vorträge vor Mitgliedern der Anthroposophischen Gesellschaft. Ca. 180 Bände (GA 91–270)
III. Vorträge und Kurse zu einzelnen Lebensgebieten
Kunst – Erziehung – Medizin – Naturwissenschaft – Soziale Fragen – Vorträge über christlich-religiöses Wirken – Arbeitervorträge. Ca. 90 Bände (GA 271–354)

DRITTE ABTEILUNG: DAS KÜNSTLERISCHE WERK

Reproduktionen und Veröffentlichungen aus dem künstlerischen Nachlaß. Ca. 50 Bände und Mappen sowie Einzelreproduktionen

ÜBERSICHTSBÄNDE ZUR GESAMTAUSGABE

3 Bände: Bibliographische Übersicht – Sachwort- und Namenregister – Inhaltsangaben

Die Gesamtausgabe der Werke Rudolf Steiners wird, ohne die Reproduktionen des künstlerischen Werkes, ca. 350 Bände umfassen, von denen über 300 bereits erschienen sind (davon über 100 Titel auch in Taschenbuchausgaben)
Alle Titel sind über den Buchhandel erhältlich.
Ein ausführlicher Gesamtkatalog kann kostenlos über den Buchhandel oder direkt beim Rudolf Steiner Verlag, Postfach 135, CH – 4143 Dornach, bezogen werden.

Schrift: Sabon / Satzeinrichtung: Verlag
Druck und Bindung: Clausen + Bosse, Leck
Printed in Germany